本书系2023年北京物资学院青年科研基金项目"数字物流经济持续发展中的权益保障机制研究"的研究成果，项目编号：2023XJQN27

数据要素
交易的法律制度构造

郭如愿 ◎ 著

首都经济贸易大学出版社
Capital University of Economics and Business Press

·北 京·

图书在版编目（CIP）数据

数据要素交易的法律制度构造 / 郭如愿著. -- 北京：首都经济贸易大学出版社，2024.6. -- ISBN 978-7-5638-3704-5

Ⅰ.D912.174

中国国家版本馆CIP数据核字第202499LY80号

数据要素交易的法律制度构造

郭如愿　著

SHUJU YAOSU JIAOYI DE FALÜ ZHIDU GOUZAO

责任编辑	胡　兰	
封面设计	砚祥志远·激光照排　TEL:010-65976003	
出版发行	首都经济贸易大学出版社	
地　　址	北京市朝阳区红庙（邮编100026）	
电　　话	（010）65976483　65065761　65071505（传真）	
网　　址	http://www.sjmcb.com	
E- mail	publish@cueb.edu.cn	
经　　销	全国新华书店	
照　　排	北京砚祥志远激光照排技术有限公司	
印　　刷	北京九州迅驰传媒文化有限公司	
成品尺寸	170毫米×240毫米　1/16	
字　　数	240千字	
印　　张	13	
版　　次	2024年6月第1版　2024年6月第1次印刷	
书　　号	ISBN 978-7-5638-3704-5	
定　　价	58.00元	

图书印装若有质量问题，本社负责调换

版权所有　侵权必究

谨以此书纪念我敬爱的爷爷

前　言

在数字经济时代，数据因蕴含着独特且多元的价值而成为新型生产要素，数据流通是成就数据从"数据"到"数据资产"再到"数据资本"的关键①，而通过数据要素交易继而实现数据流通，则是市场化配置数据要素的重要方式②，可以说，数据价值能否实现有赖于数据要素的可交易性③。数据要素交易可有效支撑数据应用，促进数据资源流通，破除"数据孤岛"，发挥数据经济价值④。因此，数据要素交易顺畅是数字经济健康发展的关键。然而，在数据要素交易实践中，数据要素交易不仅存在市场需求尚未被激发、市场格局尚未形成、消费需求匮乏的困境，还存在数据要素价值认定缺乏客观性、价格估值缺乏准确性、价格形成缺乏实效性的困境。值得注意的是，合理的数据要素产权制度可刺激数据要素交易，保障数据要素顺畅流通，继而实现数据要素价值。若依法律检视数据要素交易困境会发现，既有的数据要素产权制度之"数据共享说"、"劳动贡献说"及"分类分级说"难以有效激发数据要素的消费活力，且存在着过度赋权特定主体的问题，阻碍数据要素正常流通及合理使用。这不仅加剧数据权力的不对等状态，还严重阻碍流通数据要素的价值变现。同时，数据要素交易实践还存在着数据要素的交易机构、交易技术及交易安全的信任机制欠佳，以及数据要素交易的合规制度尚未系统构建等问题。

为确保数据要素的交易实效，本书将数据要素产权投资主体区别于数据要素产权主体，根据消费者需求将数据要素类型划分为"功能型数据要素"、"信息型数据要素"及"数据型数据要素"，确立主体与对象关联的数据要素产权内容，以此重塑数据要素产权制度。另外，在数字经济时代，信用高度契合数字经济运行逻辑，可持续激发数据要素的价值变现，这对实现数据要

---

① 杨东、高清纯：《加快建设全国统一大市场背景下数据交易平台规制研究》，《法治研究》2023年第2期，第98页。
② 徐玖玖：《从"数据"到"可交易数据"：数据交易法律治理范式的转向及其实现》，《电子政务》2022年第12期，第80页。
③ 张平文、邱泽奇：《数据要素五论——信息、权属、价值、安全、交易》，北京大学出版社2022年版，第21页。
④ 张平文、邱泽奇：《数据要素五论——信息、权属、价值、安全、交易》，北京大学出版社2022年版，第216页。

素价值显现出极强的制度优越性。在实现数据要素价值的具体可信方案设计上，本书坚持以互联网企业可信为关键原则，构造福利属性的个人数据投资产权价值以及互联网企业数据要素产权价值的"自主"与"他主"实现方式。另外，应确保数据要素交易的关联机构可信，构建数据要素的可信动态定价机制，依托法律责任降低数据要素的交易风险。同时，依托安全保障义务，将数据要素的"分级分类"流通完善为"数据+场景"可信流通，依托失信惩戒制度完善并保障数据要素的"自由交易"流通，以此达到重塑数据要素交易信任的目的。除此之外，若要确保数据要素交易顺畅进行，就应该通过防范、消除数据要素交易风险，保障可交易数据要素的质量，使数据要素交易始终处于合规状态。对此，本书在既有研究成果的基础之上，结合数据要素交易场景，不仅将数据要素解构为个人信息、个人数据及信息/数据等基础数据要素，同时还依托"基础数据要素"与"数据要素"系统构造智能化的风险防范体系。

  可以说，本书是笔者对既有研究成果的深化，是近年来笔者对数据法学问题持续思考的产物。不可否认的是，虽然以往诸多研究成果并非紧紧围绕"数据要素交易"这一主题展开，但却为开展"数据要素交易"这一主题研究奠定了理论基础，例如，个人信息与个人数据的理论区分，个人信息人格权益属性的理论观点，个人数据经济利益属性的理论观点，人工智能生成内容作为信息权利对象的理论观点，智能合约具有民事合同功能的理论观点，个人信息智能合约保护的理论观点，等等。这些理论观点无不对"数据要素交易"这一主题研究起到不可或缺的关键作用。一言以蔽之，本书虽源起于既有研究成果，却又超脱于既有研究成果，依托"数据要素交易"解构既有研究成果，同时又紧紧围绕"数据要素交易"重构既有研究成果，且在新的研究体系基础之上形成新的理论观点与研究结论。不可否认的是，笔者的知识储备有待进一步充盈，学术阅历有待进一步丰富，研究能力有待进一步加强，对于"数据要素交易"这一主题的看法或者建议可能尚不成熟，甚至存在一些不合理乃至错误之处，在此，笔者恳请各位读者批评指正。

目 录 CONTENTS

绪　论 ··· 1

第一章　数据要素交易困境的成因分析 ·· 14
第一节　数据要素的交易困境 ·· 15
第二节　数据要素交易困境的法律透视 ···································· 25

第二章　基础数据要素的法律界分 ·· 36
第一节　作为基础数据要素的个人信息 ···································· 37
第二节　作为基础数据要素的个人数据 ···································· 49
第三节　作为基础数据要素的信息/数据 ·································· 60
第四节　界分基础数据要素的法律意义 ···································· 78

第三章　可交易数据要素的产权配置 ·· 81
第一节　从基础数据要素到可交易数据要素 ································ 82
第二节　深度剖析典型数据要素产权理论 ·································· 84
第三节　区分数据要素的产权主体与投资主体 ······························ 90
第四节　依托数据要素类型重塑数据产权 ·································· 96

第四章　数据要素交易的模式选择 ··· 102
第一节　深度剖析既有数据要素交易方案 ································· 102
第二节　提出数据要素价值的可信实现理念 ······························· 106
第三节　打造可信的数据要素交易方案 ··································· 109
第四节　打造数据要素交易的可信配套制度 ······························· 113

第五章　数据要素交易的风险防范 ··· 117
第一节　延拓主体意志智能防范交易风险 ································· 117

  第二节 依托基础数据要素防范交易风险 …………… 137

  第三节 筑牢数据要素交易风险责任底线 …………… 148

结论 ……………………………………………………………… 153

关于数据要素交易的十三条立法建议 ……………………… 155

参考文献 ………………………………………………………… 157

后记 ……………………………………………………………… 199

绪　　论

一、时代背景

2020年10月29日，中国共产党第十九届中央委员会全体会议通过的《中共中央关于制定国民经济和社会发展第十四个五年规划和二〇三五年远景目标的建议》提出要"发展数字经济"，"推进数字产业化和产业数字化，推动数字经济和实体经济深度融合，打造具有国际竞争力的数字产业集群"。2022年10月，党的二十大进一步指出要"加快发展数字经济"，"优化基础设施布局、结构、功能和系统集成，构建现代化基础设施体系"。由此，数字经济并非脱离于传统经济模式，而是传统经济模式在数字技术的深度作用下，形成的一种新型经济模式。诚如谭建荣院士所言，"数字经济离不开数字技术的支撑，否则，数字经济将成为空中楼阁"[1]。不仅如此，数字经济也凭借数字技术的强普及性及强渗透性，重塑传统经济模式，影响尤为强烈及深远。事实上，大规模经济在数字经济时代将更有发展优势，而数字经济的发展将产生规模效应[2]。从中国信息通信研究院2023年发布的《中国数字经济发展研究报告》可知，在2022年，我国数字经济规模高达50.2万亿元，同比增长10.3%。我国数字产业化规模达到9.2万亿元，产业数字化规模为41万亿元。我国数字经济全要素生产率已然从2012年的1.66上升至2022年的1.75[3]。可以说，数字经济已然将线下消费与线上消费有机融合，并促进实

---

[1]《院士谭建荣：数字经济的发展需要让企业受惠、民众受益》，https://baijiahao.baidu.com/s?id=1774274259196309845&wfr=spider&for=pc，访问时间：2023年8月15日。

[2]《中金公司首席经济学家彭文生：数字经济时代，规模经济的优势将被放大》，https://baijiahao.baidu.com/s?id=1760706136908144664&wfr=spider&for=pc，访问时间：2023年8月16日。

[3]《中国数字经济发展研究报告（2023年）》，http://www.caict.ac.cn/kxyj/qwfb/bps/202304/P020230427572038320317.pdf，访问时间：2023年8月15日。

体经济与虚拟经济互相融合，这无形中使数据资源成为互联网企业①的重要无形资产②。正因如此，数据也被视为产生动力并带来价值的"石油"，以及可通过提炼并产生价值的"钻石矿"③。由此，数据要素继土地、资本、劳动力、技术之后成为第五生产要素，上升到国家的战略高度④。

另外，结合我国《促进大数据发展行动纲要》来看，数字产业化与产业数字化实则是生产要素数据化的过程。数据要素已然成为市场化改革的对象，而数字经济发展正是数据要素价值实现的过程。所谓数据要素价值化，《全球数字经济》将其概述为"包括但不限于数据采集、数据标准、数据确权、数据标准、数据定价、数据交易、数据保护等"⑤。事实上，数据要素只有经过市场化配置，才能真正实现数字经济价值，而数据要素的市场化配置，就是要在产权制度、定价机制、交易机制、分配机制及监管机制都明确的基础上，按照市场规律配置数据要素⑥。这在形式上不仅包括同一利益主体内部的数据要素流通，还包括不同利益主体之间的数据要素流通⑦，其中，不同利益主体间的数据要素流通既包括"非交易"方式，也包括"交易"方式。只不过，在数据要素市场化愈发成熟的时代背景下，"交易"将成为主要的数据要素流

---

① 需要指出的是，本书所指称的"互联网企业"是广义上的"互联网企业"，不仅包括那些纯粹以互联网等现代化数字技术作为运营基础的企业，也包括那些将互联网等现代化数字技术作为辅助运营手段的企业，事实上，如今的企业不可能完全脱离互联网等现代化数字技术而存在，而真正脱离互联网等现代化数字技术的企业，也几乎不会与"数据要素交易"发生太多的关联，有鉴于此，本书认为"互联网企业"的表述更为精确。可以说，此处的"互联网企业"在实际意涵上基本含括了目前学术界普遍采用的"互联网平台企业""大数据企业""企业"等称谓。具体可参见周楠、许昕、蔡梦雨：《互联网平台企业的成长路径：分类与特点》，载《中国科技论坛》2023年第12期，第84-95页；参见程贵孙、张忠程：《互联网平台企业社会责任的结构维度与模型构建——基于扎根理论的探索性研究》，载《华东师范大学学报（哲学社会科学版）》2023年第3期，第155-168页；参见顾楚丹、杨发祥：《把不确定性当作文化：互联网平台企业的日常实践逻辑及其反思》，载《社会科学》2022年第12期，第152-161页；参见岳宇君、孟渺：《研发投入、资源特征与大数据企业经营绩效》，载《湖南科技大学学报（社会科学版）》2022年第2期，第74-85页。

② 吴永超、谢正娟：《浅谈数字经济时代城乡居民消费趋势及特征》，https://m.gmw.cn/baijia/2023-01/13/36300727.html，访问时间：2023年8月16日。

③ 刘坤：《数字经济时代的"石油"，如何产生更多"动力"》，载《光明日报》2023年3月23日第15版。

④ 《数据要素——数字经济时代的第五要素》，http://app.myzaker.com/news/article.php?pk=64409f0d8e9f09678641621c，访问时间：2023年8月16日。

⑤ 中国信息通信研究院：《全球数字经济》，http://www.caict.ac.cn/kxyj/qwfb/bps/202212/P020221207397428021671.pdf，访问时间：2022年12月18日。

⑥ 欧阳日辉：《我国多层次数据要素交易市场体系建设机制与路径》，载《江西社会科学》2022年第3期，第66页。

⑦ 孔艳芳、刘建旭、赵忠秀：《数据要素市场化配置研究：内涵解构、运行机理与实践路线》，载《经济学家》2021年第11期，第26页。

通方式。在数据要素流通实践中，同一利益主体受自利驱使能够保证数据要素在自身内部的流通较为顺畅，而不同利益主体间的数据要素流通是否顺畅，不仅取决于不同利益主体间关涉数据要素流通的机制是否健全，还取决于不同利益主体间的数据要素交易是否频繁，而稳定且合理的数据要素产权则是刺激数据要素交易，保障数据要素顺畅流通继而实现数据要素价值的制度基础。由此，数据要素的高效市场化配置，立基于"数据要素产权"、"数据要素交易"及"数据要素流通"，这是实现数据要素价值的关键环节①，只不过，"数据要素交易"在表现形式上通常可为"数据要素流通"所涵盖。因此，若要做大、做强、做优数字经济，就需要在持续优化政府监管，遵循数字经济市场规律②的基础上，进一步合理配置数据要素产权，优化数据要素交易模式，加快数据要素流通，以此高效配置数据要素，实现数据要素价值。

在实践中，各地为了强化数据要素交易实效，确保数据要素顺畅流通，不仅试图通过制定条例的方式予以保障，还试图通过建立数据交易所的方式予以保障。就相关条例的制定而言，2021年深圳市为"规范数据处理活动，保护自然人、法人和非法人组织的合法权益，促进数据作为生产要素开放流动和开发利用，加快建设数字经济、数字社会、数字政府"而制定《深圳经济特区数据条例》；2021年上海市为"保护自然人、法人和非法人组织与数据有关的权益，规范数据处理活动，促进数据依法有序自由流动，保障数据安全，加快数据要素市场培育，推动数字经济更好服务和融入新发展格局"而制定《上海市数据条例》；2022年北京为"加强数字基础设施建设，培育数据要素市场，推进数字产业化和产业数字化，完善数字经济治理，促进数字经济发展，建设全球数字经济标杆城市"而制定《北京市数字经济促进条例》。就数据交易所的建立而言，我国各地积极开展数据要素交易实践，近年来，数据交易平台逐步建立，数据共享开放水平不断提高，大数据产业发展格局初步形成③。在没有先例参考的情况下，2015年贵阳大数据交易所正式挂牌成立。贵阳大数据交易所将数据资产引入交易④，同时为数据供需双方提供交易平台⑤。与此同时，贵阳大数据交易所将区块链、联邦学习、隐私计算

---

① 值得注意的是，《关于构建更加完善的要素市场化配置体制机制的意见》提出要"破除阻碍要素自由流动的体制机制障碍，扩大要素市场化配置范围……实现要素价格市场决定、流动自主有序、配置高效公平"。
② 数据要素市场主要涉及数据要素的交易规则、市场定价、交易渠道及交易监管等。参见何玉长、王伟：《数据要素市场化的理论阐释》，载《当代经济研究》2021年第4期，第40页。
③ 《数据成为数字经济高质量发展核心引擎》，https://m.thepaper.cn/baijiahao_23390691，访问时间：2023年8月16日。
④ 本刊编辑部：《贵阳大数据交易所》，载《中国信息化》2017年第1期，第39页。
⑤ 邱玥：《大数据时代的数据买卖》，载《光明日报》2015年4月23日第8版。

等技术应用于数据产品，打造出算法、算力、数据等多元数据产品体系①。截至 2023 年初，贵阳大数据交易所累计数据中介、数据商等 589 家，上架产品 1 017 个，累计交易 776 笔，交易额达 13.87 亿元②。即便如此，受数据体量较低及技术能力相对落后等现实因素的制约，贵阳大数据交易所取得的现实成绩与贵阳大数据交易所初建时"日交易额 100 亿元"的目标仍相距甚远③。值得注意的是，在数字技术发展、进步及应用下，我国数字经济正在由以"流量"为核心的"消费互联网"，向以"信用"为核心的"产业互联网"提档升级④。为此，2021 年 3 月成立的北京国际大数据交易所运用"区块链和隐私计算技术"分离数据要素使用权与数据要素所有权，试图利用技术手段为供需双方提供可信的数据要素融合环境⑤。同时，成立于 2021 年 12 月的深圳数据交易所利用"信用"工具首创"动态合规"体系，构建可信交易环境以降低数据要素流通成本⑥。深圳数据交易所旨在探索建立协同监管机制，促进数据生态治理与主体培育，打造多样化数据要素交易服务体系⑦。截至 2023 年 7 月底，深圳数据交易所已汇聚超 1 500 个数据产品，形成 13 个特色行业数据专区，覆盖 168 类数据应用场景，吸引数据要素供给方、数据要素需求方等市场主体 1 055 家⑧，到同年 8 月，交易规模已累计 27.7 亿元，跨境交易规模达 4 552 万元⑨。

然而，这并不能彻底改观数据要素的交易困境，以及确保数据要素的价值变现。在数据要素交易实践中，场内数据要素的交易规模较低，仅有 2% 的

---

① 方亚丽：《贵阳大数据交易所优化提升数据流通交易价值》，载《贵阳日报》2023 年 1 月 26 日第 1 版。

② 王思远：《远见｜走进大数据交易所 看数据要素如何被"点石成金"》，http://finance.cnr.cn/jjgd/20230531/t20230531_526270173.shtml，访问时间：2023 年 8 月 16 日。参见《贵阳：力争 2025 年贵阳大数据交易所成为国家级数据交易所》，https://baijiahao.baidu.com/s?id=1774168216955082429&wfr=spider&for=pc，访问时间：2023 年 8 月 16 日。

③ 罗曼、田牧：《理想很丰满 现实很骨感 贵阳大数据交易所这六年》，载《证券时报》2021 年 7 月 12 日第 A0 版。

④ 黄奇帆、朱岩、邵平：《数字经济内涵与路径》，中信出版集团 2022 年版，第 11 页。

⑤ 东青：《北京国际大数据交易所探索数据交易新范式》，载《数据》2021 年第 4 期，第 25 页。

⑥ 肖晗：《深圳数据交易所交易规模全国第一》，载《深圳商报》2023 年 4 月 23 日第 A1 版。

⑦ 吴瞬：《深圳数交所发布数据商分级分类最新态势》，https://baijiahao.baidu.com/s?id=1773644896820395140&wfr=spider&for=pc，访问时间：2023 年 8 月 16 日。

⑧ 《软通智慧与深圳数据交易所达成战略合作 共推数据要素市场高质量发展》，https://www.cet.com.cn/xwsd/3427339.shtml，访问时间：2023 年 8 月 16 日。

⑨ 杨阳腾：《深圳推进数实融合创新——激活数据要素价值潜能》，载《经济日报》2023 年 8 月 13 日，https://finance.eastmoney.com/a/202308132811079212.html，访问时间：2023 年 8 月 16 日。

交易额是在场内完成的①，这将不利于通过数据交易所规范数据要素交易行为。同时，数据要素交易的市场参与主体往往具有多重交易身份，数据要素供给者可能还是数据要素需求者②，为了提高数据要素的交易效率，这只会在一定程度上加剧数据要素的场外交易频次，进一步使数据要素交易的合规治理难上加难。更为关键的是，数据要素流通交易、数据要素产权、数据要素受益分配及数据安全治理是困扰数据交易所运行的难点③，这也是制约数据要素流通、数据要素交易及数据要素价值实现的关键。因此，数据要素产权、数据要素交易流通等制度亟待进一步完善④。

二、学术脉络

对"数据要素交易"这一论题，学术界多有关注与研究，研究视角较为独特、新奇，但囿于该论题较为新颖，故研究成效不够深入、全面，且难以有效适应"数据要素交易"之实际。整体来看，目前学术界大致从合同制度、登记制度、信托制度、技术支持、平台定位、市场结构等视角展开论题讨论，本书择取比较有典型代表性的学术观点予以梳理、综述。

就合同制度视角而言，高郦梅将数据要素交易内容划分为"分享财产使用权型"、"转移财产控制权型"及"完成工作并交付工作成果型"，在此基础上主张准用技术许可合同规则、买卖合同规则及承揽合同规则来规范数据要素交易⑤。与之不同的是，梅夏英将数据要素交易视为一种网络数据流动及访问体系的"数字技术现象"，但在法律性质上仍将数据要素交易视为服务类合同⑥，这在武腾的《个人信息积极利用的类型区分与合同构造》一文中亦有体现⑦。李晶晶认为，数据要素交易可适用意思自治原则，只要数据要素交易本身不违反诚实信用原则，就应该尊重交易当事人关于数据要素

---

① 邬小平：《深圳数据交易所董事长李红光：激活数据价值需和产业深度融合》，载《南方日报》2023年3月17日第B04版。
② 邱玥：《大数据时代的数据买卖》，载《光明日报》2015年4月23日第8版。
③ 向定杰：《贵阳大数据交易所："五大创新"做实数据交易》，载《经济参考报》2023年1月12日第5版。
④ 邬小平：《深圳数据交易所董事长李红光：激活数据价值需和产业深度融合》，载《南方日报》2023年3月17日第B04版。
⑤ 高郦梅：《论数据交易合同规则的适用》，载《法商研究》2023年第4期，第31-44页。
⑥ 梅夏英：《数据交易的法律范畴界定与实现路径》，载《比较法研究》2022年第6期，第13-27页。
⑦ 武腾：《个人信息积极利用的类型区分与合同构造》，载《法学》2023年第6期，第74页。

的交易合意①。虽然彭辉也将数据要素交易视为一种契约行为,但其认为数据要素交易契约实则是典型的不完全契约。此时,只有妥善配置好剩余控制权才能够有效防范机会风险,若交易成本较高则将剩余控制权配置给政府监管部门,若交易成本较低则将剩余控制权配置给双方当事人②。杨力也同样认为数据要素交易主体因数据权属的有限理性、数据隐私的不对称性及数据资产的不确定性而使"完全契约"代价过大,主张应让数据要素交易过程更多体现为"契约不完全性"③。另外,史蒂文·H.哈泽尔(Steven H. Hazel)对合同制度表现出悲观看法,认为在以合同法为基础的现状下,数据要素市场存在着高昂的信息和执法成本,以及提供和保护数据的激励措施不足等弊端④。

就登记制度视角而言,徐玖玖认为,应通过建立数据要素交易登记制度,来降低信息不对称程度以防范数据要素交易风险⑤。包晓丽、杜万里认为,应通过明确数据登记的合法性确认、存证、权利对抗等多层次的法律效力,来应对数据要素交易中的可能违约风险⑥。程啸同样认为登记制度对数据要素交易表现出较强的制度优越性,依靠数据产权登记制度可保证数据权利的稳定以及促进数据要素交易。在登记制度的具体制度构造上,程啸认为,数据产权登记的标的物是数据,数据产权登记簿应采取人的编制主义,记载描述数据的信息,同时,应赋予数据产权登记以转让效力,未经登记则不发生权利变动效果⑦。对此,陈兵则表达出不一样的看法,认为数据要素因具有无形性而不同于传统生产要素,不能通过登记或占有的方式表征其所有权,在数据要素交易过程中,应根据不同主体所扮演的不同角色,明确其数据所有权、使用权及收益权等数据权利⑧。

就信托制度视角而言,数据信托是基于合同法或数据信托法等法律制度建立的第三方机构,旨在通过允许数据权利持有者将数据控制权委托给受托

---

① 李晶晶:《我国数据要素交易制度的构建与完善》,载《湖北社会科学》2023年第8期,第143页。

② 彭辉:《数据交易的困境与纾解:基于不完全契约性视角》,载《比较法研究》2023年第2期,第172-185页。

③ 杨力:《论数据交易的立法倾斜性》,载《政治与法律》2021年第12期,第5页。

④ Steven H. Hazel, "Personal Data as Property," Syracuse Law Review 70, no. 4 (2020): 1055-1113.

⑤ 徐玖玖:《数据交易适用除外制度的规则构造》,载《电子政务》2021年第1期,第92-100页。

⑥ 包晓丽、杜万里:《数据可信交易体系的制度构建——基于场内交易视角》,载《电子政务》2023年第6期,第38-50页。

⑦ 程啸:《论数据产权登记》,载《法学评论(双月刊)》2023年第4期,第137-148页。

⑧ 陈兵:《科学构建数据要素交易制度》,载《人民论坛·学术前沿》2023年第6期,第66-78页。

人，从而在关联主体间建立相互信赖的联系①。魏远山、刘妍认为，信托制度能够很好地修补数据收集者与数据主体间的信任危机②。杨应武认为，数据信托能够矫正权力不对称关系，在数据授权使用、数据合规处理等方面激励数据交易③。在具体制度构造上，姜宇主张通过数据信托制度解构并重构数据权益，将数据主体、数据供给者、数据需求者分别与数据信托受益权、数据信托管理权、数据产品使用权形成一一对应的关系，同时，在信义义务约束下管理数据，标准化交易数据信托受益权与透明化交易数据产品使用权④。李智、张津瑶主张应在明确数据权利作为信托标的基础上，分置数据权利并设置数据要素的合理定价⑤。国外学者同样认为，数据信托提供了一个潜在的解决方案，可以解决大科技公司过度共享数据要素继而对数据主体造成伤害的问题，同时也可以解决大科技公司向小型商业实体共享数据要素不足，以及有志于将数据要素用于社会公益事业的实体共享数据要素不足的问题⑥。

就技术支持视角而言，刘雅君、张雅俊指出，数据要素交易赖于相关技术支撑，应加速研发与应用区块链技术、密码技术、交易技术等，推动数据要素高质量发展⑦。张会平、赵溱、马太平、张瑶瑶、张婧然指出，数据要素的市场交易存在着信息不对称的问题，为解决此问题，数据交易平台应采用数据加密、区块链等技术建立透明、可追溯的数据要素流通机制⑧。龚强、班铭媛、刘冲认为，隐私计算技术能够有效解决数据要素交易中的"可用不可见"悖论，隐私计算技术不仅是数据要素交易的技术变革之体现，还是从"数据所有权交易"到"数据使用权交易"的数据要素交易模式创新之体现⑨。另外，

---

① 陈媛媛、赵晴：《全球治理观下的数据流通与共享机制：数据中介服务》，载《情报资料工作》2023年第3期，第74页。

② 魏远山、刘妍：《个人数据信托的类型抉择与制度设计》，载《图书馆论坛》2023年第2期，第70-78页。

③ 杨应武：《数据信托：数据交易法律规制的新路径》，载《东南大学学报（哲学社会科学版）》2023年第S1期，第120-124页。

④ 姜宇：《数据要素市场化的一种方案：基于数据信托的数据交易所机制重构》，载《电子政务》2023年第7期，第12-26页。

⑤ 李智、张津瑶：《数据信托本土化的现实困境与路径构建》，载《学术交流》2023年第7期，第56-72页。

⑥ Kimberly A. Houser & John W. Bagby, "The Data Trust Solution to Data Sharing Problems," Vanderbilt Journal of Entertainment & Technology Law 25, no. 1 (2023): 113-180.

⑦ 刘雅君、张雅俊：《数据要素市场培育的制约因素及其突破路径》，载《改革》2023年第9期，第31页。

⑧ 张会平、赵溱、马太平、张瑶瑶、张婧然：《我国数据要素市场化流通的两种模式与生态系统构建》，载《信息资源管理学报》2023年第6期，第29-42页。

⑨ 龚强、班铭媛、刘冲：《数据交易之悖论与突破：不完全契约视角》，载《经济研究》2022年第7期，第172-188页。

雷内·考姆（Rainer Kulms）对区块链技术同样表达出乐观的看法，他认为在金融科技领域，经由区块链存储的有价值数据要素，正在经历一个商品化的过程并将迎来准财产状态①。

就平台定位视角而言，郭雳、尚博文主张通过改变"数据交易平台为中心"的一元式交易模式，打造"数据交易平台"与"数据经纪人"二元协同式的数据要素交易生态体系②。梅夏英认为，数据要素交易应通过数据交易平台，以中介撮合的方式进行，数据交易平台从事的更多是一种特殊的网络数据分享形式③。丁晓东认为，数据要素交易应该借鉴婚姻介绍所模式，提供数据安全认证及撮合数据要素交易等服务，法律应该为此提供安全保障义务等以保护数据要素交易④。李依怡认为，应明确数据要素提供方的信息提供义务及可交易数据要素的范畴，要求数据交易平台承担一定审查义务及安全保障义务，依托适当监管举措推动数据要素交易市场健康发展⑤。

就市场结构视角而言，在宏观层面上，戴魁早、王思曼、黄姿认为，应该推进数据要素市场与技术市场、劳动力市场、资本市场的融合发展⑥。项猛、王志刚认为，应打造"国家级+区域性+行业性"的多层次数据要素交易体系和交易场所⑦。在微观层面上，杰玛·纽兰（Gemma Newlands）等则认为，数据要素价值的实现有两种方式，一种是平台通过对数据要素享有独家所有权继而创造更多价值，另一种是通过平台合作、社会协作及数据共享实现数据要素价值⑧。欧阳日辉认为，从数据产品多样性、数字经济层次性、数据要素市场化配置等角度分析，有必要建设多层次数据要素市场，包括全国

---

① Rainer Kulms, "Data Sharing and Data Protection," Romanian Review Private Law 2022, no. 1 (2022): 137-156.

② 郭雳、尚博文：《数字经济时代的数据要素流通——以产权"结构性分置"为视角的分析》，载《中国政法大学学报》2023年第4期，第42-55页。

③ 梅夏英：《数据交易的法律范畴界定与实现路径》，载《比较法研究》2022年第6期，第13-27页。

④ 丁晓东：《数据交易如何破局——数据要素市场中的阿罗信息悖论与法律应对》，载《东方法学》2022年第2期，第144-158页。

⑤ 李依怡：《论企业数据流通制度的体系构建》，载《环球法律评论》2023年第2期，第146-159页。

⑥ 戴魁早、王思曼、黄姿：《数据要素市场发展与生产率提升》，载《经济管理》2023年第6期，第40页。

⑦ 项猛、王志刚：《基于数字生态视角的数据要素市场治理策略研究》，载《新疆社会科学》2023年第6期，第60页。

⑧ Gemma Newlands, Christoph Lutz & Christian Fieseler, "Trading on the Unknown: Scenarios for the Future Value of Data," Law & Ethics of Human Rights 13, no. 1 (2019): 97-114.

与区域、一级与二级、场内与场外等①。除此之外，也有学者专门对个人数据的交易问题进行了探讨。刘颖、郝晓慧认为，我国个人数据交易应分为一级市场与二级市场，在一级市场应依托"遵循告知同意原则"规范数据主体与数据处理者之间的个人数据的收集关系。在二级市场应遵循"合法原则"与"兼容原则"规范数据处理者之间的个人数据共享关系②。值得注意的是，有学者认为，个人数据的财产化并没有导致个人对其数据使用方式的更多控制，也没有导致集体福祉的改善③。

不可否认，该论题的既有学术视角及学术观点，对于完善数据要素交易制度有着重要的理论意义与实践价值。但考虑到数据的多业态融合及其泛在性，已然使数据深度渗入生产等各个领域，这在改变传统要素配置关系并提高要素利用率④之同时，还系统重塑着多元社会关系。这也就意味着，"数据要素交易"论题不单单局限于"数据要素交易"本身，而是一个涉及多主体利益诉求与关涉数据要素多元价值实现的系统性问题。这也就决定了，数据要素交易市场中数据确权难、定价难及互信难等问题⑤的解决，应该在兼顾数据要素交易实效之同时，兼顾与数据要素相关联的多元利益之均衡。

三、研究思路

本书的主题是"数据要素交易的法律制度构造"，简而言之，本书按照从"分析交易困境"到"界分数据要素"到"配置数据产权"到"择取交易模式"再到"防范交易风险"的写作思路，将本书的篇章体例按照"数据要素交易困境的成因分析""基础数据要素的法律界分""数据要素的产权配置""数据要素交易的模式选择""数据要素交易的风险防范"这五个章节展开。

具体言之，第一章为"数据要素交易困境的成因分析"。该章是整本书的逻辑起点，正是因为数据要素交易存在诸多现实困境，本书才有必要在此基础之上进行深入探讨，也只有认清数据要素交易困境，才能够准确揭示数据要素交易困境的成因，继而才能够有针对性地提出对策。该章具体从数据要

---

① 欧阳日辉：《我国多层次数据要素交易市场体系建设机制与路径》，载《江西社会科学》2022年第3期，第64—75页。
② 刘颖、郝晓慧：《个人数据交易的法律基础》，载《学术研究》2022年第11期，第85—94页。
③ Yann Padova, "Data Ownership versus Data Sharing: And What about Privacy?" Lex Electronica 26, no. 1（2021）: 38-73.
④ 张平文、邱泽奇：《数据要素五论——信息、权属、价值、安全、交易》，北京大学出版社2022年版，第11页。
⑤ 李金璞、汤珂：《论数据要素市场参与者的培育》，载《西安交通大学学报（社会科学版）》2023年第4期，第78—89页。

素的消费需求匮乏、数据要素的交易实效欠佳、数据要素交易存在诸多法律风险等现实交易困境出发，依循法律视角检视数据要素交易的现实困境之成因，发现数据要素产权制度难以激发消费活力、数据要素交易的信任机制欠佳、数据要素交易的合规制度尚未完整构建，是引发数据要素交易困境的根本原因。

第二章为"基础数据要素的法律界分"。确保数据要素交易顺畅进行的关键，在于有效防范数据要素交易风险。可以说，"法无禁止即可为"的理念同样适用于数据要素交易，只有这样才能够有效促进数据要素交易的制度探索与模式试错，继而寻求更加契合我国市场经济体制的数据要素交易模式。有鉴于此，该章基于"有效消减数据要素交易的法律风险""极力延拓信息或数据主体的自由意志""强化数据要素交易的合规体系构造"等目的，提出了"基础数据要素"这一概念，并将数据要素进一步法律界分为"个人信息""个人数据"及"信息/数据"等基础数据要素。在规范意涵上，将个人信息区分于个人数据，强化个人信息的人格属性，突出个人数据的经济属性，同时，侧重信息/数据的人工智能生成方式以契合数字经济运行逻辑，将信息/数据纳入信息权对象范畴并予以合理规范。如此，既能保证信息或数据主体的意志自由，又能筑牢数据要素交易的风险底线。

第三章为"数据要素的产权配置"。"有恒产者有恒心"的价值理念似乎难以适用于数据要素，但不可否认的是，数据要素的交易发生在市场主体之间，而市场主体交易数据要素的前提，是能够像传统商品那般处理数据要素。所以，数据要素产权之于数据要素交易至关重要，只不过，数据要素产权并不同于传统意义上的产权。该章从"基础数据要素"与"数据要素"之间的关系出发，论证了"可交易数据要素"、"数据资源"及"数据资产"之间的关系。随后从"产权属性"与"产权配置"两个角度，深度剖析了既有数据要素产权方案。在此基础之上，本章提出要明确并区分"数据要素产权主体"与"数据要素产权投资主体"。同时，从数据要素交易买方主体的需求角度，将数据要素产权对象划分为"功能型数据要素""信息型数据要素""数据型数据要素"三种类型，并在数据要素产权主体与数据要素产权对象的交互、对应关系中重塑数据要素产权内容。

第四章为"数据要素交易的模式选择"。社会发展进步会引发技术变革，会改变交易模式，与此同时，也会使信任的作用愈发重要。可以说，不论是从传统小商品交易到大宗商品交易，还是从传统商品交易到新型数据要素交易，信任的重要性越来越凸显。只不过，信任更多集中于道德层面，违背信任只会更多招致道德谴责。若要使关涉数据要素交易的主体始终具有较高的

信任度，就需要将道德层面的信任制度化为信用，使关涉数据要素交易主体的信任度可规范、可规制。有鉴于此，该章在深度剖析主流的数据要素"分级分类"及"自由交易"模式的基础上，结合数字经济的运行逻辑提出实现数据要素价值的可信理念，并通过构造数据要素"数据+场景"的可信流通方案，及依托信用惩戒及信用监管实现可信数据要素交易，来打造可信的数据要素交易模式。另外，可信的数据要素交易模式还需要"关联机构可信"与"可信动态定价机制"给予制度保障。

第五章为"数据要素交易的风险防范"。在数据要素交易中，只有筑牢风险底线，划清风险红线，才能为数据要素交易提供探索空间。考虑到数据要素交易风险往往是由"基础数据要素""数据要素"等关键要素引发的，本章结合"基础数据要素""数据要素"等关键要素，系统构造数据要素交易风险防范体系。具体言之，将智能合约技术引入数据要素交易，并借助智能合约在规范层面延拓主体意志，以此智能防范交易风险。同时，依托"个人信息"与"信息/数据"，在基础数据要素层面防范交易风险。除此之外，本章还通过明确个人隐私侵害风险责任、个人信息侵害风险责任、公共利益侵害风险责任的方式筑牢数据要素交易风险责任底线。

本书的研究思路如图1所示。

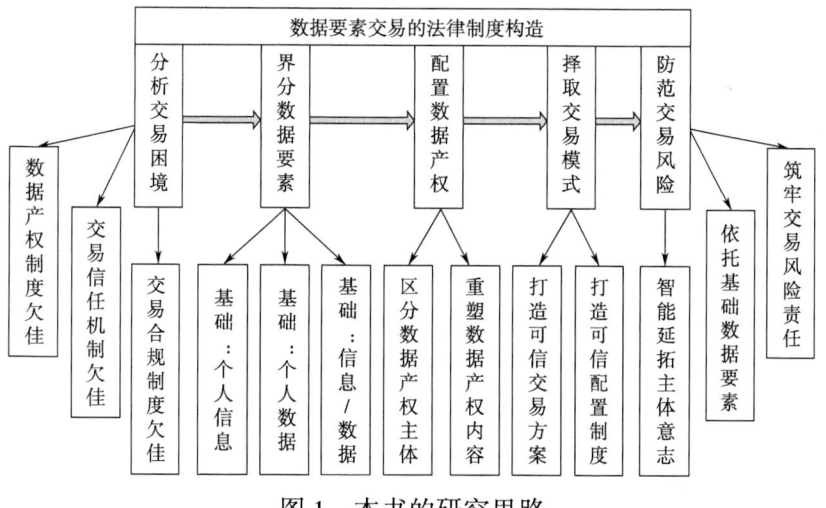

图1 本书的研究思路

四、研究方法

本书采用文献分析法、比较研究法、系统分析法及交叉研究法等研究方法。

第一，文献分析法。"数据要素交易的法律制度构造"这一论题的形成，离不开既有学者关于"数据要素交易""数据要素""数据"等主题的深入研究。在本书的写作过程中，笔者正是通过搜集、归纳、梳理、分析大量国内外相关主题的文献资料，才对"数据要素交易的法律制度构造"这一论题理解得愈加深入，同时逐渐形成自己的认知与看法。

第二，比较研究法。论题"数据要素交易的法律制度构造"涉及诸多法律问题，如个人信息与个人数据之间的关系，人工智能生成内容的法律属性界定，数据要素的产权制度及其运行问题，等等。这些问题不仅在国内有很多学者正在关注研究，在国外同样也有很多学者正在关注讨论。本书运用比较分析的研究方法，一方面在制度上对国内外的现状进行比较分析研究，另一方面在学理上对国内外的研究现状进行比较分析研究。如此，可使论题更具研究广度与研究深度。

第三，系统分析法。论题"数据要素交易的法律制度构造"不仅关涉数据要素交易本身，还涉及与数据要素交易相关主体的多元权益保障，与数据要素交易相关的诸多法律风险防范，以及数据要素交易对数字经济可能产生的诸多影响，等等。因此，必须运用系统分析法，全面且系统地研究"数据要素交易的法律制度构造"，只有这样，才能确保论题的结论更具科学性及有效性。

第四，交叉研究法。论题"数据要素交易的法律制度构造"不限于法律问题，还关涉诸多数字技术问题。数据要素交易是算法、大数据、人工智能及区块链等数字技术与数据要素共同作用的结果。因此，若要科学研究"数据要素交易的法律制度构造"，就需要明确关联数字技术的运行机理与运行逻辑，同时，运用交叉研究法将数字技术与法律规范进行深度融合，以此构造符合数字技术规律的数据要素交易制度。

五、创新之处

"数据要素交易的法律制度构造"不仅是一个较为新颖的论题，更是一项正处于实践探索阶段的系统工程，数据要素交易之于数字经济的重要性不言而喻。正因如此，笔者结合数年来对"个人信息""个人数据""人工智能法学"等领域的思考，以及近期关于"数据要素交易"主题的思考，得以撰著此书。撰著本书的初衷是为数据要素交易的实践探索提供些许理论建议。

本书的主要创新之处具体如下。

一是提出了基础数据要素的概念。在规范意义上区分"个人信息"、"个人数据"及"信息/数据"，借助"基础数据要素"这一概念，不仅可以有效

消减数据要素交易的法律风险，借助智能合约等方式极力延拓信息/数据主体的自由意志，还可强化数据要素交易的合规体系构造，最终使"数据要素价值实现"与"数据要素风险防范"能够处于一种平衡状态。

二是重塑数据要素产权制度。赋予互联网企业以数据要素产权主体地位，同时，在区别于数据要素产权主体的基础上，赋予个人以数据要素产权的投资主体地位。在确保个人持续供给数据的积极性之同时，亦为互联网企业强化数据要素价值提供产权制度支撑。另外，结合数据要素买方主体的现实需求，划分数据要素类型，并在数据要素产权主体/数据要素产权投资主体与类型化的数据要素之间形成一一对应的关系，并重塑数据要素产权内容，以此作为数据要素交易的制度基础。

三是提出可信的数据要素交易模式。针对目前数据要素交易实践不统一之现状，本书结合数字经济运行的信任本质，将道德层面的"信任"制度化为法律层面的"信用"，将信用规制理念融入数据要素交易过程。通过设计数据要素"数据+场景"的可信流通方案，依托信用惩戒及信用监管，保证数据要素交易可信，确保数据要素交易的关联机构可信，以及数据要素动态定价机制可信，打造可信的数据要素交易模式。

第一章　数据要素交易困境的成因分析

2023年8月财政部印发的《企业数据资源相关会计处理暂行规定》明确企业数据资源作为资产负债的"表内确认"要求①。党的二十大报告明确指出，要"加快发展数字经济，促进数字经济和实体经济深度融合，打造具有国际竞争力的数字产业集群"。可以说，数据是实体经济与数字经济深度融合的关键，数据要素则是数字经济发展的创新引擎与微观基础②。数据要素相较于传统有形生产要素而言，具有非竞争性、非排他性、即时性、低复制成本及外部性等经济特征③。全国信标委大数据标准工作组于2022年11月发布的《数据要素流通标准化白皮书》，将"数据要素"界定为"参与到社会生产经营活动、为使用者或所有者带来经济利益、以电子方式记录的数据资源"。中国信息通信研究院于2023年1月发布的《数据要素白皮书（2022年）》则将"数据要素"定义为"根据特定生产需求汇聚、整理、加工而成的计算机数据及其衍生形态"④。由此，数据要素本质上是具有潜在经济价值的数据资源⑤，数据要素只有经过加工并形成具体的数据产品，才能在数据产品的使用中，或者与其他生产要素的融合中，实现由潜在经济价值转化为具体收益及效用，因而，数据要素定价与交易的本质是数据产品的定价与交易⑥，数据产品在类型上主要有数据定制服务、数据包、API、云服务以及解决方案等⑦。然而，

---

① 李颖：《数据资产怎么入表？解读财政部〈暂行规定〉》，https://baijiahao.baidu.com/s?id=1775031707288364977&wfr=spider&for=pc，访问时间：2023年10月23日。
② 熊巧琴、汤珂：《数据要素的界权、交易和定价研究进展》，载《经济学动态》2021年第2期，第143页。
③ 蔡跃洲、马文君：《数据要素对高质量发展影响与数据流动制约》，载《数量经济技术经济研究》2021年第3期，第67页。
④ 中国信息通信研究院：《数据要素白皮书（2022年）》，http://www.caict.ac.cn/kxyj/qwfb/bps/202301/P020230107392254519512.pdf，访问时间：2023年3月28日。
⑤ 李海舰、赵丽：《数据成为生产要素：特征、机制与价值形态演进》，载《上海经济研究》2021年第8期，第56页。
⑥ 欧阳日辉、杜青青：《数据要素定价机制研究进展》，载《经济学动态》2022年第2期，第125页。
⑦ 王卫、张梦君、王晶：《国内外大数据交易平台调研分析》，载《情报杂志》2019年第2期，第185页。

从《中国数据要素市场发展报告（2021—2022）》可知，在中国数据要素市场化指数得分中，数据要素供给得 69.43 分，数据要素流通得 60.93 分，而数据要素价值仅得 45.84 分，可以说，我国数据要素市场整体呈现出"供给旺盛，流通不足，价值有待挖掘"① 的状态。与此同时，通过系统分析数据要素交易实践，会发现数据要素的交易行情较为低迷，数据要素交易对象及其产权分配机制仍不清晰，数据要素交易的信任机制仍存在诸多不足。对此，虽然有学者通过"标准""信用""合规师"等要素创造性地构造数据要素交易动态合规模型②，却因未提出与之契合的合理数据要素产权制度而有所缺失。不仅如此，关涉数据要素产权制度的理论探索亦未达成共识，有学者认为数据要素产权不应涉及个人数据③。也有学者认为，数据确权因必然会导致反公地悲剧而没有实际意义④。值得肯定的是，有学者根据数据来源与数据产品来区分数据来源者与数据处理者⑤，不过，在对数据来源者的权益塑造上忽略了其潜在的数据经济价值实现。虽有学者提出"个人数据资产账户"的制度理念⑥却又缺乏深入且系统性的探索。有鉴于此，本书在剖析数据要素交易的现实困境基础之上，运用法律分析方法从"产权"与"信任"两个方面检视数据要素交易困境之成因。

第一节　数据要素的交易困境

数据要素交易不仅存在着场内消费匮乏、交易实效欠佳，还存在着诸多法律风险。其中，数据要素因市场格局尚未形成、市场需求尚未得到有效激发而使场内消费匮乏。数据要素因价值认定缺乏客观性、价格估值缺乏准确性、价格形成缺乏实效性而致使交易实效欠佳。

一、数据要素的场内消费匮乏

数据要素交易机制的生成与运行，建立在强烈的数据要素市场需求与市场竞争基础之上。数据要素交易不同于普通商品交易，数据要素的价值存在

---

① 杨帆、刘春彤：《数据要素市场专题报告：数据要素第一哨，数据产权制度》，https://baijiahao.baidu.com/s?id=1766282572679528172&wfr=spider&for=pc，访问时间：2023 年 9 月 14 日。
② 王青兰、王喆：《数据交易动态合规：理论框架、范式创新与实践探索》，载《改革》2023 第 8 期，第 42-53 页。
③ 张素华：《数据产权结构性分置的法律实现》，载《东方法学》2023 第 2 期，第 73-85 页。
④ 周汉华：《数据确权的误区》，载《法学研究》2023 第 2 期，第 3-20 页。
⑤ 王利明：《数据何以确权》，载《法学研究》2023 第 4 期，第 56-73 页。
⑥ 申卫星：《论数据产权制度的层级性："三三制"数据确权法》，载《中国法学》2023 年第 4 期，第 41 页。

诸多不确定性，且交易双方因信息不对称而对数据要素价值的认知有所偏差，这导致数据要素交易定价较为复杂①，正因如此，我国目前主要的数据要素交易依托于数据交易平台方可实现。截至目前，我国已经建立包括贵阳大数据交易所、北京国际大数据交易所在内的 30 多家数据交易平台②。从《2022 年数据交易平台发展白皮书》来看，我国数据交易平台已经形成佣金收取、会员制及增值式交易服务等多种盈利模式③，主要服务方式是撮合数据要素交易和提供数据增值服务，主要采用捆绑定价、协议定价、实时定价、可信第三方定价、自由竞价等定价方法④。然而，我国数据交易平台因缺乏数据产品化、定价咨询、标准化等方面的职能，而使数据要素的交易实践呈现出畸形的"冷热"发展态势，"场内"数据要素的交易遇冷，而"场外"数据要素的交易旺盛⑤，其中，"场内"数据要素的交易仅占数据要素交易市场总规模的 4%，超过 95% 的数据要素交易为"场外"零散的"一对一"交易，甚至是数据"黑市"和"灰市"交易，可以说，"场内"正规交易缺乏吸引力⑥。这在一定程度上抑制了数据要素的正常市场需求与正规市场竞争。除了这些表面原因外，还有其深层次的原因。

（一）数据要素的市场格局尚未形成

不可否认，不论是从个人层面还是从产业层面，数据要素的市场储备都极为丰富。工业和信息化部 2021 年发布的《"十四五"大数据产业发展规划》指出，我国数据资源极其丰富，总量位居全球前列。据第 51 次《中国互联网络发展状况统计报告》，截至 2022 年 12 月，我国网民规模为 10.67 亿，同比增加 3.4%，互联网普及率达 75.6%，其中，大数据企业共约有 6.53 万家⑦，

---

① 王卫、张梦君、王晶：《大数据交易业务流程中的风险因素识别研究》，载《情报理论与实践》2019 年第 9 期，第 84 页。

② 杨东、高清纯：《加快建设全国统一大市场背景下数据交易平台规制研究》，载《法治研究》2023 年第 2 期，第 101 页。值得注意的是，截至 2022 年 8 月，我国由地方政府发起、主导或者批复的数据交易平台或者机构已有 44 家。国家工业信息安全发展研究中心：《2022 年数据交易平台发展白皮书》，http：//dsj. guizhou. gov. cn/xwzx/gnyw/202209/t20220906_76394528. html，访问时间：2023 年 3 月 23 日。

③ 国家工业信息安全发展研究中心：《2022 年数据交易平台发展白皮书》，http：//dsj. guizhou. gov. cn/xwzx/gnyw/202209/t20220906_76394528. html，访问时间：2023 年 3 月 23 日。

④ 欧阳日辉、龚伟：《基于价值和市场评价贡献的数据要素定价机制》，载《改革》2022 年第 3 期，第 49 页。

⑤ 付熙雯、王新泽：《我国数据交易研究进展：系统性文献综述》，载《情报杂志》2022 年第 11 期，第 139 页。

⑥ 李勇坚：《我国数据交易机构高质量发展：现实问题、理论逻辑与实现路径》，载《广东社会科学》2023 年第 1 期，第 51 页。

⑦ 《中国大数据分析行业研究报告》，http：//www. zgdsj. org. cn/upload/files/2022/04/27/中国大数据分析行业研究报告-202204. pdf，访问时间：2023 年 3 月 22 日。

大数据产业规模达 1.57 万亿元①。虽然数据要素的前景被普遍看好，但我国数据要素市场仍处于培育期②，真正将数据要素产品化的互联网企业较少，大多数仍是以技术和劳动力为基础③。事实上，数据是要素而非传统意义上的商品，供需双方难以真正通过一次交易获得确定价值，数据要素的生产分工与市场交易得益于健全的数据要素交易机制，然而，数据要素交易市场不仅在政府侧表现不佳，在市场侧也表现不佳。在政府侧呈现为"小规模、无效率、自然垄断"的"小行政化配置"形态，在市场侧则表现为"低效、无序竞争"的"伪市场化配置"形态④。

与此同时，数据要素在合规实效欠佳的情况下难以具有稀缺性⑤，而稀缺性匮乏的数据要素是无法有效促成数据要素的正规市场竞争的。作为保障数据产业持续发展的"自律机制"⑥，我国互联网企业的数据合规面临技术工具匮乏、理论方法滞后、法律政策高压等挑战⑦，不仅如此，在数字技术深度嵌入数据产业的现实背景下，数据合规人员与数据合规监管部门难以获得关涉互联网企业合规的真实且全面的数据、信息，这也极大加剧了互联网企业数据合规风险监测的难度⑧。同时，这也导致我国数据要素市场虽然数据资源供给充分，却面临着数据要素有效供给或高质量数据要素供给不足，以及数据产品种类有限、数据供方数量不足及数据要素成交量有限等问题⑨。可以说，数据要素的正规市场竞争格局因数据合规实效不佳而尚未形成。整体来看，

---

① 韩鑫：《2022 年我国大数据产业规模达 1.57 万亿元》，http://www.cac.gov.cn/2023-02/22/c_1678705746131710.htm，访问时间：2023 年 3 月 22 日。

② 李芄达：《数据要素市场规则亟待建立》，载《经济日报》2022 年 8 月 9 日，https://baijiahao.baidu.com/s?id=1740631998878469129&wfr=spider&for=pc，访问时间：2023 年 7 月 30 日。

③ 《各地积极布局 多项难题待解 数据要素市场培育仍需加速》，载《中国商报》2020 年 6 月 17 日，https://www.zgswcn.com/cms/mobile_h5/wapArticleDetail.do?article_id=202006171547381139&contentType=article#，访问时间：2023 年 7 月 30 日。

④ 傅建平：《数据说｜要素市场与产品市场不能混为一谈》，载《第一财经》2023 年 7 月 17 日，https://baijiahao.baidu.com/s?id=1771645909917338126&wfr=spider&for=pc，访问时间：2023 年 7 月 30 日。

⑤ 陈舟、郑强、吴智崧：《我国数据交易平台建设的现实困境与破解之道》，载《改革》2022 年第 2 期，第 80 页。

⑥ 孙跃：《数字经济时代企业数据合规及其构建》，载《湖北社会科学》2022 年第 8 期，第 120 页。

⑦ 何航：《企业数据安全合规治理的关键问题与纾解》，载《贵州社会科学》2022 年第 10 期，第 126 页。

⑧ 马明亮：《合规科技在企业整改中的价值与实现路径》，载《苏州大学学报哲学社会科学版》2022 年第 4 期，第 62 页；包晓丽、杜万里：《数据可信交易体系的制度构建——基于场内交易视角》，载《电子政务》2023 年第 6 期，第 51 页。

⑨ 李金璞、汤珂：《论数据要素市场参与者的培育》，载《西安交通大学学报（社会科学版）》2023 年第 4 期，第 78-89 页。

我国当前的数据要素市场的市场规模小、区域分割、层次单一，市场供需结构不匹配、主体结构不平衡，市场治理体系尚不完善，数据要素市场处于初期且市场结构尚未成型①。

（二）数据要素的市场需求尚未被激发

发挥数据要素价值是建设数字中国的关键，数据要素不仅深刻改变着生产、消费等各个环节，还促进了公共服务优质共享②。然而，大体量数据要素之存在，并不必然等同于数据要素的价值实现，也并不必然等同于数据要素之旺盛、正常的市场需求。只有同时具备如下两个条件，数据要素的价值及数据要素的市场需求才能真正被激发。一是针对数据要素生产及数据要素交易的价值，消费者须具有"数据认知意识"，这是数据要素交易行为得以进行的基础③。据希捷赞助、IDC发布的《数据新视界：从边缘到云，激活更多业务数据》的调研可知，多数互联网企业认为数据运营"极其"或者"非常"重要④。与之形成鲜明对比的是，个人的"数据认知意识"要差很多，这种较低的"数据认知意识"在"数据安全意识"与"数据价值意识"上体现得较为明显。

就"数据安全意识"而言，德国市场研究公司GfK的调查显示，虽然用户担心个人隐私的互联网泄露，却只有少数用户对个人数据表达出很强的保护意识⑤。就"数据价值意识"而言，2022年8月，国内头部数字藏品交易平台腾讯幻核因用户活跃度低、商业模式不明、获客成本上升而停止数字藏品发行业务⑥。可以说，在数字技术被互联网企业绝对垄断的现实背景下，互联网企业对于数据要素的价值认知要远高于个人，且处于"形式主动"却"实质被动"接受数据服务的个人，能够具备多大程度的"数据认知意识"实则完全由互联网企业决定。作为体量最为庞大且处于数据要素基础供给地

---

① 傅建平：《"市场结构"决定未来数据要素市场"发展高度"》，载《第一财经》2023年5月8日，https://baijiahao.baidu.com/s? id=1765318560297874781&wfr=spider&for=pc，访问时间：2023年7月30日。

② 肖文、潘家栋：《充分发挥数据要素价值》，载《浙江新闻客户端》2022年12月12日，https://zj.zjol.com.cn/news.html? id=1973136，访问时间：2023年7月31日。

③ 付熙雯、王新泽：《我国数据交易研究进展：系统性文献综述》，载《情报杂志》2022年第11期，第140页。

④ 朱文凤：《数据时代下，我们的数据意识崛起了吗?》，载《通信世界全媒体》2022年6月8日，http://www.cww.net.cn/article? id=563546，访问时间：2023年7月31日。

⑤ 《互联网用户保护个人数据意识淡薄》，载《中国经济网》2013年5月17日，http://intl.ce.cn/specials/zxgjzh/201305/17/t20130517_24394969.shtml? from=singlemessage&isappinstalled=0，访问时间：2023年7月31日。

⑥ 《腾讯幻核关停唤醒用户数据自控权意识》，载《新华财经》2022年8月19日，https://finance.eastmoney.com/a/202208192484493321.html，访问时间：2023年7月31日。

位之个人，会因不能意识到数据要素蕴含的价值，而在参与数据要素交易市场的主动程度上极其有限①。与此同时，个人若因缺乏"数据认知意识"而不能深度参与数据要素市场，此时的数据要素市场就不能称为真正意义上的市场。

二是稳定且可预期的数据要素产权制度是激发数据要素市场需求的关键。海量数据是数据资源化、数据资产化及数据资本化的基础，然而，我国海量数据资源与数据低效利用形成鲜明对比②。事实上，"有恒产者有恒心"在数据要素交易场景中同样适用，清晰的数据要素产权边界是数据产业发展与数据技术应用的基础制度保障③。市场主体只有真正对特定数据要素享有产权，才能够真正享有数据要素的价值，继而才有通过交易等方式获取更多数据要素价值的原动力与可能性。然而，数据要素并不同于传统意义上的财产，互联网企业与个人之间、互联网企业与政府之间、互联网企业与互联网企业之间关于数据要素的产权界定仍没有明确可行的规则④。正是因为数据要素缺乏清晰且可适用的产权规则，数据产业及相关政府部门才无所适从，错位、缺位、越位现象才时常发生⑤。无疑，这会在极大程度上抑制数据要素的正常市场需求。

二、数据要素交易的实效欠佳

在市场交易场景中，价值往往决定着交易价格，而交易价格又反映着价值⑥，交易价格应适用契约原则，由买卖双方协商确定⑦。数据要素的定价机制亦应遵循商品定价的一般原则，沿着"价值形成—价格发现—竞价

---

① 谢纬、袁东阳、肖瑞强：《关于建设新型数据交易平台的构想》，载《银行家》2022年第12期，第114-116页。

② 贾彦、朱丽娜：《数据交易发展和数据要素市场培育》，载《产权导刊》2022年第12期，第28页。

③ 李红娟：《完善数据产权制度 促进数据保护和利用》，载《光明网》2023年7月11日，https://baijiahao.baidu.com/s?id=1771086725781902966&wfr=spider&for=pc，访问时间：2023年7月31日。

④ 李勇坚：《我国数据交易机构高质量发展：现实问题、理论逻辑与实现路径》，载《广东社会科学》2023年第1期，第51页。

⑤ 《我国数据交易行业分析：行业热潮迭起 走向规范化 未来由场外转向场内大势所趋》，https://www.sohu.com/a/653515139_730526，访问时间：2023年8月1日。

⑥ 刘儒、郭茘：《新中国70年价格机制改革：演进逻辑、显著特征与基本经验》，载《湘潭大学学报（哲学社会科学版）》2020年第3期，第101页。

⑦ 张敏：《包容审慎监管：数据交易的平台监管进路研究》，载《河北法学》2023年第1期，第203页。

成交"的路径演进①，以价值为依据，以成本为基础，以市场竞争为导向②。目前，我国数据要素交易主要采取 B2B 交易模式，由第三方数据交易平台促成数据买卖双方间的数据要素交易，具体包括数据撮合交易模式与数据增值服务模式③。例如，贵阳大数据交易平台采取自动计价连续交易，针对数据产品自动设计计价公式，当买方应约价等于或高于挂牌价时，系统将自动撮合交易。又如，数海大数据平台采取自由定价交易方式，平台仅仅提供数据要素的参考价，实际交易价格则由卖方确定④。与此同时，现有的数据要素交易定价策略主要参考传统信息商品中的定价策略，有预订价、固定定价、拍卖定价、实时定价、协议定价和免费增值等⑤。由此可知，在数据要素的定价上，数据交易平台不仅给买卖双方提供讨价还价的机会，还在数据要素的价值形成与价格发现环节起到关键性作用。即便如此，数据要素的交易实效仍然不佳。

（一）数据要素的价值认定缺乏客观性

可交易数据要素不仅是数据要素市场的主要交易对象和标的，还是产权可界定、可交易的商品⑥，可以说，可交易数据要素便是数据要素由抽象数据价值向具体数据商品转化的过程。其中，可交易数据要素的来源有政府公开数据、互联网企业内部数据、数据供应方提供数据、网页爬虫数据、合作伙伴数据等⑦。然而，经由商品化的数据要素并不同于传统意义上的商品，虽然同一商品对于不同主体而言，在价值上存在着差别。但不可否认的是，在市场竞争机制的作用下，商品的客观价值相对稳定，人们对商品的价值认知也相对稳定，一般的场景差异并不会实质影响到商品价值。不同于此的是，在

---

① 欧阳日辉、龚伟：《基于价值和市场评价贡献的数据要素定价机制》，载《改革》2022 年第 3 期，第 39 页。
② 欧阳日辉、杜青青：《数据要素定价机制研究进展》，载《经济学动态》2022 年第 2 期，第 127 页。
③ 陈华、李庆川、翟晨喆：《数据要素的定价流通交易及安全治理》，载《学术交流》2022 年第 4 期，第 116 页。
④ 郭明军、安小米、洪学海：《关于规范大数据交易充分释放大数据价值的研究》，载《电子政务》2018 年第 1 期，第 34 页。
⑤ 蔡莉、黄振弘、梁宇、朱扬勇：《数据定价研究综述》，载《计算机科学与探索》2021 年第 15 期，第 1598 页。
⑥ 欧阳日辉、龚伟：《基于价值和市场评价贡献的数据要素定价机制》，载《改革》2022 年第 3 期，第 39 页。
⑦ 王卫、张梦君、王晶：《国内外大数据交易平台调研分析》，载《情报杂志》2019 年第 2 期，第 184 页。

实践中，数据要素价值具有明显的不确定性①。一是受到数据自身价值的强动态属性之影响。正是因为数据具有较强的动态性及不可预测性，关涉数据的诸多处理行为更多被视为一种投机性投资②。二是受到数据要素价值的场景属性之影响。虽然有学者提出可通过待估数据资产与可比数据资产的相对估值系数来评估数据资产价值③，也有学者认为数据产品的价值可综合品牌价值、数据产品成本、数据产品应用价值及数据产品质量来认定④，但考虑到数据要素的价值创造与价值实现都需要依托于场景⑤，脱离具体场景实难准确评估数据要素的价值。正如国家工业信息安全发展研究中心发布的《2022年数字经济形势研判》报告所指出的那样，以场景化应用促进数据要素开发利用将推动数字经济加速发展⑥。事实上，数据资产化的过程也就是将数据与业务场景融合的过程，在引导业务效率改善中实现数据的潜在价值⑦。可以说，数据商品具有极强的场景属性，即便是同一数据商品，在不同场景下的价值也并不相同⑧，而数据要素的应用场景必须随着新的数据、新的需求及新的问题的不断产生而持续运维、迭代升级，否则，应用场景就没有了新的生命力，就不能够满足新需求，也不能够解决新问题⑨。因此，数据要素价值受到极强的场景因素影响。总之，数据要素的价值因数据自身价值的强动态属性，及数据要素价值的场景属性而难以客观认定。

（二）数据要素的价格估值缺乏准确性

数据交易平台对数据要素的价值发现就是数据要素估值，数据要素估值是数据要素定价的基础，是基于数据要素生产者或者初级所有者的视角，根据数据要素的特点进行价值评估，继而为数据要素的价格发现提供参照

---

① 熊励、刘明明、许肇然：《关于我国数据产品定价机制研究——基于客户感知价值理论的分析》，载《价格理论与实践》2018年第4期，第148页。

② Gemma Newlands, Christoph Lutz & Christian Fieseler, "Trading on the Unknown: Scenarios for the Future Value of Data", Law & Ethics of Human Rights 13, no. 1 (2019): 98.

③ 张俊瑞、董雯君、危雁麟：《商务大数据分析：交易性数据资产估值方法研究》，载《情报杂志》2023年第7期，第93页。

④ 于施洋、王建冬、黄倩倩：《论数据要素市场》，人民出版社2023年版，第137页。

⑤ 欧阳日辉、龚伟：《基于价值和市场评价贡献的数据要素定价机制》，载《改革》2022年第3期，第43页。

⑥ 《加快OID场景化应用 促进数据要素开发利用》，https://baijiahao.baidu.com/s?id=1741225335816186773&wfr=spider&for=pc，访问时间：2023年7月31日。

⑦ 于施洋、王建冬、黄倩倩：《论数据要素市场》，人民出版社2023年版，第45页。

⑧ 欧阳日辉、杜青青：《数据估值定价的方法与评估指标》，载《数字图书馆论坛》2022年第10期，第22页。

⑨ 《场景驱动数据要素化》，载《环球网财经》2021年5月27日，https://baijiahao.baidu.com/s?id=1700876572331001923&wfr=spider&for=pc，访问时间：2023年7月31日。

基准①。然而，考虑到数据要素与数据要素定价之间关系的复杂性，成本法、收益法、市场法等传统的估值方法难以适用②。有学者认识到数据要素的场景属性，故而提出基于客户感知价值的数据要素定价机制，在具体实现方式上，数据交易平台可基于客户对数据要素的感知维度，与数据要素供应方在特定范围内协同定价，数据要素需求方据此可与数据要素供应方讨价还价，直至双方在数据要素可接受价格上达成一致③。然而，若数据要素权属及其利益相关者的收益分配关系尚未理顺，就难以有效量化数据价值、科学计量数据化劳动，继而导致数据要素定价困难④。同时，还考虑到数据要素会因数据错误或数据虚假而形成数据"噪音"，亦会因时间周期而使数据要素的价值递减，这些因素都会使作为生产要素的数据的价值降低⑤。另外，脱离数据交易平台对数据要素价值进行初步认定，数据要素的买方主体将难以通过有限的理性认知合理评估数据要素价值。同时，即便数据交易平台对数据要素进行估值，但对于不同的可交易数据要素，买方主体亦难以称之为客观。这是因为，数据要素的价值不仅会受到供给侧维度的影响，还会受到需求侧维度的影响，而数据要素的供需关系本身又会受到市场因素的影响⑥。

（三）数据要素的价格形成缺乏实效性

数据要素具有"场景专用性"，数据要素的价值因场景不同而不尽相同，数据要素价格的确定亦离不开具体的应用场景⑦。因此，数据要素定价机制不仅是定价方法、模型和策略，更是以数据要素价值和市场评价贡献为核心，基于场景、交易制度及数字技术等进行数据要素估值定价的制度安排⑧。在实

---

① 陆岷峰、欧阳文杰：《数据要素市场化与数据资产估值与定价机制研究》，载《新疆社会科学》2021年第1期，第45页。

② 李勇坚：《我国数据交易机构高质量发展：现实问题、理论逻辑与实现路径》，载《广东社会科学》2023年第1期，第51页。

③ 熊励、刘明明、许肇然：《关于我国数据产品定价机制研究——基于客户感知价值理论的分析》，载《价格理论与实践》2018年第4期，第148页。

④ 傅建平：《数据说｜数据定价难的真正原因找到了!》，载《第一财经》2023年5月22日，https://baijiahao.baidu.com/s?id=1766572385114904342&wfr=spider&for=pc，访问时间：2023年8月1日。

⑤ 徐玖玖：《从"数据"到"可交易数据"：数据交易法律治理范式的转向及其实现》，载《电子政务》2022年第12期，第84页。

⑥ 洪邹逞：《面向供给侧的多维复合数据价值评估模型研究》，载《互联网周刊》2023年第5期，第57页。

⑦ 龚强、班铭媛、刘冲：《数据交易之悖论与突破：不完全契约视角》，载《经济研究》2022年第7期，第186页。

⑧ 欧阳日辉、龚伟：《基于价值和市场评价贡献的数据要素定价机制》，载《改革》2022年第3期，第41页。

践中，数据交易平台对数据要素的价格形成起着至关重要的作用。我国数据交易平台种类多样，若依数据处理程度来看，可分为以北京国际大数据交易等为典型的"中介加处理型数据交易平台"，此类数据交易平台主要提供中介服务及数据清洗、建模等深度处理服务；以中关村数海大数据交易平台为典型的"单纯中介型数据交易平台"，此类数据交易平台提供初始数据及简单处理后的组合数据①。若按照发起建设方之不同，可将数据交易平台分类为"政府主导型""产业联盟主导型""数据服务商主导型""互联网企业主导型"②。值得注意的是，我国数据交易平台自动定价形成的价格仅具有参考意义，最终的数据要素成交价格通常依赖于供需双方之间的协商，这本身较为符合数据要素的场景属性。但是，考虑到数据要素难以脱离场景成为标准化产品③，而我国数据要素交易又较为初级，缺乏统一的数据要素交易标准和规范制度，不仅对各个领域的数据要素需求把握不准，且对各个领域的数据要素的应用也处于探索阶段④，这就导致，依赖于数据要素供需双方的价格协商过程过于漫长，双方付出的时间成本也过高，且难以有效满足数据要素的交易效率要求⑤。正因如此，才有学者提出应探索第三方估价机制，在传统的报价-议价市场模式外引入第三方机构，为数据要素的合理定价提供基础，为数据要素的买卖双方议价提供参考⑥。

三、数据要素交易存在诸多法律风险

数据要素交易存在诸多法律风险。实际上，目前国内大部分数据交易平台的交易场景往往着眼于少量国有央企与BAT等数据垄断者，这就使数据要素交易市场处于"轻监管、轻准入"的状态⑦，而数据交易平台又普遍存在

---

① 杨东、高清纯：《加快建设全国统一大市场背景下数据交易平台规制研究》，载《法治研究》2023年第2期，第102页。

② 贾彦、朱丽娜：《数据交易发展和数据要素市场培育》，载《产权导刊》2022年第12期，第30页。

③ 崔继慧、高洁、孙莹璐：《我国数据交易机构面临的困境与对策建议》，载《创新研究》2023年1月18日，https://baijiahao.baidu.com/s?id=1755329931747288388&wfr=spider&for=pc，访问时间：2023年7月31日。

④ 王卫、张梦君、王晶：《国内外大数据交易平台调研分析》，载《情报杂志》2019年第2期，第186页。

⑤ 王珊：《数据交易场所的机制构建与法律保障——以数据要素市场化配置为中心》，载《江汉论坛》2021年第9期，第134页。

⑥ 黄倩倩、王建冬、陈东、莫心瑶：《超大规模数据要素市场体系下数据价格生成机制研究》，载《电子政务》2022年第2期，第24页。

⑦ 谢纬、袁东阳、肖瑞强：《关于建设新型数据交易平台的构想》，载《银行家》2022年第12期，第114-116页。

着"政府服务初衷"与"市场盈利追求"之间的现实冲突①,这只会加剧数据要素交易市场的"轻监管、轻准入"之弊。与此同时,据《深圳商报》2022年11月20日的报道,深圳数据交易所在数据要素交易场景上已然覆盖公共服务、金融科技、数字营销等53类之多。另外,据《深圳商报》2023年4月23日报道,深圳的数据要素交易场景已然高达106类②,然而,若不断拓宽的应用场景未有数据安全保障,就可能产生"危害"大于"价值"的情况③。更为关键的是,我国目前场内数据要素交易的市场规模依然不如场外数据要素交易的市场规模。相关数据显示,我国2022年数据要素交易的市场规模在1 020亿元左右,其中,场外数据要素交易的市场规模高达1 000亿元,而场内数据要素交易的市场规模仅为20亿元④。可以说,这只会进一步加剧数据要素交易的法律风险。值得注意的是,在数据要素交易的具体法律风险表现形式上,其一,数据交易平台存在着"一家独大"的垄断风险⑤。对此,在数据要素交易过程中,就应该警惕数据要素价格歧视与数据要素垄断定价等法律风险⑥。其二,数据交易平台存在着流通标准混乱、数据转卖及反竞争等风险⑦。其三,数据交易平台存在着数据隐私泄露风险。实际上,在数据要素交易过程中,数据隐私泄露是各类数据交易平台的共同隐患之一⑧。《中国网民权益保护调查报告(2022)》显示,82.3%的网民的日常生活因个人信息泄露而产生影响,49.7%的网民认为存在个人信息泄露的情况⑨。数据要素一旦遭受泄露,就会侵犯个人隐私,使个人财产遭受损失,使企业商业机

---

① 洪邹逞:《面向供给侧的多维复合数据价值评估模型研究》,载《互联网周刊》2023年第5期,第55页。

② 肖晗:《建设具有国际影响力的全国性数据交易平台 深圳数据交易所交易规模全国第一》,载《深圳商报》2023年4月23日第A01版。

③ 肖晗:《专访深圳数据交易所董事长李红光 未来将形成多层次数据交易市场》,载《深圳商报》2022年11月20日第A02版。

④ 《我国数据交易行业分析:行业热潮迭起 走向规范化 未来由场外转向场内大势所趋》,https://www.sohu.com/a/653515139_730526,访问时间:2023年8月1日。

⑤ 洪邹逞:《面向供给侧的多维复合数据价值评估模型研究》,载《互联网周刊》2023年第5期,第55页。

⑥ 鄢浩宇:《数据定价的机制构建与法律调节》,载《金融经济》2022年第9期,第68页。

⑦ 杨东、高清纯:《加快建设全国统一大市场背景下数据交易平台规制研究》,载《法治研究》2023年第2期,第98页。

⑧ 陈宏民、熊红林、胥莉、杨云鹏、卓训方:《基于平台视角下的数据交易模式及特点分析》,载《大数据》2023年第2期,第61页。

⑨ 黄敦平:《数据要素市场亟待治理的四大难题》,载《光明网》2023年4月19日,https://baijiahao.baidu.com/s?id=1763569095492922238&wfr=spider&for=pc,访问时间:2023年8月1日。

密遭受外泄①。总之，数据要素交易普遍存在着上述法律风险，而这些法律风险的存在也正是数据要素交易困境的成因之一。

第二节　数据要素交易困境的法律透视

一、既有数据要素产权制度及理论难以激发消费活力

在数据要素市场化的过程中，数据要素交易困难的本质在于数据要素产权转移之困难②，数据要素产权是数据要素定价的基础③。虽然数据要素不同于有体财产，但"有恒产者有恒心"的理念对数据要素同样适用，相关主体只有真正对数据要素享有产权，才会针对特定数据要素合规行使权利，亦会对蕴含特定价值的数据要素产生交易需求。《中华人民共和国国民经济和社会发展第十四个五年规划和2035年远景目标纲要》指出，要"加快建立数据资源产权、交易流通、跨境传输和安全保护等基础制度和标准规范。建立健全数据产权交易和行业自律机制……"。《关于构建数据基础制度更好发挥数据要素作用的意见》指出，要"建立健全个人信息数据确权授权机制。……不得采取'一揽子授权'、强制同意等方式过度收集个人信息，促进个人信息合理利用"。然而，数据的流动性、非竞争性、非排他性等特征，足以表明传统产权制度难以适用于数据要素，目前，就数据要素产权的顶层设计而言，从价值取向上大致可分为"数据共享说"、"劳动贡献说"及"分类分级说"三种。

（一）"数据共享说"易于引发数据要素产权歧视

"数据共享说"契合数字经济共享理念，兼顾数据要素顺畅流通与原始数据主体享有数据权益，力求实现数据要素的多元价值。数据共享使信息传递呈扁平化，不仅可提高决策的精准化、科学化，提升政府治理效率，还可改善公众的生活质量，为多方带来红利④。最高人民法院于2021年3月发布的《关于人民法院为北京市国家服务扩大开放综合示范区、中国（北京）自由贸易试验区建设提供司法服务和保障的意见》提出，要"形成数据资源汇集共

---

① 陈华、李庆川、翟晨喆：《数据要素的定价流通交易及其安全治理》，载《学术交流》2022年第4期，第118页。
② 张平文、邱泽奇：《数据要素五论——信息、权属、价值、安全、交易》，北京大学出版社2022年版，第256页。
③ 赵需要、姬祥飞、郭义钊：《创新激励目标下数据交易平台运行影响因素模型构建研究——以贵阳数据交易平台为例》，载《现代情报》2023年第4期，第103页。
④ 陈朋：《打通数据共享大动脉》，https://m.gmw.cn/baijia/2023-01/05/36280013.html，访问时间：2023年8月1日。

享、数据流动安全有序、数据价值市场化配置的数据要素良性发展格局"。2022年12月国务院在《关于构建数据基础制度更好发挥数据要素作用的意见》中预设了"数据共享说"的具体适用场景，在数据产业发展方面，"支持第三方机构、中介服务组织加强数据采集和质量评估标准制定，推动数据产品标准化，发展数据分析、数据服务等产业"。在政府履职方面，支持"依法依规获取相关企业和机构数据"。另外，《关于构建数据基础制度更好发挥数据要素作用的意见》提出，要在个人隐私与公共安全得以保护的前提下，推动公共数据有条件无偿使用。不仅如此，"数据共享说"在数据要素交易实践中亦有体现。从2022年9月国家工业信息安全发展研究中心发布《2022年数据交易平台发展白皮书》来看，数据交易平台以"所有权+用益权"模式推进数据要素流通，承认原始数据产生者对数据要素的所有权，且不妨碍相关主体对数据要素价值的开发利用①。事实上，"数据共享说"在域外以合同方式亦有体现，较为典型的是，虽然美国不承认数据财产权，但欧盟委员会2022年发布的《数据法案》实则将合同自由明确为数据要素交易的基本原则②。为确保数据要素顺畅流通，有学者认为，数据要素产权制度应兼顾利益平衡及促进数据共享，主张在关键领域建立必要的数据共享制度③；也有学者主张基于不同类型数据要素建立动态可变的差异化权属制度④；还有学者主张应确保规范条件下的数据共享⑤。然而，"数据共享说"易使市场影响力较弱主体的数据要素产权遭受歧视，强化市场影响力较强主体的数据要素产权效能。毕竟，不论是数据要素的实际流动方向，还是数据要素的实际价值释放程度，更多是由那些拥有强势地位的数据主体所把控。

（二）"劳动贡献说"易于极端化数据要素产权

党的十九届四中全会将"数据"列为按贡献参与分配的七大生产要素之一⑥。

---

① 国家工业信息安全发展研究中心：《2022年数据交易平台发展白皮书》，http://dsj.guizhou.gov.cn/xwzx/gnyw/202209/t20220906_76394528.html，访问时间：2023年3月23日。

② 王晓晔：《以市场化方式促进数据交易和共享》，载《中国网信》2023年第1期，第52-55页。

③ 冯晓青：《大数据时代企业数据的财产权保护与制度构建》，载《当代法学》2022年第6期，第104-120页。

④ 马费成、卢慧质、吴逸姝：《数据要素市场的发展及运行》，载《信息资源管理学报》2022年第5期，第4-13页。

⑤ 肖潇：《数字时代电子商务数据流通：合规方案、法律模式与规范路径》，载《中国流通经济》2022年第2期，第120-128页。

⑥ 《中共中央关于坚持和完善中国特色社会主义制度 推进国家治理体系和治理能力现代化若干重大问题的决定》，https://www.12371.cn/2019/11/05/ARTI1572948516253457.shtml，访问时间：2023年8月2日。参见《十九届四中全会：健全分配机制，数据可作为生产要素按贡献参与分配》，载《南方都市报》2019年11月1日，https://www.163.com/dy/article/ESTBH3ES05129QAF.html，访问时间：2023年8月2日。

在数字经济时代，数据可被看作财富的催化剂，数据要素不仅具有使用价值，还有助于提高劳动生产力①。不仅如此，数据要素还是人的劳动对象化产物，在一定程度上可被视为耗费了劳动力继而获得价值的产品②。"劳动贡献说"正是基于这一认知而产生的学说。"劳动贡献说"在理念上并不排斥"数据共享说"，更多侧重于不同主体基于劳动投入程度，获取与之相匹配的数据要素产权价值。为更好地维护数据要素产权权益，《关于构建数据基础制度更好发挥数据要素作用的意见》探索"个人、企业、公共数据分享价值收益的方式"，提出"谁投入、谁贡献、谁受益"原则，促进"劳动者贡献和劳动报酬相匹配"。2023年中共中央、国务院印发《数字中国建设整体布局规划》，也指出要"释放商业数据价值潜能，加快建立数据产权制度，开展数据资产计价研究，建立数据要素按价值贡献参与分配机制"。可以说，在"劳动贡献说"看来，只有保证数据要素所有者之间的权力结构，与数据要素对合作产出的贡献保持相对一致，才能实现最优化的数据要素资源配置，并逆向推进数据要素市场化的顺利进行③。此外，"劳动贡献说"的主流理论观点认为，数据要素产权配置应使数据要素效用的贡献者共享数据红利④。在具体制度构建上，有学者主张借助区块链等技术的数据共享分配机制公平分配数据收益⑤，有学者主张将数据要素产权作为总括性权利束配置给生产者⑥。另外，有学者主张将数据要素产权分配给收集者将有利于提高社会福利⑦。还有学者认为，互联网企业对数据要素的效用认知及评价远高于个人，互联网企业应基于控制享有数据权益⑧。另有学者主张，在数据使用者权之外，设置具有有限排他效力的数据制作者权⑨。

---

① 蔡继明：《厘清数据要素按贡献参与分配的理论认识》，https://www.sss.tsinghua.edu.cn/info/1074/6220.htm，访问时间：2023年8月2日。
② 《数字经济时代中的数字劳动价值，具体是由哪些方面所构成？》，https://baijiahao.baidu.com/s?id=1746554948177716102&wfr=spider&for=pc，访问时间：2023年8月2日。
③ 杜娇、王广亮：《要素市场化与企业内要素定价：一个权力视角的分析》，载《山东大学学报（哲学社会科学版）》2021年第6期，第107页。
④ 戚聿东、刘欢欢：《数字经济下数据的生产要素属性及其市场化配置机制研究》，载《经济纵横》2020年第11期，第63-76页。
⑤ 杨东、赵秉元：《数据产权分置改革的制度路径研究》，载《行政管理改革》2023年第6期，第55-64页。
⑥ 刘文杰：《数据产权的法律表达》，载《法学研究》2023年第3期，第36-53页。
⑦ 李三希、王泰茗、刘小鲁：《数据投资、数据共享与数据产权分配》，载《经济研究》2023年第7期，第139-155页。
⑧ 姚佳：《企业数据权益：控制、排他性与可转让性》，载《法学评论（双月刊）》2023年第4期，第149-159页。
⑨ 吴汉东：《数据财产赋权的立法选择》，载《法律科学（西北政法大学学报）》2023年第4期，第44-57页。

不可否认,"劳动贡献说"在理念上追求各类产权主体平等使用国家资源、公平竞争、共同发展[①],在效果上不仅能够有效激励生产者,还能够在一定程度上解决投入与产出不对等的问题。但实际上,"劳动贡献说"存在着与"数据共享说"同样的问题。在数智时代,劳动效能并非纯粹由劳力所决定,而是由技术占有、算法能力、数据体量等因素所决定,若推广"劳动贡献说",不仅会忽视那些无法在数据开发上投入成本却又能正向刺激数据要素价值的个人,还会使数据要素产权效能走向垄断,致使"强者愈强"的局面出现。

(三)"分类分级说"忽略数据要素场景属性

正是认识到数据要素产权区别于具有非排他性的传统财产权,数据要素价值的实现依赖于多方合作[②],以及数据要素所有权范式致使数据要素交易市场混乱,"分类分级说"才选择淡化数据要素所有权的概念,以数据要素持有权为中心,构建所有权与持有权相分离的数据要素产权制度[③]。"分类分级说"实则是在分类数据要素的基础上结构化分置数据要素产权[④]。《中华人民共和国国民经济和社会发展第十四个五年规划和2035年远景目标纲要》提出数据要素的"分类分级"保护制度;《国务院关于数字经济发展情况的报告》指出,要"推进公共数据、企业数据、个人数据分类分级确权授权使用,构建数据产权、流通交易、收益分配、安全治理制度规则,统筹推进全国数据要素市场体系";《关于构建数据基础制度更好发挥数据要素作用的意见》进一步深化"分类分级说",在"分类分级"确权授权的基础上,提出要根据数据要素的来源及生成特征,在数据要素生产、流通、使用过程中,建立"数据资源持有权""数据加工使用权""数据产品经营权"等分置的产权运行机制,以此实现数据要素"共同使用"与"共享收益"新模式。此外,有学者主张,应界定、明确个人数据产权、企业数据产权及公共数据产权的边界及其内容[⑤]。也有学者认为,应在区分公共数据、企业数据、个人信息数据

---

① 蔡继明:《构建公平与效率相统一的数据要素按贡献参与分配的制度——解读"数据二十条"》,https://baijiahao.baidu.com/s?id=1760994098123057156&wfr=spider&for=pc,访问时间:2023年8月2日。

② 杨瑜娴:《从法律角度看建立数据产权制度》,载《学习时报》2023年5月17日第3版。

③ 欧阳心仪:《以数据产权结构性分置加速数据要素流通》,载《人民邮电报》2023年3月31日,http://www.szzg.gov.cn/2022/xwzx/fhzx/202303/t20230331_6141226.htm,访问时间:2023年8月2日。

④ 张素华:《数据产权结构性分置的法律实现》,载《东方法学》2023年第2期,第73-85页。

⑤ 曾铮、王磊:《数据要素市场基础性制度:突出问题与构建思路》,载《宏观经济研究》2021年第3期,第85-101页。

的基础上，构建第三类具有对世性的数据财产权利制度①。不可否认，面对数据要素市场参与主体间的多重且快速迭代的动态权益关系②，"分类分级说"能够起到一定的协调作用。然而，应该看到的是，"分类分级说"对于数据要素产权结构的制度设计是不完整的，虽然能够在短期内，暂且搁置所有权争议，但缺乏数据要素所有者的权利主张机制，将不利于发挥数据要素价值③。不仅如此，公共数据、企业数据及个人数据在类型上有差异，忽略场景去谈论数据要素类型并不现实，同一数据要素在不同场景下会表征为不同类型的数据要素。除具有明显类型标签的数据外，不论是个人、企业还是公共部门，只有在特定场景下处理特定数据要素后所生成的数据要素才有可能具备明确类型。因此，"分类分级说"实则是"劳动贡献说"的深化。这也就意味着，结构化分置数据要素产权的形式意义要远大于实质意义，只有少数主体才能够真正经由特定类型数据要素实现产权实效。

二、数据要素交易的信任机制欠佳

随着市场经济的发展，价格改革的目标是不断扩大市场定价范围，持续缩小政府定价范围，减少价格管控④。数据要素定价本应顺应该逻辑，但考虑到数据要素在不同场景下的价值表征不同，且对不同主体存在着价值异质性，这就意味着，数据要素定价机制不同于普通商品定价，不仅数据要素交易的标准化程度较低⑤，数据要素定价的标准化程度也较低。这就使数据要素难以批量定价及销售，受此影响，传统的数据要素交易模式往往采取点对点的交易模式，只有如此才能够解决数据要素价值难以确定的问题，满足买卖双方的个性化需求。然而，点对点交易模式的效率及规范程度都比较低，且难以大规模推广⑥。正因如此，数据要素交易平台试图建立有效的联结机制和信任机制，提供公正、透明、高效、安全的竞价场所，保障定价激励机制能够顺

---

① 张新宝：《产权结构性分置下的数据权利配置》，载《环球法律评论》2023年第4期，第5-20页。
② 《数据产权归谁？专家："三权"分置开创数据要素市场新局面》，https://baijiahao.baidu.com/s?id=1754252299623749856&wfr=spider&for=pc，访问时间：2023年8月2日。
③ 博建平：《探索"两权分离"与"三权"分置相结合的中国式数据产权结构》，《第一财经》2023年5月5日，https://baijiahao.baidu.com/s?id=1765034847523310505&wfr=spider&for=pc，访问时间：2023年8月2日。
④ 张守文：《〈价格法〉修订：发展需要与改进方向》，载《法学杂志》2022年第4期，第7页。
⑤ 蔡莉等：《数据定价研究综述》，载《计算机科学与探索》2021年第15期，第1602页。
⑥ 中国信息通信研究院：《数据要素白皮书（2022年）》，http://www.caict.ac.cn/kxyj/qwfb/bps/202301/P020230107392254519512.pdf，访问时间：2023年3月28日。

利实施①，并试图使其尽可能符合市场交易规律。

（一）数据交易平台难以赢得信任

我国数据交易平台是双边或多边市场结构中的供需匹配桥梁，基于非中性的价格结构和交叉的网络外部性，促进数据要素买家、数据要素提供商及数据交易平台之间的合作与竞争博弈，最终形成合理的数据要素价格发现方法②。我国数据交易平台在类型上大致可分为以数据要素生产或数据要素服务为主要商业职能的综合性平台，以及充当着数据要素供应方与数据要素需求方中介的撮合性平台③。在数据要素的交易过程中，只有激励大型互联网企业与其他互联网企业交易大体量数据要素，才能够有力刺激数据要素交易的市场运行效率。

然而，事实上，真正掌握大体量数据要素的大型互联网企业，极易通过数据垄断地位迫使数据要素向内流动④。在这一原始动力的刺激下，与大型互联网企业交易的其他互联网企业，在数据要素的价格制定上并无太多话语权，对于可交易数据要素而言，大型互联网企业拥有更多的解释权。同时，我国各类数据交易平台实则是集市场属性与公益属性于一身⑤，考虑到数据交易平台通过数据要素交易的抽成、会员费及数据要素增值服务等获得一定经济收入，此种"既当运动员又当裁判员"的角色混同现状，导致其既难以通过数据要素加工服务形成稳定商业模式，又难以有效发挥公共服务职能⑥。这极易使其他互联网企业无法真正信任关涉交易数据要素价值的信息。不仅如此，可能与大型互联网企业交易的其他用户，在双方交易地位明显不对等的现实情况下，也会因数据要素的虚拟性及交易数额过大而感知交易风险，继而无法积极参与数据要素交易⑦。

另外，数据要素交易是否顺利，在形式上以数据要素在交易主体间是否

---

① 欧阳日辉、龚伟：《基于价值和市场评价贡献的数据要素定价机制》，载《改革》2022年第3期，第48页。

② 欧阳日辉、龚伟：《基于价值和市场评价贡献的数据要素定价机制》，载《改革》2022年第3期，第46页。

③ 王卫、张梦君、王晶：《国内外大数据交易平台调研分析》，载《情报杂志》2019年第2期，第182页。中国信息通信研究院：《中国数字经济发展白皮书（2020年）》，http://www.caict.ac.cn/kxyj/qwfb/bps/202007/P020200703318256637020.pdf，访问时间：2023年3月28日。

④ 赵需要、姬祥飞、郭义钊：《创新激励目标下数据交易平台运行影响因素模型构建研究——以贵阳数据交易平台为例》，载《现代情报》2023年第4期，第110页。

⑤ 于施洋、王建冬、黄倩倩：《论数据要素市场》，人民出版社2023年版，第106页。

⑥ 朱云帆：《我国数据交易统一大市场发展现状与路径思考》，载《电子技术应用》2023年第5期，第49页。

⑦ 赵需要、姬祥飞、郭义钊：《创新激励目标下数据交易平台运行影响因素模型构建研究——以贵阳数据交易平台为例》，载《现代情报》2023年第4期，第110页。

流通顺畅作为判断依据，在实质上则以数据主体是否基于合理的数据要素产权制度实现数据要素流通来判断。虽然贵阳大数据交易所通过登记数据产品、第三方数据服务中介机构、数据商的方式，来确认主体和数据是否具备进场交易的条件，以此解决市场主体互信难的问题①，但这并不能从根本上解决数据要素产权会因数据的非竞争性而降低数据采集方的积极性这一问题，同样不利于数据要素交易市场的长期持续发展②。

（二）数据要素交易技术难以赢得信任

在实践中，数据要素交易平台试图依托技术手段提高可信度。北京国际大数据交易所依托"可用不可见"的隐私计算等技术，实现数据要素的交易模式由"数据所有权交易"转变为"数据使用权交易"③，以解决数据要素交易中的信任问题及数据要素交付后的控制问题④。除此之外，海南大数据局也将区块链、隐私计算等技术应用到公共数据资源产品开发、数据授权、数据产品交易等实际场景中⑤。隐私计算并非一种计算方法的名称，而是机密计算、差分隐私、联邦学习、同态加密等一系列保障技术信任的计算方法的统称⑥，可在不泄露数据的前提下，使多个数据要素参与方能够分析数据、开展协同计算⑦，可在保证数据共享与安全流通的基础上释放数据要素价值。值得注意的是，隐私计算只是通过技术手段强化传统制度信任⑧。

然而，数据流转不只是"可用不可见"，还要在多方协作间解决数据的真实性及其权属问题⑨。更何况，在数字智能时代，信任关系亦被纳入机器、算

---

① 中国信息通信研究院：《数据要素白皮书（2022年）》，http://www.caict.ac.cn/kxyj/qwfb/bps/202301/P020230107392254519512.pdf，访问时间：2023年3月28日。
② 龚强、班铭媛、刘冲：《数据交易之悖论与突破：不完全契约视角》，载《经济研究》2022年第7期，第184页。
③ 龚强、班铭媛、刘冲：《数据交易之悖论与突破：不完全契约视角》，载《经济研究》2022年第7期，第172页。
④ 李勇坚：《我国数据交易机构高质量发展：现实问题、理论问题与实现路径》，载《广东社会科学》2023年第1期，第49页。参见中国信息通信研究院：《数据要素白皮书（2022年）》，http://www.caict.ac.cn/kxyj/qwfb/bps/202301/P020230107392254519512.pdf，访问时间：2023年3月28日。
⑤ 于施洋：《数博会聚焦数据流通与交易 隐私计算成数据市场化的关键技术》，https://baijiahao.baidu.com/s?id=1733962043323956941&wfr=spider&for=pc，访问时间：2023年8月2日。
⑥ 尹华容、王惠民：《隐私计算的行政法规制》，载《湖南科技大学学报（社会科学版）》2022年第6期，第93页。
⑦ 杨瑞仙、李兴芳、王栋、臧国全：《隐私计算的溯源、现状及展望》，载《情报理论与实践》2023年第7期，第158-167页。
⑧ 陈玲：《数字信任和技术秩序：重塑智能时代的信任》，载《装饰》2022年第1期，第24页。
⑨ 林侃：《全省一体化的数据要素交易市场初步形成 释放数据要素价值 赋能高质量发展》，《福建日报》2022年7月23日第001版。

法等非人格化主体①，即便是隐私计算也不意味着绝对可信，而技术的信任维系机制，须以有效约束技术优势方为根本前提②。但不可否认的是，隐私计算尚未经历大规模的商业应用检验③，数据交易平台更多将数据要素的交易对象限于数据分析结果继而限缩数据要素交易范围④，非人格化主体间的信任关系尚无完整建立之契机。况且，不同的隐私计算平台闭塞与独立，导致数据难以在不同平台间互联互通⑤，加之隐私计算的算法可解释性匮乏，而使技术优势方的信息披露实效差⑥，同时，隐私计算的算法模式存在着模型反推致使原始数据泄露的风险⑦。无疑，这些因素都会加剧降低数据要素交易技术的可信度。

（三）数据要素交易安全难以赢得信任

数据要素交易过程涉及个人、互联网企业、数据交易平台、第三方专业服务机构等主体，可交易数据要素存在着较高被侵害风险，具体包括个人隐私侵害风险、个人信息侵害风险及公共利益侵害风险。首先，数据要素交易存在着个人隐私侵害风险。互联网企业作为将信息、数据转化为数据要素的关键数据处理者，理应通过隐私政策及匿名技术等，将数据要素可能存在的隐私侵害风险予以排除。事实上，数据要素的隐私侵害风险显现，更多是由于互联网企业未能尽到合理的注意义务，以及匿名化技术应用不合理，致使个人隐私信息的显现、披露或泄露。不仅如此，部分互联网企业为追求利益最大化，滥用个人数据也会使个人隐私遭受侵害⑧。其次，数据要素交易存在着个人信息侵害风险。在实践中，信息主体同意互联网企业收集、处理个人信息，往往是基于对个人信息处理目的及场景的认可。所以，信息主体的自由意志应该完全覆盖互联网企业对个人信息所有的处理目的及场景之上，当

---

① 陈玲：《数字信任和技术秩序：重塑智能时代的信任》，载《装饰》2022年第1期，第22页。
② 赵精武：《破除隐私计算的迷思：治理科技的安全风险与规制逻辑》，载《华东政法大学学报》2022年第3期，第44页。
③ 曾坚朋、赵正、杜自然、洪博然：《数据流通场景下的统一隐私计算框架研究——基于深圳数据交易所的实践》，载《数据分析与知识发现》2022年第1期，第35页。
④ 龚强、班铭媛、刘冲：《数据交易之悖论与突破：不完全契约视角》，载《经济研究》2022年第7期，第174页。
⑤ 曾坚朋、赵正、杜自然、洪博然：《数据流通场景下的统一隐私计算框架研究——基于深圳数据交易所的实践》，载《数据分析与知识发现》2022年第1期，第36页。
⑥ 唐林垚：《隐私计算的法律规制》，载《社会科学》2021年第12期，第119-120页。
⑦ 赵精武：《破除隐私计算的迷思：治理科技的安全风险与规制逻辑》，载《华东政法大学学报》2022年第3期，第36页。
⑧ 陈华、李庆川、翟晨喆：《数据要素的定价流通交易及其安全治理》，载《学术交流》2022年第4期，第118页；马费成、卢慧质、吴逸姝：《数据要素市场的发展及运行》，载《信息资源管理学报》2022年第12期，第7页。

然，经过匿名化处理后的信息并不存在这一问题。此时，个人信息侵害风险往往是由于在未经信息主体同意的情况下，肆意变更个人信息处理场景及目的所致。事实上，这也应该作为第三方专业服务机构与数据交易平台合规审查的重点。最后，数据要素交易存在着公共利益侵害风险。可交易数据要素不仅可以实现特定价值，还能够成为实现特定价值的关键要素，而可交易数据要素一旦被用于侵害公共利益，数据要素交易亦会间接侵害公共利益①。

三、数据要素交易的合规制度尚未完整构建

不论是关涉可交易数据要素之基础要素的制度定位尚未明确，不利于完满保护可交易数据要素之基础要素的多元权益，还是关涉数据要素的财产权益分配机制尚未完成，致使数据要素交易存在权益侵害风险，都足以表明数据要素交易的合规制度尚未完整构建。

（一）基础要素制度定位不明确将加剧交易风险

关涉可交易数据要素之基础要素的制度定位尚未明确，不利于完满保护可交易数据要素之基础要素的多元权益。《关于构建数据基础制度更好发挥数据要素作用的意见》指出，"数据作为新型生产要素，是数字化、网络化、智能化的基础""数据基础制度建设事关国家发展和安全大局""发挥我国海量数据规模和丰富应用场景优势，激活数据要素潜能"。《中华人民共和国网络安全法》（以下简称《网络安全法》）第二十二条第三款规定，"网络产品、服务具有收集用户信息功能的，其提供者应当向用户明示并取得同意"。虽然《网络安全法》并未将网络产品、服务明确为可交易数据要素，但不论是从网络产品、服务的价值生成模式看，还是从网络产品、服务的网络交易模式看，皆可将网络产品、服务视为可交易数据要素。

同时，结合《关于构建数据基础制度更好发挥数据要素作用的意见》将"数据"明确为"数据要素"的规定可知，不论是"数据"还是"信息"皆可成为可交易数据要素的基础要素。另外，从《中华人民共和国个人信息保护法》（以下简称《个人信息保护法》）第四条的规定可知，"个人信息是以电子或者其他方式记录的与已识别或者可识别的自然人有关的各种信息"，而"匿名化处理后的信息"并不属于个人信息；从《中华人民共和国数据安全法》（以下简称《数据安全法》）第三条将"数据"界定为区别于"信息"的"任何以电子或者其他方式对信息的记录"可知，虽然"数据"与"信息"皆可为可交易数据要素的基础要素，但"数据"并不完全

---

① 《国家网信办：滴滴存在严重影响国家安全的数据处理活动》，https://baijiahao.baidu.com/s?id=1738940687350615521&wfr=spider&for=pc，访问时间：2023年4月19日。

等同于"信息"。

然而,作为可交易数据要素的"数据"与"信息"的制度定位并未一以贯之,反而在相关制度构建上存在一定冲突与矛盾。《个人信息保护法》第二十三条"个人信息处理者向其他个人信息处理者提供其处理的个人信息的……取得个人的单独同意……接收方变更原先的处理目的、处理方式的,应当依照本法规定重新取得个人同意",与《深圳经济特区数据条例》第九条"处理个人数据应当充分尊重和保障自然人与个人数据相关的各项合法权益"、第十六条"数据处理者应当在处理个人数据前,征得自然人的同意,并在其同意范围内处理个人数据"的制度设置明显再次将"数据"与"信息"等同视之。这就使可交易数据要素的基础要素之"数据"与"信息"在制度层面难以获得明确区分,继而致使关涉数据要素的数据权益与信息权益难以获得合理的区别保护。

(二)数据要素交易规则不统一将加剧交易风险

数据要素交易规则尚未形成统一的制定标准与规范要求,这会加剧数据要素交易的违规风险。目前,数据要素的交易方式较为多元,如《北京市数字经济促进条例》第二十二条明确"支持在依法设立的数据交易机构开展数据交易活动",这一规定意味着数据要素交易可以在数据交易机构之外进行。对此,《上海市数据条例》第五十六条即有明确规定,"市场主体可以通过依法设立的数据交易所进行数据交易,也可以依法自行交易"。这一制度设计虽然能够激发数据要素交易规模,但也会使数据要素交易充斥着难以防范的法律风险,毕竟数据要素交易不同于传统意义上的交易模式,且数据要素又蕴含着多元利益。另外,我国尚未制定统一的数据要素交易规范,这就使数据交易平台有着制定数据要素交易规则的权力,当数据交易平台的公共服务功能与营利目的相冲突时,就会出现数据交易平台滥用权力继而加剧数据要素的交易风险。

对此,虽然《关于构建数据基础制度更好发挥数据要素作用的意见》提出要"出台数据交易场所管理办法,建立健全数据交易规则,制定全国统一的数据交易、安全等标准体系,降低交易成本",《数据安全法》第十七条规定"国家推进数据开发利用技术和数据安全标准体系建设。国务院标准化行政主管部门和国务院有关部门根据各自的职责,组织制定并适时修订有关数据开发利用技术、产品和数据安全相关标准。国家支持企业、社会团体和教育、科研机构等参与标准制定",但这并不影响各个地方积极探索数据要素交易规则的制定。例如:《北京市数字经济促进条例》第二十二条规定,"数据交易机构应当制定数据交易规则";《上海市数据条例》第五十四条规定,

"数据交易服务机构应当建立规范透明、安全可控、可追溯的数据交易服务环境，制定交易服务流程、内部管理制度，并采取有效措施保护数据安全，保护个人隐私、个人信息、商业秘密、保密商务信息"；《深圳经济特区数据条例》第六十一条规定，"市人民政府应当组织制定数据处理活动合规标准、数据产品和服务标准、数据质量标准、数据安全标准、数据价值评估标准、数据治理评估标准等地方标准。支持数据相关行业组织制定团体标准和行业规范，……鼓励市场主体制定数据相关企业标准，参与制定相关地方标准和团体标准"。可以说，数据要素交易规则的制定标准与规范要求之不统一，只会加剧数据要素交易的违规风险。

第二章　基础数据要素的法律界分

从《关于构建数据基础制度更好发挥数据要素作用的意见》的指导思想可知，不论是数据还是信息，皆与数据要素存在着紧密关联。与此同时，结合《个人信息保护法》第四条"个人信息是以电子或者其他方式记录的与已识别或者可识别的自然人有关的各种信息"与《数据安全法》第三条"数据是指任何以电子或者其他方式对信息的记录"可知，信息与数据并非等同，数据更多是对信息的记录方式，自身的工具属性较强，进而得出个人信息与个人数据也并非等同。如今，数字经济是数字技术进步引发的经济活动与经济环境的变化，更是数据/信息作为生产要素促进生产力发展的结果①，数据/信息的原始性与可识别性，使数据/信息具有重复利用的可能性，同时也可在不同的演算分析与数据组合中产生新的价值，而数字技术已然为使数据/信息成为数据要素提供重要支撑②。只不过，具有强协同性、非竞争性、衍生性及隐私负外部性等特征的数据要素，有别于数据本身，是信息的特殊存在形式，是从数据、信息及知识中派生出来的③。具体言之，数据要素更多是个人信息、信息、个人数据、数据在数字技术的支撑处理下形成的具有一定经济价值的数据商品、数据服务等数据资产的具体形式。值得注意的是，虽然个人信息与个人数据分别归属于信息范畴及数据范畴，但个人信息因具有识别个人的人格属性而区别于普通意义上的信息，继而具有了法律保护的可能性与必要性。同时，虽然个人数据不同于个人信息，但个人数据因具有独特的经济利益而同样具有法律保护的可能性与必要性。另外，尽管信息与数据同样具有成为数据要素的可能性，但并非任何信息与数据皆有法律保护的必要性，在数据要素的生成实践中，人工智能对于强化信息及数据的价值，继而使信息及数据成为数据要素有着不可替代的作用。因此，信息与数据只有经过人

---

① 周明生、周珺：《我国数据要素研究的热点与演进趋势》，载《河南大学学报（社会科学版）》2023年第4期，第16页。

② 曲亮、许塬杰：《"要素-资本-产品"三态耦合视角下数据市场治理体系研究》，载《理论学刊》2023年第3期，第124页。

③ 李三希、李嘉琦、刘小鲁：《数据要素市场高质量发展的内涵特征与推进路径》，载《改革》2023年第5期，第30-31页。

工智能的"有目的"处理之后,才具有法律保护的可能性与必要性。总之,个人信息、个人数据、信息/数据皆可作为数据要素的基础要素,同时为防范数据要素在交易过程中的法律风险,有必要使基础数据要素受到不同程度的保护。

第一节 作为基础数据要素的个人信息

在大数据时代,消费者在享受互联网、物联网以及智能终端服务的同时亦产生了大量信息。信息的"多栖性"使(被)记录、(被)收集的"电子足迹"栖息于不同主体之间①。这些由个人"遗留"下来的信息(可称之为"个人信息")随即成为互联网经济的新生产要素②,由此也催生了数字产业。譬如,有的互联网企业跟踪用户在其网站上的活动,为了支持正常业务的开展并促进销售,常常记录消费者购买或者查看产品的信息记录;有的互联网企业以详细档案记录的方式收集用户的个人信息,并在市场上将其出售给需求者,这类互联网企业也被称为"数据经纪人"或"隐私商人"③。互联网企业常常以惊人的数量收集、合并、分析(或"挖掘")、出租和出售个人信息。即便在 2007 年,美国就已经有 1 000 多家互联网企业,其中最大的一家声称拥有"几乎每一个美国消费者和家庭"的详细信息,其利润每年超过 10 亿美元。与此同时,Cookie 和间谍软件等技术的更新换代无疑导致数据传输、收集速度呈指数级提升④。然而,互联网企业收集的消费者个人信息并不局限于家庭地址、电话号码等可公开获取的信息,收集范围甚至扩大到具体私人信息,如 YouTube 的浏览习惯、医疗状况、社交媒体活动、财务漏洞以及许多其他类型的信息⑤。虽然个人信息并非传统权利谱系中的一员,而是互联网迅猛发展的结果⑥,但个人信息毕竟关涉个人的人格,反映其内心世

---

① 许可:《数据权属:经济学与法学的双重视角》,载《电子知识产权》2018 年第 11 期,第 25 页。

② 刘泽刚:《欧盟个人数据保护的"后隐私权"变革》,载《华东政法大学学报》2018 年第 4 期,第 62 页。

③ Amitai Etzioni, "Reining in Private Agents," Minnesota Law Review Headnotes 101, no. 2 (2016): 282.

④ Sarah Ludington, "Reining in the Data Traders: A Tort for the Misuse of Personal Information," Maryland Law Review 66, no. 1 (2006): 144.

⑤ Amitai Etzioni, "Reining in Private Agents," Minnesota Law Review Headnotes 101, no. 2 (2016): 283.

⑥ 刘泽刚:《欧盟个人数据保护的"后隐私权"变革》,载《华东政法大学学报》2018 年第 4 期,第 62 页。

界，甚至还会涉及个人隐私。互联网企业的个人信息处理、分析及使用等商业行为应该受到严格的边界管控。对此，理论界有所回应。个人信息财产权理论作为比较典型的理论学说，试图在个人与互联网企业之间寻求个人信息的经济利益平衡，然而，个人信息财产权理论是否妥当，实在值得省思。

一、个人信息财产权的理论检视

所谓个人信息财产权理论，无非是要强调两点：一是加强个人对其个人信息的控制，避免个人权益遭受侵害；二是确保个人对其个人信息经济利益的享有成为现实。然而，个人信息财产权理论在逻辑上难以自洽，财产权益分配模式不利于数字产业发展，且不易于维护个人的人格权益。

（一）个人信息财产权的理论诠释

个人信息财产权理论肇始于美国。为了促进数字产业的发展，合理规范计算机信息交易，美国统一州法委员会于1999年通过了《统一计算机信息交易法》，并明确了把信息财产作为一项独立的民事法律关系客体[①]。值得注意的是，美国学界在此前、此后皆对个人信息财产权理论进行了探讨。譬如，艾伦·韦斯廷（Alan Westin）将个人信息视为一种财产权；迪安·哈尔·瓦里安（Dean Hal Varian）主张应将消费者的信息隐私作为一种财产权，并探讨了消费者控制其个人信息的可能性；肯尼思·劳顿（Kenneth Laudon）认为，市场失灵是隐私危机的主要成因，若将个人信息视为财产则可有效化解这一危机。除此之外，杰里·康（Jerry Kang）的个人信息"市场-产权"模式，美国公民自由联盟（American Civil Liberties Union）在1997年的"收回你的信息"运动中的个人信息产权立场，拉里·莱西（Larry Lessig）的信息资产理论，以及帕梅拉·萨缪尔森（Pamela Samuelson）的个人信息控制权理论，[②] 都反映出个人信息财产权理论在美国有一定理论地位。

个人信息财产权理论旨在确保个人对其个人信息经济利益的享有成为现实。个人信息财产权理论认为，个人信息不同于一般的人格权或人身性权益，在人格权之外承载着财产利益[③]。一方面，个人可以通过对外公开其个人信息的方式获得外界积极正面评价，进而影响个人财产权益；另一方面，商业机构运用技术手段，加工处理个人信息以实现商业宣传、推广，此亦实现了个

[①] 齐爱民：《论信息财产的法律概念和特征》，载《知识产权》2008年第2期，第23-27页。
[②] Jessica Litman, "Information Privacy/Information Property," Stanford Law Review 52, no. 5 (2000): 1288-1290.
[③] 于冲：《侵犯公民个人信息罪中"公民个人信息"的法益属性与入罪边界》，载《政治与法律》2018年第4期，第21页。

人信息的财产利益①。在个人信息俨然已经成为数字时代商业交换对象的情况下，个人信息不仅具有商业价值，还是一种稀缺的资源②，加之具有有用性及可控制性而符合法学意义上的财产界定。财产规则的优势在于强调发挥市场机制，减少政府干预。允许双方磋商谈判，支持主观对价下的权利归属变更及议定对价的交付③。基于此，作为个人信息利益的最佳判断者，个人应该被允许与其他个人信息利用者自由协商。尽管，个人信息因人格疏密程度的不同而使许可模式存在区别，但信息主体对个人信息享有所有权或者处分权却是这一切行为的前提④。其实，目前通行的"同意规则"⑤的实质就是个人对个人信息的财产权交易。建构个人信息财产权，不仅有利于信息主体支配个人信息的商业价值，也有利于提高个人信息的利用效率⑥。所以，个人信息在数字时代具有潜在的商业价值，故而个人信息中的商业价值应该以可被支配的新型个人信息财产权的模式受到财产权的保护⑦。

除此之外，个人信息财产权理论还认为，个人信息财产权加强个人对其个人信息的控制，避免个人权益遭受侵害。具体言之，一方面，从个人的角度来看，个人信息财产权的实质在于加强个人对其个人信息的控制，以专有性支配权排除他人非法干预与侵扰⑧。如此，以隐私侵权行为规范作为补充，依托个人强有力的个人信息控制，允许各方在不占用社会资源情况下进行交

---

① 杨惟钦：《价值维度中的个人信息权属模式考察——以利益属性分析切入》，载《法学评论》2016年第4期，第71页。

② 徐美：《再谈个人信息保护路径——以〈民法总则〉第111条为出发点》，载《中国政法大学学报》2018年第5期，第86-87页。

③ 郭明龙：《论个人信息之商品化》，载《法学论坛》2012年第6期，第110页。

④ 项定宜：《论个人信息财产权的独立性》，载《重庆大学学报（社会科学版）》2018年第6期，第172-179页；石丹：《大数据时代数据权属及其保护路径研究》，载《西安交通大学学报（社会科学版）》2018年第3期，第78-85页。

⑤ 有学者认为个人信息同意使用是将个人信息背后的商业价值让与给他人，本质上是将个人信息作为财产权进行交易。谢琳、李旭婷：《个人信息财产权之证立》，载《电子知识产权》2018年第6期，第57页。另外，参考2019年8月13日版本生效的《京东隐私政策》，该政策在"引言"中指出，"您在使用我们的产品或服务时，我们可能会收集和使用您的相关信息"，"您使用或在我们更新本隐私政策后继续使用我们的产品或服务，即意味着您同意本隐私政策内容，并且同意我们按照本隐私政策收集、使用、保存和共享您的相关信息"。访问网址：https://about.jd.com/privacy/，访问时间：2019年8月14日。

⑥ 谢琳、李旭婷：《个人信息财产权之证成》，载《电子知识产权》2018年第6期，第54-61页。

⑦ 刘德良：《个人信息的财产权保护》，载《法学研究》2007年第3期，第80-91页。

⑧ 杨惟钦：《价值维度中的个人信息权属模式考察——以利益属性分析切入》，载《法学评论》2016年第4期，第72页。

易，实现个人公平、集体利益的逻辑关联①。另一方面，从互联网企业的角度来看，互联网企业通过资本投入和人为干预，从流动着的个人信息资源中捕获信息，如果能够理性认知信息的多栖属性，那么，赋予互联网企业的个人信息财产权并不会致使他人境遇的恶化。然而，个人信息终究是因个人而产生，为了避免个人权益因互联网企业随意处理个人信息而受到损害，有必要将那些能够识别出特定个人的个人信息财产权归属于个人。如此，不仅拓宽了个人的个人信息财产权益，使个人成为实现个人信息权益的行动者，也以此促使信息从业者以有偿方式使用个人信息②。

（二）个人信息财产权的理论缺陷

1. 个人信息财产权理论在逻辑上难以自洽

仔细剖析个人信息财产权理论可知，其完美的逻辑链条因至关重要的逻辑起点不易实现而走向虚妄。个人信息财产权理论是将个人信息作为一种财产权对象，而个人则是个人信息财产权的主体，对个人信息享有财产权利。财产权在本质上是一种外在资源分配方式，个人基于其意志出售财产，交易对方因此获得财产的所有权及处置权，可转让是其行为模式③。很明显，个人信息财产权理论是将个人信息资源分配给个人，由个人决定其个人信息的具体归属。循此逻辑，个人因此取得了对其个人信息控制的"自决权"，并可凭此获取个人信息的财产权益，个人的隐私权益似乎也得以保护。但是，这一切理论构想都需要建立在"个人能够有效管理其个人信息"这一基础之上④。然而，从技术层面来看，互联网为个人表达和交流提供了前所未有机会的同时，也保存了大量的用户个人信息片段，并可以在搜索引擎中找见⑤。私营部门和公共部门皆欲收集这方面的信息，譬如，Facebook 等公司曾因通过移动应用程序从用户的手机中收集联系人列表而引发了热议。美国国会的调查披露出执法机构在 2011 年试图获取超过 100 万次的无线电话记录⑥。个人不论

---

① Vera Bergelson, "It's Personal but Is It Mine-Toward Property Rights in Personal Information," UC Davis Law Review 37, no. 2 (2003): 419.

② 许可：《数据权属：经济学与法学的双重视角》，载《电子知识产权》2018 年第 11 期，第 23-30 页。

③ 马俊驹：《我国未来民法典中设置财产权总则编的理由和基本构想》，载《中国法学》2004 年第 4 期，第 30 页。

④ 丁晓东：《个人信息私法保护的困境与出路》，载《法学研究》2018 年第 6 期，第 194-206 页。

⑤ Daniel J. Solove, The Future of Reputation: Gossip, Rumor, and Privacy on the Internet (New Haven: Yale University Press, 2007).

⑥ Jennifer M. Urban, Chris Jay Hoofnagle and Su Li, "Mobile Phones and Privacy" (July 10, 2012). BCLT Research Paper Series; UC Berkeley Public Law Research Paper No. 2103405. available at SSRN: https://ssrn.com/abstract=2103405 or http://dx.doi.org/10.2139/ssrn.2103405, last visited: 2019-08-14.

在 Facebook 等公司面前还是在美国国会面前，都不可能在真正意义上完全控制其个人信息。从市场发展来看，互联网企业不可避免地会收集和使用越来越多的个人信息，虽然消费者从中获得了很多好处，但毫无疑问，互联网企业是出于自己的利益来控制个人信息市场的①。实际上，个人并不能够对其个人信息实现有效的排他占有、使用、收益及处分等权能，甚至有时都无法阻碍他人对其个人信息的知悉②。

2. 个人信息财产权理论不利于数字产业发展

个人信息财产权理论主张个人对其个人信息享有财产权，不利于信息流通，也不利于数字产业发展。值得注意的是，个人信息财产权理论已然突破了个人对其个人信息享有财产权的一元模式，有条件地赋予互联网企业以个人信息财产权。该理论认为，互联网企业进行资本投入和人为干预，加工处理个人信息实现了商业宣传与推广，亦实现了个人信息的财产增量。互联网企业通过匿名化处理，切断个人信息与信息主体之间的关联，作为激励考虑，理应享有财产权益，可以有条件赋予其个人信息财产权③。即便如此，个人的个人信息财产权很大程度上掣肘了互联网企业个人信息财产权的形成与享有，继而影响了整体的数字产业发展。在哲学层面，康芒斯曾对财产权进行了经典论断，在他看来，价值是属于未来的，资产代表了对未来的购买力。康芒斯为财产哲学注入了时间要素，使审视财产价值属性的视角由静态转向动态④。对个人而言，除了个人原本就具有的个人信息之外，个人因在互联网空间活动而遗留下来的个人信息痕迹，更多的是一种个人特定行为的副产品（这部分个人信息往往被互联网企业所看重），很难用时间与劳动成本对其进行价值衡量。在实践中，个人信息的财产价值极低，有限的经济利益往往并不会激励个人出售自己的个人信息，个人也很难通过个人信息提升其购买力。

---

① Ira Rubinstein, "Big Data: The End of Privacy or a New Beginning?" (October 5, 2012). International Data Privacy Law (2013 Forthcoming); NYU School of Law, Public Law Research Paper No. 12-56. available at SSRN：https://ssrn.com/abstract = 2157659 or http://dx.doi.org/10.2139/ssrn.2157659, last visited: 2019-08-14.

② 徐美：《再谈个人信息保护路径——以〈民法总则〉第111条为出发点》，载《中国政法大学学报》2018 年第 5 期，第 90 页；任井丽：《从"丰菜之争"看个人信息上的权利构造》，载《政治与法律》2018 年第 6 期，第 136 页。

③ 杨惟钦：《价值维度中的个人信息权属模式考察——以利益属性分析切入》，载《法学评论》2016 年第 4 期，第 71 页；许可：《数据权属：经济学与法学的双重视角》，载《电子知识产权》2018 年第 11 期，第 23-30 页；石丹：《大数据时代数据权属及其保护路径研究》，载《西安交通大学学报（社会科学版）》2018 年第 3 期，第 78-85 页。

④ 张淞纶：《财产法哲学》，法律出版社 2016 年版，第 65 页。

个人信息的财产价值更多在信息需求方获得体现①，从个人信息的流变规律来看，个人信息财产权并非单向静止状态②，而是按照体系建构起来的一组信息价值集合。个人信息的购买力强度随着互联网企业的劳动与时间成本的注入而获得提升。在经济学层面，网络经济学家认为，社会福利只不过是私人交易所产生的财富之和。在信息网络环境中，数字信息的交易和保护成本明显较低，作为一项诱导性激励结构，财产权是将价值资源分配到最具创造性一方的最有效工具③。由此，单独个人的创造性不如互联网企业，个人的个人信息财产权这一制度安排并不利于社会福利的增益。

3. 个人信息财产权理论不易于维护人格权益

在形式上，个人信息财产权理论强化了个人对其个人信息的控制，经济利益似乎可以按照个人意愿予以变现。但其忽略了一点，个人信息会因数量之多、技术能力之强，而使那些在表面上看起来，仅具有一般意义且无关个人人格、个人隐私的"普通个人信息"，演变为深度揭露个人内心想法、披露个人隐私或者有损个人人格尊严的"敏感个人信息"④。在特定情况下，大数据甚至都不需要直接依赖于一个人的个人信息，直接结合社交网络分析、在线行为解读和预测建模技术，就可以创建出一个详细且精确度很高的画像⑤。因对于潜在的下游情况之无知，人们几乎不可能准确衡量披露信息、允许使用或转让信息的成本和收益，个人信息自我管理的实效因此受到极大限制⑥。甚至，个人作出的看似无关紧要的个人信息"交易"都极有可能在日后导致难以估量的人格权益损害。因为，保留修改隐私政策权利的互联网企业有动

---

① Jessica Litman, "Information Privacy/Information Property," Stanford Law Review 52, no. 5 (2000): 1304. 张书青：《脚印与路：个人信息保护与大数据权益归属》，载《电子知识产权》2018 年第 11 期，第 16 页。

② 石丹：《大数据时代数据权属及其保护路径研究》，载《西安交通大学学报（社会科学版）》2018 年第 3 期，第 79 页。

③ Julie E. Cohen, "Lochner in Cyberspace: The New Economic Orthodoxy of RightsManagement," Michigan Law Review 97, no. 2 (1998): 496.

④ 值得注意的是，从《个人信息保护法》的界定可知，所谓"敏感个人信息"，是指那些"一旦泄露或者被非法使用，容易导致自然人的人格尊严受到侵害或者人身、财产安全受到危害的个人信息，包括生物识别、宗教信仰、特定身份、医疗健康、金融账户、行踪轨迹等信息，以及不满十四周岁未成年人的个人信息"。也有学者指出，敏感个人信息与非敏感个人信息之间存在着相互转化的可能性，为了更好地判断"敏感性"，提出从场景中的五个要素予以综合判断，即信息主体、信息处理者、第三方主体、信息性质、处理目的。参见程啸、王苑：《个人信息保护法教程》，中国人民大学出版社 2023 年版，第 123-124 页。

⑤ Kate Crawford and Jason Schultz, "Big Data and Due Process: Toward a Framework to Redress Predictive Privacy Harms," Boston College Law Review 55, no. 93 (2014): 93-128.

⑥ Daniel J. Solove, "Privacy Self-Management and the Consent Dilemma," Harvard Law Review 126, no. 7 (2013): 1880-1903.

机采取烟幕战术，隐私政策的同意规则有时并不能揭示互联网企业的实质操作①。

理论上，一般的财产（如无主物）可以脱离民事主体而单独存在。与此不同，个人信息高度依赖于民事主体②，可以同时被不同主体所占有。纵然个人信息普遍被互联网企业所利用，但互联网企业的目的并非那些仅具有符号意义的个人信息，而是符号背后的人。事实上，越是能够靠近个人、反映个人私密、敏感特征的个人信息，往往越为信息需求者所偏爱，因为，敏感和隐私个人信息（如男女同性恋杂志订阅者名单、不孕不育或者性疾病患者名单）是最能够帮助互联网企业准确捕捉具有特定内心想法或者购买冲动的个人或人群③。诸如搜索记录、网上浏览记录等信息不过是从人之本体转换成人之"外部"，个人信息本质上是主体的映射。因此，尽管市场机制可能会导致人们出售个人信息，或者用这些信息交换额外的服务，又或者以更低的价格购买产品，但它不一定会协调个人隐私意愿及鼓励创建隐私共享④。综上，对于个人而言，危险并不是个人失去了对其个人信息的控制，而是个人的名誉等人格权益因个人信息被利用而遭受贬损⑤。所以，个人信息所承载的财产权益始终要以个人的人格权益为基础⑥。

二、个人信息人格属性的理论论断

个人信息实质体现着个人的人格利益，形式则是个人的人格利益载体。所谓的个人信息商业化利用，或者关涉个人信息的数据要素交易，其实质只不过是对作为人格利益载体的个人信息的利用行为，而非针对个人信息所指涉的特定人格利益（要素）。具体言之，个人信息在功能上所欲实现的价值理念与人格权相契合。人格利益是由人格尊严、人身自由等价值理念抽象出来的精神利益。保护人格利益即是维护人之存在、人之主体性⑦。人格权则是主

---

① Paul M. Schwartz, "Property, Privacy, and Personal Data," Harvard Law Review 117, no. 7 (2004): 2056-2128.

② 李伟民：《"个人信息权"性质之辨与立法模式研究——以互联网新型权利为视角》，载《上海师范大学学报（哲学社会科学版）》2018年第3期，第68页。

③ Vera Bergelson, "It's Personal but Is It Mine-Toward Property Rights in Personal Information," UC Davis Law Review 37, no. 2 (2003): 82.

④ Paul M. Schwartz, "Property, Privacy, and Personal Data," Harvard Law Review 117, no. 7 (2004): 2056-2128.

⑤ 崔聪聪：《个人信息控制权法律属性考辨》，载《社会科学家》2014年第9期，第99-100页。

⑥ 张涛：《个人信息的法学证成：两种价值维度的统一》，载《求索》2011年第12期，第162-163页。

⑦ 王利明：《人格权法研究（第二版）》，中国人民大学出版社2012年版，第6-7页。

体依法享有的以人格利益为客体，为维护主体独立人格不可或缺的权利①。在实定法上，人格权权能的发挥依赖于明确规定的人格诸要素，以及对人格平等、自由等价值理念抽象概括而得的"一般人格权"②。通常，人格诸要素是人之自由意志赖以存在的基础，也是人格权自由意志的指向对象，人格权与人格诸要素不可分离。客观的社会发展需要，已然使人的伦理价值由"内在于人"向"外在于人"转化，人格诸要素与人本身得以分离，继而成为可被人格权主体支配的人格权对象，人格权得以连接人与人格诸要素③。从个人信息的产生来看，个人信息并非个人创造所得，而是个人的行动或自然记录④，这一过程使人的内心活动以可被外人所获知的样式呈现。从个人信息的功能来看，个人信息是独立于个人之外以客观、非物质的形式存在，并与特定主体存在关联性和确定性⑤。因此，只有确保个人信息与个人的一致性，个人尊严才能获得尊重与自足⑥。由此，个人信息首要属性是个人人格方面的，对于个人更多的是自由、隐私、尊严等人格利益⑦。综上，个人信息在本质上是关涉人的信息，是主观的"人之为人""人之行为"的客观映射，是人的人格利益通过可感知载体予以反映的结果。只不过，就像耶林所言，权利是受到法律保护的利益而已。有的人格利益载体受到法律的特别"关照"，给予权利保护，如姓名、肖像等。然而，社会的不断发展与人对自身认识的逐渐加深都使人格利益的内容愈加丰富⑧。这就注定有的人格利益载体尽管彰显了特定人格利益，却因实证法更新迟缓或重视不够等原因而未能跻身权利行列。即便如此，作为人格利益载体⑨，个人信息的人格利益本质属性不可否认。

另外，需要明确的是，个人信息的商业化利用及关涉个人信息的数据要素交易已为不争之事实，尽管如此，这并不能否定个人信息的人格属性本质，反而更加印证了个人信息的人格属性本质。首先，与个人人格要素关联越紧

---

① 姚秋英：《人格权研究》，中国政法大学出版社2012年版，第5页。
② 王利明：《人格权法研究（第二版）》，中国人民大学出版社2012年版，第41页。
③ 马俊驹：《人格和人格权理论讲稿》，法律出版社2009年版，第101-107页。
④ 李雅男：《数据保护行为规制路径的实现》，载《学术交流》2018年第7期，第67页。
⑤ 张涛：《个人信息的法学证成：两种价值维度的统一》，载《求索》2011年第12期，第161页。
⑥ 张新宝：《从隐私到个人信息：利益再衡量的理论与制度安排》，载《中国法学》2015年第3期，第45页。
⑦ 张书青：《脚印与路：个人信息保护与大数据权益归属》，载《电子知识产权》2018年第11期，第16页。
⑧ 李岩：《民事法益基本范畴研究》，法律出版社2016年版，第200页。
⑨ 需要明确的是，人格利益不同于人格利益载体，前者指民事主体对人格利益载体的一种主观需要。而后者则是现实的客观存在，可以是民事主体身体，也可以是个人信息、他人或者物。参见贾淼：《人格权益法研究（总论）》，中国政法大学出版社2014年版，第97页。

密的个人信息，越易获得信息需求者较高评价。与数据属性无异，信息一经生成，就具有自由流通并在不同主体之间分享的本性[1]，流动性与可分享性是信息的天然属性。大量信息充斥在现实与虚拟空间，但这并不意味着所有的信息都被信息需求者所关注，只有那些能够给自己带来利益的信息才会被收集。人的社会属性决定了人的利益增量往往赖于他人，关涉对方的信息越多则越利于己方。因此，越是与个人人格紧密的信息，被信息收集者青睐的可能性就越大。其次，个人信息人格属性的强度正相关于数字技术的先进性。目前很多互联网企业所从事的预测性广告，不仅可以通过已知的碎片化个人信息推测出个人不愿为人所知的敏感信息，甚至还可以"发现"那些连个人都不曾意识到的隐私。可以这样说，在大数据时代，个人信息的人格属性愈发凸显[2]。最后，从人格权商品化理论的视角审视个人信息的商业化利用及关涉个人信息的数据要素交易，就会发现，个人信息往往是以外在于个人且可被他人感知的样式存在，不同于人格利益本身，个人信息可以被他人收集、支配及商业化利用，就像姓名、肖像的商业化利用。虽然个人信息来源于个人，且与个人紧密相连，但二者并非一体。针对人格要素（利益）的商业化利用及数据要素交易，将违逆于个人的人格尊严、人的价值理念，但是，人格利益载体却可以被商业化利用，以及被数据要素交易。这就像隐私法保护的是表达身份的信息，其出发点与落脚点皆在于人本身，而非单单保护个人信息那么简单[3]，缺少了指涉个人隐私的信息便不会受到隐私法的保护，因为，此时没有个人的隐私权益受到损害。所以，关涉个人信息的商业化利用及数据要素交易，仅仅是对人格利益载体的利用，而非具体人格要素的商品化[4]。如此，在理论上廓清了，个人信息虽然本质上是人格利益，却仍然可以被商业化利用及数据要素交易的问题。一言以蔽之，所谓的个人信息经济利益只是个人信息人格属性的显性折射。不论个人信息人格要素的伦理价值如何外化与扩张，个人信息所彰显的仍是人之本身[5]。

---

[1] 陈兵：《助力共享经济发展的法治之维》，载《学术论坛》2017年第5期，第10页。

[2] 徐明：《大数据时代的隐私危机及其侵权法应对》，载《中国法学》2017年第1期，第132页。

[3] Stan Karas, "Privacy, Identity, Databases: Toward a New Conception of the Consumer Privacy Discourse", American University Law Review, December 2002. available at SSRN: https://ssrn.com/abstract=340140 or http://dx.doi.org/10.2139/ssrn.340140, last visited: 2019-08-14.

[4] 房绍坤、曹相见：《标表型人格权的构造与人格权商品化批判》，载《中国社会科学》2018年第7期，第139-208页。

[5] 杨惟钦：《价值维度中的个人信息权属模式考察——以利益属性分析切入》，载《法学评论》2016年第4期，第73-75页。

三、个人信息的"弱支配"人格属性定位

事实上,虽然个人信息被置于《中华人民共和国民法典》(以下简称《民法典》)的"人格权编",但个人信息的人格权属性明显区别于其他人格权利。从《民法典》关涉个人信息的立法史来看,我国 2019 年 8 月发布的《民法典人格权编(草案三次审议)征求意见稿》第八百一十三条明确规定了自然人的个人信息受法律保护。在此之前,2017 年的《中华人民共和国民法总则》(以下简称《民法总则》)第一百一十一条同样规定了自然人的个人信息受法律保护。可得而知的是,我国立法者并未采用个人信息权利的表述方式,这与同样处于《民法典人格权编(草案三次审议)征求意见稿》第六章的隐私权甚至其他权利形成鲜明对比。尽管民法典人格权独立成编已为不争事实,但是,对于个人信息究竟属于民事利益抑或权利,个人信息保护的具体实现方式为何,这些问题始终悬而未决。显然,立法者并未明确回答这些问题。然而,这些问题的明确不仅关乎个人信息权益抑或权利之保护,更关乎数字产业之发展。在理论界,对于个人信息究竟属于权利还是利益有着不同的看法。杨立新认为,个人信息在实践上作为一个权利保护没有障碍,《民法总则》第一百一十一条规定的个人信息也即个人信息权,是自然人享有的具体人格权之一[①]。叶名怡认为,个人信息属于一项具体人格权,属于绝对权而非支配权[②]。与此观点较为相似的是,高富平也认为个人信息并非一项全面的、绝对的支配权[③]。王利明认为,个人信息不属于一般人格权,是一种新型具体人格权[④]。程啸则认为,个人信息属于民事权益中的人格权益[⑤]。事实上,若要强调个人信息的人格利益,个人对其信息的支配性程度势必获得加强,互联网企业能够利用个人信息的空间就相对较小;反之,若要强调个人信息的财产利益,个人对其信息的支配程度将会受到一定限制[⑥]。本书认为,在大数据时代,个人信息在《民法典》人格权编中的体例安排,及其自身的价值内涵使其本质上属于人格权益,个人信息权益表现为支配性,只不过这种支配性是一种受到克减的"弱支配"而非"强支配"。

---

① 杨立新:《个人信息:法益抑或民事权利——对〈民法总则〉第 111 条规定的"个人信息"之解读》,载《法学论坛》2018 年第 1 期,第 34-45 页。
② 叶名怡:《论个人信息权的基本范畴》,载《清华法学》2018 年第 5 期,第 143 页。
③ 高富平:《个人信息保护:从个人控制到社会控制》,载《法学研究》2018 年第 3 期,第 84-101 页。
④ 王利明:《论个人信息权在人格权法中的地位》,载《苏州大学学报》2012 年第 6 期,第 68-75 页。
⑤ 程啸:《论个人信息权益》,载《华东政法大学学报》2023 年第 1 期,第 6-21 页。
⑥ 张新宝:《〈民法总则〉个人信息保护条文研究》,载《中外法学》2019 年第 1 期,第 55 页。

具体言之，从《民法典》对于个人信息的立法体例安排来看，个人信息属于人格权益。从《民法典》第九百九十条第一款的规定来看，该款明确列举了生命权、身体权和健康权（第二章），姓名权和名称权（第三章），肖像权（第四章），名誉权和荣誉权（第五章），隐私权（第六章）九项权利。然而，第六章除了隐私权，还规定了"个人信息保护"。可以发现，《民法典》延续《民法总则》第一百一十一条的表述方式，并未明确将个人信息规定为权利，但也承认个人信息是一项基本法益①。有观点认为，个人信息因被规定在第五章的民事权利部分，应该被认为是一种权利。但综合《民法总则》第一百零九条、第一百一十条及第一百一十一条的规定来看，个人信息并不当然属于一种权利。尽管第五章冠以民事权利，第一百零九条"自然人的人身自由、人格尊严受法律保护"已然使第五章所谓的"民事权利部分"中的"权利"具有广泛意义上的权利意涵。从第一百一十条"等权利"的规范表述与第一百一十一条的"自然人的个人信息受法律保护"来看，立法者以"保护"予以规定的立法方式在体例上与上下文的人格权、人身权、财产权等规定不相融洽，足以说明立法者并不认为个人信息属于一种权利。另外，第一百一十一条的个人信息保护规定紧随第一百一十条的人格权规定之后，这并不是一种巧合。结合立法者并不认可个人信息的权利态度来看，第一百一十条"等权利"之后的另行规定足以说明个人信息仅仅被当作一种人格权益。除此之外，从《民法典》的立法体例来看，《民法典》人格权编第六章将"隐私权"与"个人信息保护"置于一起规定，在第九百九十条第一款未规定个人信息的情况下，第二款"除前款规定的人格权外，自然人享有基于人身自由、人格尊严产生的其他人格权益"的规定已然将个人信息保护涵盖进来。对此，中国审判理论研究会民事审判理论专业委员会同样认为，立法者刻意不使用"权"字并非不经意之举②。由此，立法者认为个人信息并非权利，仅仅是一种人格权益。

另外，本书还认为，个人信息人格权益"弱支配"程度迎合了数字时代发展需求。个人信息作为个人内心世界的外在表征或者个人外在形象的具体反映，总是与特定个人紧密关联，关乎个人内心安宁、人身自由及人格尊严，将个人信息归入人格权益范畴当属题中应有之义。然而，人格权相较于财产权表现出较强的个人支配权能，表现为人格权益属性的个人信息，只会使大数据时代的"个人弱控制"与"产业强需求"之间产生诸多龃龉。实际上，

---

① 陈甦、谢鸿飞主编：《民法典评注：人格权编》，中国法制出版社2020年版，第365页。
② 中国审判理论研究会民事审判理论专业委员会编著：《民法典人格权编条文理解与司法适用》，法律出版社2020年版，第264页。

人格权是民法调整特定社会关系的结果,反之,被民法调整的特定社会关系会对人格权产生影响。个人对其信息的不易控制性使个人信息人格权益的支配程度由"强支配"转向"弱支配",如此,在葆有个人信息人格权益属性实现可能性之同时,也顺应了时代发展需求。《民法典》也许认识到了这一点,从《民法典》第一千零三十三条的规定可知,为保护个人隐私权,规定了任何组织或者个人不得实施的五种行为,个人对其隐私权的保护表现出了人格权的"强支配"权能。与之相比较而言,《民法典》第一千零三十五条对于处理自然人个人信息,应当遵循合法、正当、必要原则的规定,为他人实施关涉个人信息的行为留有一定弹性空间,表现为人格权益的"弱支配"程度。所以,个人信息在《民法典》人格权编中的定位应为"弱支配"程度的人格权益。

四、个人信息作为数据要素的价值基础

众所周知的是,个人信息并非一个新的概念,只不过,在大数据时代获得了新的价值体现。大数据因基础互联网技术的推广与信息处理能力的迭代升级而勃兴,大数据深刻改变着人们的生活方式,推动着数字产业的发展,影响着国家战略布局,诠释着时代走向,已然成为一种引领时代发展的抽象价值理念并促就了所谓的大数据时代。关涉个人的信息片段经由大数据等新型技术,能够衍生出特定价值指向的信息,由此,个人信息在大数据时代获得了个人、社会及国家的重视。个人信息在大数据时代呈现出"个人弱控制"与"产业强需求"的特征,具有极强流动性与共享性的个人信息,甚至有冲破私人领域继而涌入公共领域以创造社会价值的强大张力。

具体言之,一方面,个人信息的大体量生成与流通,对数据要素的交易起到基础供给作用。其一,数字技术重塑人们的社会实践,同时也促使大体量个人信息的生成。数字技术不仅便捷化了人们的社会实践,还使人们对数字技术产生了极强的依赖性。这在一定程度上会拉长人们使用数字技术的时间,同时也意味着将有更多的个人信息生成。其二,既有的同意规则已然沦为互联网企业攫取用户个人信息的工具。人们所谓的"同意"个人信息被收集,也已然彻底沦为形式意义上的"同意",这使人们不得不"习惯"个人信息被收集。与此同时,这也将促使大体量个人信息超脱私人领域并涌入公共领域。其三,一旦大体量个人信息涌入公共领域,只会加速个人信息被占据优势地位的互联网企业收集、占有、使用、处分。如此,将加速促使个人信息向数据要素转变。

另一方面,个人信息因其独特价值而成为数字产业的新型生产要素。不

论是作为人格利益载体的个人信息，还是个人信息所蕴涵着的多元人格利益，都促使数字产业对个人信息表现出了极大的偏爱。同时，数字产业也有能力将个人信息蕴含的价值激发出来，并使其成为具有较大市场价值的新型数据要素。正因如此，互联网企业才可以通过个人信息实施精准营销以节约资源投入。

第二节 作为基础数据要素的个人数据

在数字技术的激发下，每一个人的行为方式、生活细节、决策等都能被数字化记录[1]，收集、存储和分析个人数据的成本随着技术能力的增强而直线下降[2]。大多数互联网企业自行或通过第三方互联网企业收集并分析消费者的个人信息，其目的已然由模糊营销向精准推销转变，甚至借助数字分析技术制定营销策略，继而改变消费者的消费习惯。美国 Equifax、Inc.、TransUnion Corp 以及 LexisNexis 正是以数据挖掘分析见长的互联网企业[3]。不可忽略的是，基于个人数据衍生出的个人利益与市场利益在美国、欧洲及我国都面临着如何被均衡的问题。在美国，通过行政措施及互联网企业自律对消费者进行保护并未取得良好效果。美国联邦贸易委员会在应对未采取合理数据安全措施的互联网企业时，即便做出 60 项执法行动也仅仅是禁令救济，因无权实施民事处罚及金钱救济而缺乏威慑作用[4]。无论 Google 还是 Facebook，它们的隐私政策都只是关注收集用户个人数据的方式，并未合理规范个人数据的使用[5]。在欧洲，关涉欧盟居民数据权益的《一般数据保护条例》极力降低因大数据分析可能产生的风险。同时，严格的数据保护也损害了大数据行业的发展[6]。在我国，目前同样表现出对个人信息强保护的态势。在 App 存在着涉嫌过度收集个人信息及 App 隐私条款存在着未明确告知收集个人信息类型，

---

[1] Caryn Devins, Teppo Felin, Stuart Kauffman & Roger Koppl, "The Law and Big Data," Cornell Journal of Law & Public Policy 27, no. 2 (2017): 357-414.

[2] David C. Vladeck, "Consumer Protection in an Era of Big Data Analytics," Ohio Northern University Law Review 42, no. 2 (2016): 493-515.

[3] Morgan Hochheiser, "The Truth behind Data Collection and Analysis," John Marshall Journal of Information Technology & Privacy Law 32, no. 1 (2016): 33.

[4] David C. Vladeck, "Consumer Protection in an Era of Big Data Analytics," Ohio Northern University Law Review 42, no. 2 (2016): 493-515.

[5] Sheri B. Pan, "Get to Know Me: Protecting Privacy and Autonomy under Big Data's Penetrating Gaze," Harvard Journal of Law & Technology 30, no. 1 (2016): 239-261.

[6] Tal Z. Zarsky, "Incompatible: The GDPR in the Age of Big Data," Seton Hall Law Review 47, no. 4 (2017): 1002-1004.

"自行承担风险"等不合理免责条款等问题的情况下①，中央网信办、工信部、公安部、市场监管总局也已经明确在2019年1月至12月专项治理App违法违规收集使用个人信息的行为②。

综观世界，各国都面临着个人信息保护与利用的问题。美国的禁令及互联网企业隐私条款、欧盟《一般数据保护条例》的严格规定、我国规范App收集个人信息及强化App隐私条款都旨在保护个人利益。然而，如果将保护个人信息的标准严格适用于互联网企业后期的数据使用，离不开数据的互联网企业在发展方面必将举步维艰，也将进一步严重制约数据要素的市场交易行为。于是，充分考虑大数据时代背景，基于互联网企业发展前景的深刻忧思，有必要合理区分那些应该受到较强保护的"个人信息"与可以被互联网企业通过技术手段使用的"个人数据"。那么，"个人信息"与"个人数据"究竟属于同一意涵，还是存在区别呢？"个人数据"是否具有独特的法律属性？这些问题的解决对于均衡个人权益保障与数字产业的合规发展至关重要，同样，这对于个人数据能否作为可交易的数据要素也至关重要。

一、个人数据与个人信息混淆的原因分析

在我国，"个人数据"与"个人信息"混同使用造成"个人数据"的利用与"个人信息"保护之间的失衡。究其原因，一方面源于对国外立法术语含义的把握并不精准，另一方面则是对大数据内涵的保守解读。参照国外立法经验，结合大数据强大的分析属性，"个人数据"指涉"个人信息"经过技术处理之后以数字样式存在的可被计算机识别的数据代码。以此为保护"个人信息"与合理利用"个人数据"提供坚实的理论支撑。

（一）对国外立法术语的不准确把握

我国有关个人信息的法律规范在表述基本概念时多采用"个人信息"的表达方式。《民法典》第一百一十一条首次在法律层面提出对"个人信息"的保护要求。《个人信息保护法》则是专门保护个人信息的法律。值得注意的是，《数据安全法》虽然是以数据为规范对象的法律，但其中有关于"数据"与"信息"的概念是明确区分开来的，如《数据安全法》第三条将"数据"界定为"任何以电子或者其他方式对信息的记录"。与之不同的是，《个人信息保护法》第四条则将"个人信息"界定为"个人信息是以电子或者其他方

---

① 据中消协2018年11月发布的《100款App个人信息收集与隐私政策测评报告》，在收集个人信息方面，有10类App涉嫌过度收集个人信息，59款App涉嫌过度收集位置信息等。访问网址：http://www.cca.org.cn/zxsd/detail/28309.html，访问时间：2019年3月2日。

② 《中国市场监管报第23期（总第6501期）》，2019年1月29日。

式记录的与已识别或者可识别的自然人有关的各种信息,不包括匿名化处理后的信息"。两相比较会发现,在我国立法者看来,"数据"与"信息"并不相同,"数据"更多是对"信息"的记录。除此之外,《网络安全法》第七十六条第(五)项①,以及海南省政府 2005 年 12 月 7 日发布的《海南省征信和信用评估管理暂行规定》第十二条②、江苏省政府 2007 年 9 月 13 日发布的《江苏省个人信用征信管理暂行办法》第十一条③等,均明确了个人信息的范围以及受到规范保护的个人信息种类。由此,我国在法律规范中较多使用"个人信息"这一表述方式。

在国外,有关个人信息的法律文件较多采用"个人数据"的概念予以表达。譬如,在韩国,虽然"个人信息"的表述也被立法部门采纳,但根据首尔中央地方法院的裁决来看,个人信息被定义为"独立的或通过与其他信息的简单结合而导致个人识别的数据"④。欧盟的法律文件中"个人数据"出现的频率较高。比如,欧盟 1995 年《关于涉及个人数据处理的个人保护以及此类数据自由流动的指令》第 2 条第(a)项对于"个人数据"⑤ 与欧盟 2018 年通过的《一般数据保护条例》第一章第 4 条第(1)项都对个人数据进行了界定并且差别不大⑥。另外,1981 年斯特拉斯堡《有关个人数据自动化处理之个人保护公约》第 2 条 a 项规定的"个人数据"是指"有关识别或者可以识别个人的任何信息"⑦。英国 1998 年《数据保护法》第 1 条解释了"个人数据",指"上述数据和由数据控制人占有或可能将由其占有的其他信息",而"敏感个人数据"指"(a)数据主体所属的种族或民族;(b)其政治观点

---

① 《网络安全法》第七十六条第(五)项规定:个人信息是以电子或者其他方式记录的能够单独或者与其他信息结合识别自然人个人身份的各种信息,包括但不限于自然人的姓名、出生日期、身份证件号码、个人生物识别信息、住址、电话号码等。

② 《海南省征信和信用评估管理暂行规定》第十二条规定:征信机构经被征信个人的书面同意,可以采集下列个人信用信息:(一)姓名、性别、出生日期、身份证号码、居住地址、学历、职业、工作单位等基本信息;(二)收入、储蓄、纳税数额、房地产、有价证券、机动车等资产信息;(三)个人与金融机构以及其他商业机构发生的信贷、赊购等商业交易信息;(四)个人与公用事业服务机构发生的服务缴费信息;(五)反映个人信用状况的其他信息。

③ 《江苏省个人信用征信管理暂行办法》第十一条规定:禁止采集下列个人信息,但本人自愿提供的除外:(一)民族、种族、宗教信仰、政治信仰;(二)身体形态、基因、血型、疾病和病史等可能影响被征信人正常生活的信息;(三)其他与个人信用无关或者法律、法规禁止采集的个人信息。

④ Jeong Yeol Choe, Doil Son & Sejin Kim, "The Limitations on the Use of Big Data Pursuant to Data Privacy Regulations in Korea," Journal of Korean Law 17 (2017): 12.

⑤ See 95/46/EC, Article 2 (a).

⑥ 所谓"个人数据",指的是"已识别或可识别的自然人相关的信息;一个可识别的自然人是指其身份可通过诸如姓名、身份证号、地址信息、网上标识或者自然人所特有的一项或多项与其身体、生理、遗传、精神、经济、文化或社会身份有关的因素直接或间接识别"。See GDPR, Article 4 (1).

⑦ See European Treaty Series-No. 108 Article 2a.

……；（e）其身体或精神健康的状况；（f）其性生活……关于其所犯罪行或被指控的罪行……的判决"①。2003年《德国联邦数据保护法》第3节第1项规定"个人数据"是指"任何关于一个已识别的或者可被识别的个人的私人或者具体状况的信息"②。2004年《法国数据处理、数据文件及个人自由法》第2条规定"个人数据"是指"可通过身份证件号码、一项或多项个人特有因素被直接或间接识别的自然人相关的任何信息。为了确定一个人能否被识别，应充分考虑数据控制人或任何其他人使用的或所能够用的任何方式"③。

本书认为，我国法律规范中的"个人信息"与国外的"个人数据"是同一意思。这也是目前我国不区分"个人数据"与"个人信息"而混合使用的一个原因。具体而言，经过观察会发现，以上国家的法律文件虽然采取了"personal data"，但具体描述"personal data"时仍然落脚于"information"。另外，从具体界定的规范语言来看，无论姓名、身份证号码，还是犯罪记录等敏感信息，都与我国有关"个人信息"的界定保持了一致。所以，欧盟隐私法称之为"数据保护"，美国则称之为"信息隐私"④，仅仅只是立法技术上术语使用的差别，实质意义上并不存在区别。一言以蔽之，国外立法文件中的"个人数据"的表述同我国的"个人信息"的表述意涵一致。这也是国内学者在引介、研究个人信息时不加区分地使用"个人信息"与"个人数据"概念的原因。

（二）对大数据内涵的不准确把握

目前国内混淆"个人信息"与"个人数据"的另一原因是对"大数据"内涵的误解。在技术上，数据以其独特的记录方式反映着客观事物的属性，经过技术加工之后成为可以被感知的信息；而信息只有经过数字化处理之后才能被存储和传输，二者彼此关联⑤。数据在计算机中均以二进制数的样式存续⑥致使数据本身的价值有限，数据的价值需要借助技术手段的挖掘才能变现。具体言之，数据驱动经济的原材料是可识别的个人信息，经济的高度互联网化正是为了实现数据的传输。通过数据分析将非结构化的位和字节转换

---

① See Data Protection Act 1998 Basic interpretative provisions 1-（1）（a），Sensitive personal data 2.
② See Federal Data Protection Act, Section 3（1）.
③ See Data Processing, Data Files and Individual Liberties, Article 2. 参见《个人数据保护，欧盟指令及成员国法律、经合组织指导方针》，陈飞等译，张新宝审校，法律出版社2006年版，第155、185、265、345、347页。
④ Paul M. Schwartz & Karl-Nikolaus Peifer,"Transatlantic Data Privacy Law," Georgetown Law Journal 106, no.1（2017）：122.
⑤ 周苏、王文等编著：《大数据及其可视化》，中国铁道出版社2016年版，第3页。
⑥ 樊敏：《数据思维》，电子科技大学出版社2016年版，第10-28页。

为具有描述性和预测性①的信息并导出（即应用推理机制来创建新信息不能直接从数据中收集）。所以，"个人信息"与"个人数据"之间沟通的渠道是数字技术。收集个人信息的同时也实现了个人数据的收集，从目前数字产业的发展来看，收集行为仅仅是手段而非目的。在传统技术模式下，通过个人信息的人工分析或者个人数据的技术应用即可获取低端价值信息。在观念上，"个人信息"与"个人数据"之间并未实现实质分离。但是，借助大数据则可实现个人数据向高端目的信息的转变。此时，个人数据依托大数据实现了价值跃迁，"个人信息"与"个人数据"实质分离。于是，大数据的功能性解读的强弱直接决定了"个人信息"与"个人数据"之间的分离程度。

在国内传统理论看来，"个人信息"与"个人数据"并不存在区别②，个人信息并不能被计算机直接运算，必须经过数据转化才能产生一定的结果，大数据正是需要借助计算机语言表达的数字信息③。也有理论主张数据与大数据之间是包含的关系，数据是大数据的基础，大数据是数据的衍生品。大数据具体可以分为单个数据的集合与经过技术处理后的有价值的数据两类④。由此，目前国内理论界较多从静态数据集合的角度解读大数据。在国外，麦肯锡在传统数据库功能样态基础上认为大数据在数据获取、存储、管理和分析方面要强于传统数据集软件工具。梅逊堡和库奇从数据的价值层面界定大数据，认为大数据能够通过大体量的数据产出关涉市场、机构或者公民与政府之间的价值数据。埃纳夫（Einav）和莱文（Levin）以同样分析方法，认为大数据将会以更大规模、更小的架构实时地产出有利于经济分析和政策制定的价值数据⑤。国外理论界关于大数据的认知已然较国内有较大转变，视角由数据体量大、来源渠道多元的静态定位向动态获取高价值目标信息的方向转变，并试图反思大数据的功能价值。这一转变间接反映出大数据的认知并非一成不变，传统理论认知妥当与否值得反思。实际上，大数据的核心价值并非对原始信息或孤立数据集的展示，而是从数据集中推演出独特目的信息的分析过程。在某种程度上，可以说大数据为世界上的因与果提供

---

① Daniel L. Rubinfeld & Michal S. Gal, "Access Barriers to Big Data," Arizona Law Review 59, no. 2 (2017): 342.
② 程啸:《论大数据时代的个人数据权利》，载《中国社会科学》2018年第3期，第104-107页。
③ 周林彬、马恩斯:《大数据确权的法律经济学分析》，载《东北师大学报（哲学社会科学版）》2018年第2期，第31页。
④ 李爱君:《数据权利属性与法律特征》，载《东方法学》2018年第3期，第66页。
⑤ Thomas M. Lenard & Paul H. Rubin, "Big Data, Privacy and the Familiar Solutions," Journal of Law, Economics & Policy 11, no. 1 (2015): 6-7.

了新的解释方法①，借助成本效益和创新的分析方法，明智和有利可图的决策已然被普遍适用②，而这正是传统数据集望尘莫及之关键。

所以，现实意义下的"大数据"是指使用一系列技术（包括但不限于 NoSQL、MapReduce 和机器学习）对大型或复杂数据集进行的存储和分析③。区别于个人数据与个人信息的静态属性，大数据更是一种获取信息价值的分析行为。经验的、算法的和确定性的④大数据行为特性为个人数据与个人信息之间的界分提供了一条可以逾越的鸿沟，一定程度上打破了概念混淆的局面。而以静态数据集的视角审视大数据，只会使个人信息与个人数据之间的界分模糊化。

二、个人数据与个人信息区分的意义

"个人信息"与"个人数据"的法理区分是平衡个人信息保护与数字产业发展的逻辑起点。不可否认，有学者认为构建数据法律制度不必严格区分个人信息与个人数据⑤。然而，本书认为，区分"个人数据"与"个人信息"不仅可以确保规范层面"个人信息"的界定科学合理，还可以为互联网企业的发展预留出合法空间。我国尽管不像欧盟有"个人数据"概念使用的传统，但在中国语境下，立法不区分"个人信息"与"个人数据"的表述方式将造成诸多流弊。

一方面，目前"个人信息"的概念界定已然将"个人数据"涵盖进来。除了《个人信息保护法》第四条之外，具有较高位阶的《网络安全法》第七十六条第（五）项对"个人信息""以电子或者其他方式记录的能够单独或者与其他信息结合识别自然人个人身份的各种信息"的界定除了将"直接识别自然人的信息"归类为"个人信息"外，"以电子或者其他方式""单独或者与其他信息结合"间接识别自然人的信息仍然被归类为"个人信息"。这一规定实际上是将具有技术特征的"个人数据"也纳入"个人信息"的范畴。

另一方面，宽泛的"个人信息"界定将会使应受保护的个人信息的范围

---

① Sohayla M. Roudsari, "Fourth Amendment Jurisprudence in the Age of Big Data: A Fresh Look at the Penumbras Through the Lens of Justice Sotomayor's Concurrence in United States v. Jones," Federal Courts Law Review 9, no. 1 (2016): 139-174.

② Jeong Yeol Choe, Doil Son & Sejin Kim, "The Limitations on the Use of Big Data Pursuant to Data Privacy Regulations in Korea," Journal of Korean Law 17 (2017): 1-32.

③ Max N. Helveston, "Consumer Protection in the Age of Big Data," Washington University Law Review 93, no. 4 (2016): 867-868.

④ Caryn Devins, Teppo Felin, Stuart Kauffman & Roger Koppl, "The Law and Big Data," Cornell Journal of Law & Public Policy 27, no. 2 (2017): 357-414.

⑤ 武腾：《个人信息积极利用的类型区分与合同构造》，载《法学》2023年第6期，第73页。

盲目扩张，在规范层面对个人利益过度保护。互联网企业的发展因所需的数据原料被归类为间接的"个人信息"而处于动辄得咎的状态。于是，数字产业发展所面临的对数据高需求与个人信息需要获得保护之间的矛盾也未获缓解。值得注意的是，在技术发展及隐私意识增强的趋势下，2017年5月30日生效的日本《个人信息保护法》对"个人信息"予以界分，该法引入"个人识别代码"的概念并从两个方面予以详细阐释。一是特定个人的身体特征被转换为数据并被电脑用户所使用，包括DNA序列数据、面部识别数据、虹膜等数据；二是能够识别一个特定的用户或买方，如护照号码、基本养老金数、驾照号码等数据[①]。参照日本个人信息的立法经验，"个人识别代码"概念的确立为应对个人隐私权益与技术发展的现实矛盾提供了新的问题解决思路。所以，合理区分"个人信息"与"个人数据"是实现个人信息保护与互联网企业生存发展的必要选择。

三、个人数据作为数据要素的法理基础

尽管个人数据概念的提及符合大数据时代背景下权利客体不断扩充的趋势，但是，从司法实践和法理层面来看，个人数据并不属于财产权客体。因个人数据并未落入人格要素的范畴，也没有体现主体精神、伦理价值而不具有人格利益。但是，无论从数字产业发展，还是从经济学原理来看，个人数据具有经济利益。

（一）个人数据不属于个人的财产权客体

承认权利与权益合理区分的哲学观点是探讨个人数据法律属性的法理基础。权利抑或利益的抉择背后都有其深刻的哲学思想。简言之，边沁在个人利益与社会利益和谐共处的认知基础上，依循功利主义哲学思想，将痛苦和快乐的量值计算用于权利与利益的关系上，得出权利对于那些享有权利之人就是利益与好处的论断。然而，该论断并未区分权利与利益。作为社会论者的耶林不同于边沁，他认为个体的善不是目的而是实现社会目的的手段。权利不仅仅是为了个体利益，更是为了社会整体利益。形象阐释之，人的生存赖于资源，资源则是蕴含着各式各样利益的客观表现。资源的稀缺必然引发人与人之间的利益争夺。权利则是为了定纷止争、平息冲突、维护社会秩序[②]。也正是因为对社会目的的强调，耶林才会得出，并非所有利益都会受到

[①] Noriko Higashizawa & Yuri Aihara, "Data Privacy Protection of Personal Information versus Usage of Big Data: Introduction of the Recent Amendment to the Act on the Protection of Personal Information (Japan)," Defense Counsel Journal 84, no. 4 (2017): 2-4.

[②] 邱本：《经济法的权利本位论》，中国社会科学出版社2013年版，第27页。

法律的保护，只有那些受到法律保护的利益才是权利①的论断。在大数据时代，个人数据作为一种资源已经成为共识。然而，对于个人而言，个人数据究竟仅仅是一种利益，还是一种权利尚未形成定论②。鉴于个人数据的权利抑或利益属性是获取法律不同保护力度之关键，不同的法律保护力度又将影响个人安全与社会发展之间的关系，权利与利益区分的观点对于探讨个人数据的法律属性较为适宜。

我国在立法层面虽然没有对新兴权利给出具体指导，但在司法案件中已然明确了未被类型化的新兴权利的处理标准，依此标准，个人数据并不属于财产权客体。在"任某某诉北京百度网讯科技有限公司名誉权、姓名权、一般人格权纠纷案"一案中，法院指出，我国现行法中并没有法定称谓为"被遗忘权"的权利类型，它不能成为我国此类权利保护的法律渊源。民事权益的侵权责任保护以原告对诉讼标的享有合法民事权利或权益为前提。人格权保护的对象是人格利益，包括已经类型化的法定权利中所指向的人格利益，和未被类型化但应受法律保护的正当利益。就后者而言，必须不能涵盖到既有类型化权利之中、具有利益的正当性和保护的必要性，三者缺一不可③。由此，对于那些未被类型化的新兴权利若要像类型化权利那样获得同等程度保护，就需要满足三个标准。其一，尚未被涵盖到类型化权利之中；其二，具有利益的正当性；其三，具有保护的必要性。虽然个人数据与既有的类型化权利并不匹配，并且个体期望凭借个人数据获得利益的诉求也符合正当性的要求。但是，技术色彩浓厚的个人数据因为较强的事实属性而不具备财产权利保护的必要性。另外，从经济学的角度审视财产权，社会将财产创造成一种法律权利，不仅为了鼓励生产和防止偷盗，还为了降低保护财产所支出的

---

① 张立伟：《权利的功利化及其限制》，科学出版社2009年版，第80-83页。
② 个人数据对于个人究竟是利益还是权利，目前学界观点大概可以分为三类。第一，有学者主张个人应该对个人数据享有权利，参见肖建华、柴芳墨：《论数据权利与交易规制》，载《中国高校社会科学》2019年第1期，第83-93页；邓刚宏：《大数据权利属性的法律逻辑分析——兼论个人数据权的保护路径》，载《江海学刊》2018年第6期，第144-150页；相丽玲、高情云：《大数据时代个人数据权的特征、基本属性与内容探析》，载《情报理论与实践》2018年第9期，第45-50页；李爱君：《数据权利属性与法律特征》，载《东方法学》2018年第3期，第64-74页；杨张博、王新雷：《大数据交易中的数据所有权研究》，载《情报理论与实践》2018年第6期，第52-57页；程啸：《论大数据时代的个人数据权利》，载《中国社会科学》2018年第3期，第102-122页。第二，有学者主张个人应该对个人数据享有利益而非权利，参见龙卫球：《数据新型财产权构建及其体系研究》，载《政法论坛》2017年第4期，第63-77页；梁志文：《论个人数据保护之法律原则》，载《电子知识产权》2005年第3期，第10-17页。第三，有学者认为个人数据本身并无经济价值，参见梅夏英：《数据的法律属性及其民法定位》，载《中国社会科学》2016年第9期，第164-183页。
③ 参见北京市海淀区人民法院（2015）海民初字第17417号民事判决书。张建文：《新兴权利保护的合法利益说研究》，载《苏州大学学报（哲学社会科学版）》2018年第5期，第90页。

成本①。如果综合考虑网络用户群体的庞大数量、个人数据的生产机理以及网络空间的不易监管性等会发现，如果将个人数据当作财产会极大提高保护成本。

个人数据概念的提及尽管符合大数据时代背景下权利客体不断扩充的趋势，但是，个人数据并不属于物权客体，不属于知识产权客体，也不符合财产权客体的抽象标准。就物权客体而言，所谓物权，一为支配物并享受其中之利益，二为排除其他侵扰的保护绝对性②。从法理的视角审视个人数据，个人并不能对其个人数据享有物权，个人数据并不具备明显的公示可能性，无法在观念上、技术上排除被"侵扰"的可能性。尽管知识产权是一种无形财产权③，但知识产权的客体表现为智力成果或商誉等非物质性客体④。一方面，个人数据在形态上很难凸显出较高智力成果或者商誉性的要求；另一方面，从个人数据的生成方式来看，较多基于事实行为而非特殊智力活动，并不能使个人数据蕴含太多符合知识产权要求的价值元素。从传统权利理论来看，财产权之客体始终遵循一定的标准，必须符合三个方面的最低要求，才能融入财产权利客体的范畴：一是相对主体的"有用之物"；二是能够被主体控制的"为我之物"；三是与主体可分离的"自在之物"⑤。按照以上三个标准审视个人数据就会发现，第一，个人数据相对于数据主体并不能成为"有用之物"，个人数据是个人的行为在互联网空间遗留下的数据痕迹，符合或者偏离自我意愿的结果在主观上已经迎合了个人的行为目的。个人数据仅仅是过程行为的数据痕迹，本身并不能成为个人的"有用之物"。第二，个人的网络行为结果终将以一定的显性的信息样式呈现，能够被个人分享控制的仅仅是信息本身，脱离了互联网的信息仍然能够以多种方式为个人所控制。此时的个人数据仅仅是支撑互联网空间中信息显性的技术手段，难以实质意义上称为主体控制的"为我之物"。第三，个人数据依托于互联网，个人信息可以通过多种渠道获得传播，然而个人数据的流转必须经由个人的网络操作，所以，个人数据难以与个人分离成为"自在之物"。综上所述，个人数据对于个人而言并不能成为财产权之客体。

---

① ［美］罗伯特·考特、托马斯·尤伦：《法和经济学》（第六版），史晋川、董雪兵译，格致出版社 2012 年版，第 73 页。
② 王泽鉴：《民法物权》（第二版），北京大学出版社 2010 年版，第 31 页。
③ 吴汉东主编：《知识产权法》（第五版），法律出版社 2014 年版，第 10 页。
④ 王迁：《知识产权法教程》（第四版），中国人民大学出版社 2014 年版，第 3 页。
⑤ 李晓辉：《信息权利——一种权利类型分析》，载《法制与社会发展（双月刊）》2004 年第 4 期，第 78 页。

（二）个人数据不具有个人的人格利益

在哲学视角下，个人数据并不具有人格利益。在康德看来，每一个有理性的东西都在作为目的而存在着，而非这个或那个意志支配的工具，有理性的本性作为自在目的而实存着①。人格权则是权利谱系中最能彰显"人之为人"价值理念的权利了。不可否认，尽管人格诸要素与人格自由意志不可分割，但人格诸要素由"内在于人"向"外在化"的转变却是客观存在的②。毕竟，社会的本质是实践的，社会实践中蕴含着人自己的自然性与社会性、自在性与自为性的矛盾③。所以，人格利益在理性东西的"目的"与"工具"中更加偏向于"目的"。反观个人数据，纯粹的"工具"价值很难作为理性东西的"目的"而存在。所以，在哲学层面上，个人数据并不具有人格利益。

在民法理论视角下，个人数据也不具有人格利益。若要判断个人数据是否具有人格利益，还需要回归人格权理论。传统民法理论认为，人格权的客体是体现人尊严价值的人格利益④，然而，这一认知在实践中却遭遇逻辑困境。如果将人格利益当作人格权之客体，那么，蕴含着大量人格利益的私人信件、定情信物等是否还需要在物权客体之外给予其人格权客体之承认⑤？依循传统理论，所谓民事法律关系的客体就是民事权利义务共同指向的对象，具体可分为物、行为、人身利益等⑥。反思该理论逻辑会发现，物权关系是物作为民事法律关系客体的前提基础，人格关系则是人身利益作为民事法律关系客体的前提基础。那么，若要私人信件、定情信物中的人格利益受到民法承认的话，就需要在物权法律关系之外，还需要存在着人格权法律关系。所以，将人格权的客体认知为人格利益在逻辑上很难自洽。诚如马俊驹先生所言，"利益应当是权利'目的'之所在，是客体之后所达成之效果"⑦。按照此种说法，结合《民法典》第一百一十条第一款⑧之规定可得而知的是，人

---

① ［德］伊曼努尔·康德：《道德形而上学原理》，苗力田译，上海世纪出版集团2005年版，第47-48页。
② 马俊驹：《我国人格权基础理论与立法建构的再思考》，载《晋阳学刊》2014年第2期，第115页。
③ 孙正聿等：《马克思主义基础理论研究》，北京师范大学出版社2011年版，第379-381页。
④ 杨立新：《人格权法专论》，高等教育出版社2005年版，第14页；王泽鉴：《人格权法》，北京大学出版社2013年版，第252页；王利明：《人格权法》（第二版），中国人民大学出版社2016年版，第19页。
⑤ 李倩、尹飞：《人格权客体的再思考》，载《甘肃社会科学》2011年第3期，第126页。
⑥ 王利明：《民法总则研究》，中国人民大学出版社2003年版，第187-190页。
⑦ 马俊驹：《我国人格权基础理论与立法建构的再思考》，载《晋阳学刊》2014年第2期，第114页。
⑧ 《民法典》第一百一十条第一款规定，"自然人享有生命权、身体权、健康权、姓名权、肖像权、荣誉权、隐私权、婚姻自主权等权利"。

格权客体就应该是身体、名誉、隐私等人格要素,自然人对自身人格要素进行合乎逻辑、合乎法律的运用之后则产生了人格利益①。此时,人格利益是主体基于身体、名誉、隐私、姓名等人格要素彰显出的"人之为人"的伦理价值②。基于此种理论认知,若要判断个人数据是否具有人格利益,只需要明确两点即可:其一,个人数据是否落入人格要素的范畴;其二,个人数据是否包含体现主体精神、伦理的价值因子。可得而知的是,个人数据不属于明文规定的人格要素,类推解释人格要素的属性仍会发现,个人数据的抽象数据表达特征使其难以归入人格要素范畴。同样,个人数据基于数字技术所具有的独特存在样式很难被自然人感知,即便个人信息具有体现主体精神价值的因子,数字技术的运用也会将个人信息中的此种价值抽离而遗留下仅可为计算机感知的个人数据。所以,个人数据不具有人格利益。

(三) 具有经济利益的个人数据可成为数据要素

尽管个人数据的经济利益尚未获得立法及司法的一般性确认,但在法理上已然得到合理证成。虽然个人数据不属于财产权之客体,但这并不能排除个人数据的经济利益。利益本身包含着受法律保护的利益与不受法律保护的利益③,"利益"的事实属性同时也决定了"财产"与"利益"之间并无必然联系。除法律介入外,利益就不能被想当然地归入财产范畴,否则将会动摇私法基础④。就像边沁认为的那样,"法律承认并保护的财产实质上是一种期望值。这并不意味着所有的期望都会产生财产,只有那些被法律所重视和保护的期望值才是财产。而这些期望蕴含在有形或者无形的东西中。从这个意义上讲,财产权不是'自然的',而是'法律的创造'"⑤。所以,个人数据不属于财产权客体并不能从法理上排除个人数据具有经济利益的可能性。另外,经验地来看,从利益向权利过渡至少经历了两个方面的逻辑演进:一是从特定范围内的个体利益出发,不同个体的价值观念经过实践检验形成利益共识继而上升为特定权利;二是权利针对特定利益进行统括,受到关照的特定利益能够经由多视角的实践证立他人义务⑥。但是,这一过程需要经过参与制度设计之人的评价认可,亦即权利需要法律的创造。不过,考虑到不同个体的多元利益追求,法律给利益下定义、定范围不仅毫无意义甚至不可能

---

① 许中缘、屈茂辉:《民法总则原理》,中国人民大学出版社2012年版,第292页。
② 温世扬:《人格权"支配"属性辨析》,载《法学》2013年第5期,第90页;郑晓剑:《人格客体理论的反思》,载《政治与法律》2011年第3期,第104-105页。
③ 于飞:《权利与利益区分保护的侵权法体系之研究》,法律出版社2012年版,第133页。
④ 高富平:《信息财产——数字内容产业的法律基础》,法律出版社2009年版,第175-176页。
⑤ Cheryl I. Harris, "Whiteness As Property," Harvard Law Review 106, no. 8 (1993): 1730.
⑥ 于柏华:《权利概念的利益论》,载《浙江社会科学》2018年第10期,第44页。

完成①。所以，对于个人数据的经济利益应该给予事实承认，而非规范确立。

在经济学视角下，个人数据具有经济利益。在数字产业中，传统计算机时代个人数据的经济利益受到抑制，随着大数据的普及，个人数据与个人信息的可分离性也逐渐增强。在数字产业化的市场需求下，个人数据的经济利益在数字时代获得解放。尽管有学者认为单个自然人的个人数据本身并无价值②，然而，联盟网站通过 Cookie 记录个人数据以实现产品经济空间③的延伸已然实证了个人数据的经济利益④。另据《大数据存储市场研究报告——2022年全球预测》，云计算、大数据、服务器和网络演进以及物联网（IoT）的普遍适用将导致大数据市场的数据存储量突然增加；到 2022 年，全球大数据市场存储将预计增长至 300 亿美元左右，2016 年至 2022 年复合年增长率约为 20%⑤。由此直观反映出个人数据蕴含着巨大的市场价值。同时，亚当·斯密的"经济人"假设间接地反映出，大数据市场对个人数据的存储归根结底是追求个人数据的经济利益。另外，奥地利学派的庞巴维克曾经从有用性与稀缺性两个方面界定有价值的商品⑥。在大数据时代，个人数据作为新型生产要素能够被加工生产出具有经济利益的数字产品。同时，尽管个人数据的数量极其庞大，但这并不意味着个人数据像空气、阳光那样容易获取。个人数据是利用大数据技术对个人行为痕迹的数字化捕捉与记录，这也就意味着个人数据最终要落脚于每一个独立的个人，个人是个人数据这一新型生产要素的真正创造者。所以，个人数据不仅有用而且稀缺。

第三节 作为基础数据要素的信息/数据

尽管目前关涉人工智能生成内容的讨论较多集中于著作权领域，但不可忽略的是，数据要素的交易价值始终集中在信息/数据之上，而信息/数据只

---

① 彭诚信：《现代权利视域中利益理论的更新与发展》，载《东方法学》2018 年第 1 期，第 109-115 页。

② 程啸：《论大数据时代的个人数据权利》，载《中国社会科学》2018 年第 3 期，第 110-117 页。

③ 产品经济空间的概念是在产品空间概念基础之上提出的。产品空间由劳动作用的广延性决定。而产品经济空间指人们的劳动作用于那些已经依据契约所获取的劳动资料上并以此形成产品的物质空间，实质上指代那些相对独立的所有者的经济利益。参见博伦：《财富与精神》，暨南大学出版社 2016 年版，第 207-218 页。

④ 王融：《关于大数据交易核心法律问题——数据所有权的探讨》，载《大数据》2015 年第 2 期，第 1-7 页。

⑤ Market Research Future, "Storage in Big Data Market Research Report-Global Forecast 2022," last modified August 27, 2019, https://www.benzinga.com/pressreleases/19/08/ab14330791/storage-in-big-data-market-2019-global-size-share-research-methodology-business-strategy-key-play.

⑥ 殷赣新：《价值、货币和资本新论》，经济日报出版社 2009 年版，第 14 页。

有拥有可为数字产业广泛认可的目标价值,才使数据要素交易主体产生交易意志,继而实现数据要素交易的前提与基础。若单纯依靠人力,信息/数据的价值增量都极其有限,且难以真正形成产业化。在数智时代,人工智能技术的普遍应用,使人们可轻易按照自由意志,实现信息/数据的价值增量。此时,只要是经由人工智能技术处理,不仅具有作品属性的信息/数据可成为数据要素,即便是那些不具有作品属性却拥有其他目标价值的信息/数据亦可成为数据要素。总之,经由人工智能技术处理,信息/数据具备了成为数据要素的可能性。

一、作为可产出数据要素的人工智能

科技发展史磅礴烁烁[①],以 AlphaGo、AlphaGo Zero[②] 为代表的人工智能成果不断刷新着人们对科技的认知水平[③]。2017 年 5 月,微软人工智能"小冰"生成的诗歌集《阳光失了玻璃窗》在国内出版,引发理论及实务界关于人工智能生成内容法律权属的热议。目前,人工智能处于高级"算法智能"阶段[④],可以不依靠机械衍生手段就能够自主生成内容。可以说,市场主体因日益普及的人工智能蕴含着巨大市场商业潜能而大量投资人工智能项目。谷歌、脸书、亚马逊和百度等互联网企业进行着激烈的人工智能军备竞赛,如招揽研究人员、建立实验室、收购初创企业等。在未来,人工智能的强劲发展势头仍将继续下去[⑤]。

那么,人工智能到底是什么呢? 缘何市场竞争主体如此激烈地抢占发展人工智能的先机呢? 马修·U. 舍尔(Matthew U. Scherer)认为,所谓的人工智能,是指能够代替人类智识去执行任务的机器[⑥]。人工智能生成内容的过程可分为数据输入、数据处理、成果输出三个阶段。传统的人工智能更多依赖于技术开发者与使用者,此阶段生成内容的权益归属于开发或使用人工智能

[①] "磅礴烁烁"一词摘自梁启超的《生计学学说沿革小史》,在此用于形容技术成就。

[②] AlphaGo 主要采用了深度神经网络 DNN 完成搭建,比 AlphaGo 更加智能的 AlphaGo Zero 采用了 ResNet 网络中的 Residual 结构作为基础模块,在预测精度上及运行速度上都有较大提升。

[③] David Silver, et al.,"Mastering the game of Go withput human knowledge," Nature 550 (2017): 354–359.

[④] 王小夏、付强:《人工智能生成内容著作权问题探析》,载《中国出版》2017 年第 17 期,第 33–34 页。

[⑤] Matthew U. Scherer, "Regulating Artificial Intelligence Systems: Risks, Challenges, Competencies, and Strategies," Harvard Journal of Law & Technology 29, no. 2 (2016): 354.

[⑥] Matthew U. Scherer, "Regulating Artificial Intelligence Systems: Risks, Challenges, Competencies, and Strategies," Harvard Journal of Law & Technology 29, no. 2 (2016): 362.

之人合情合理①。目前，人工智能的发展并未止步于此。人工智能的发展趋势表现为"人为神经网络"模式，即一种新的基于生物模型的计算机形式，可以从经验中汲取教训，从既往执行的数据中获取相关信息，以数据为基础建立模型并通过反馈予以改进②。鉴于此，有学者甚至认为，人工智能已然与人类相似，人工智能是创造性的、不可预测的、独立的、自主的、理性的、进化的、能够收集数据的、通信的、高效的、准确的，并且可以在备选方案中自由选择，甚至还可以自主地生成创造性的内容③。就人工智能的数字产业发展而言，日本学者野村直之不无前瞻地指出，"第三次人工智能热潮真正做到低成本与广泛应用，使人类从繁重复杂的工作中解脱出来"④。创新工场管理合伙人、资深投资人汪华则认为，"随着成本与技术的进一步成熟，人工智能将会延伸到个人场景，全面自动化的时代终将来临"⑤。

本书认为，在数据要素的交易实践中，除了个人信息与个人数据可作为基础可交易数据要素，还有大量并不属于个人信息与个人数据范畴，又蕴含着一定价值的信息与数据也属于基础可交易数据要素，这些信息与数据只有在人工智能等技术作用下才能得以生成，且自身蕴含着的多元价值也在人工智能等技术作用下才得以实现。不可否认，目前关涉人工智能生成内容的属性认定之讨论，较多集中于著作权法意义上的作品属性范畴，然而，人工智能生成内容是否属于作品仍存在较大争议。正因如此，人工智能生成内容的法律属性也亟待进一步明确。只有如此，才可进一步针对信息/数据构造数据要素交易模式。

二、由全国首例人工智能著作权案引发的思考

在人工智能能否作为著作权主体、人工智能生成内容是否属于作品、人工智能生成内容的权益如何分配才能实现利益平衡等一系列问题引发学界热议的现实背景下，2019年4月26日，北京互联网法院审结了我国首例人工智能生成内容著作权案，即"北京菲林律师事务所诉北京百度网讯科技有限公

---

① 熊琦：《人工智能生成内容的著作权认定》，载《知识产权》2017年第3期，第6-7页。

② Saiz Garcia, "Concepcion, Las obrascreadasporsistemas de inteligencia artificial y suproteccíonporel derecho de autor (AI Created Works and Their Protection Under Copyright Law)," InDret 1 (Jan.2019): 5, available at SSRN: https://ssrn.com/abstract=3365458, last visited: 2019-05-20.

③ Shlomit Yanisky-Ravid, "Generating Rembrandt: Artificial Intelligence, Copyright, and Accountability in the 3A Era: The Human-like Authors Are Already Here: A New Model," Michigan State Law Review, no. 4 (2017): 660.

④ [日] 野村直之：《人工智能改变未来：工作方式、产业和社会的变革》，付天祺译，东方出版社2018年版，第24页。

⑤ 周晓垣：《人工智能：开启颠覆性智能时代》，台海出版社2018年版，第130页。

司著作权侵权纠纷案"。在该案中，北京互联网法院认为：其一，"自然人创作完成"应是著作权法上作品的必要条件，不宜对民事主体的基本规范予以突破；其二，自然人作为主体参与人工智能生成内容的过程限于"软件开发环节"与"软件使用环节"，不论软件的开发者还是软件的使用者皆未向生成内容中注入任何个人的思想、感情等独创性表达，此二者均不能以作者身份署名于人工智能生成内容之上，为了保障公众利益，应在生成内容上注明系软件自动生成；其三，从利于文化传播及科学事业发展的目的考虑，对于不属于作品的"文字内容"仍应给予一定保护，应该将"文字内容"的相关权益赋予软件使用者与软件开发者①。

尽管该判决较好实现了个案的利益平衡，但并未完全廓清人工智能生成内容的理论问题。虽然法院排除了人工智能生成内容的作品可能性，但"人工智能生成内容凝结了软件开发者与使用者的投入，具有传播价值"的审理意见并没有明确人工智能生成内容的法律属性。法律属性是认定其利益或权利归属的理论前提，人工智能生成内容的法律属性亟待明确。在理论上，人工智能生成内容的属性探讨因其形似作品而自我禁锢在著作权领域，人工智能是法律主体抑或客体的理论争议为人工智能生成内容的法律属性探讨带来诸多困扰。试图规避人工智能法律地位问题而直接侧重于人工智能生成内容的"作品"属性探讨，又因著作权法独特的主体价值理念而陷入逻辑上的自我矛盾。对人工智能生成内容的属性探讨是否必须自我设限于著作权领域？人工智能生成内容的法律属性究竟是什么？人工智能生成内容背后的权益应该归谁享有？这些问题有待我们进一步深入思考并最终厘清。

三、人工智能生成内容法律属性的理论学说及其思考

（一）人工智能生成内容法律属性的理论学说

目前，人工智能生成内容的法律属性主要存在着"孳息说""作品说""非作品说"三大类学说。其中，"作品说"又可细分为"客观标准说"与"工具说"，二者的逻辑进路不同，但因二者皆将人工智能生成内容认定为"作品"，故而，"客观标准说"与"工具说"被纳入"作品说"的范畴。

其一，"孳息说"。传统民法理论认为，所谓孳息，是指原物（物及权利）所生的收益②。"孳息说"正是将此理论适用于人工智能的生成内容。人工智能在民法上属于物的范畴，依据其性质，人工智能生成内容的过程正是知识财产收益的过程。生成内容的产出过程不仅具有连续性，还无损于人工

---

① 参见北京互联网法院（2018）京0491民初239号民事判决书。
② 王泽鉴：《民法概要》（第二版），北京大学出版社2011年版，第60页。

智能之本质，如此在法理上符合了天然孳息的构成要素。所以，人工智能的生成内容应属一种孳息①。尽管"孳息说"的理论学说内部对于人工智能生成内容究竟属于"物"抑或"作品"存在争议，不过值得肯定的是，人工智能生成内容在本质上是由人工智能生成的财产性利益。

其二，"作品说"。"作品说"可具体分为"客观标准说"与"工具说"两种。所谓的"客观标准说"认为，只要人工智能生成内容具有"作品"的客观属性就应被视为独创性表达的作品②。从客观存在的生成内容角度出发去判定其"创作"是否符合著作权法上的作品"创作"，可以巧妙回避人工智能是否可以作为权利主体这一复杂的哲学难题③，这也正是"客观标准说"得以存续并演进的现实理论背景。基于此，"客观标准说"需要在理念上明确"思想"与"人格"是否属于作品的隐藏构成要件，以及在实践层面确立作品"创作"的客观化判断标准。"客观标准说"认为，作品中的"思想"与"人格"假设是为了著作权制度的正当性说明，其本身并不具有规范意义。并且，所谓的"思想"与"人格"只能由作者以外的主体予以推定，作品并不直接体现，"客观标准说"因此主张作品并不当然体现"思想"与"人格"④。也许认识到"客观标准说"在抽象理念与具体判定之间存在着衔接缺陷，于是，"客观标准说"进一步完善了自身理论，认为对作品的评价主要集中于作

---

① 值得注意的是，"孳息说"内部存在着人工智能生成内容属于"物"抑或"作品"的理论争议。具体参见黄玉烨、司马航：《孳息视角下人工智能生成作品的权利归属》，载《河南师范大学学报（哲学社会科学版）》2018年第4期，第23-29页；林秀芹、游凯杰：《版权制度应对人工智能创作物的路径选择》，载《电子知识产权》2018年第6期，第13-19页；袁真富：《人工智能作品的版权归属问题研究》，载《科技与出版》2018年第7期，第103-111页；王渊、王翔：《论人工智能生成内容的版权法律问题》，载《当代传播》2018年第4期，第86页。

② 李伟民：《人工智能智力成果在著作权法的正确定性——与王迁教授商榷》，载《东方法学》2018年第3期，第149-160页；胡光：《人工智能生成对象版权法基本理论探讨：历史、当下与未来》，载《当代传播》2018年第4期，第80-90页。

③ 值得注意的是，学界有较多学者持此观点。易继明教授认为，"版权法中的独创性判断标准，应当以一种客观判断标准倾斜，从形式上考察其是否与现存的作品表达不一样，并在人类所创设符号意义上是否能够解读出'最低限度的创造性'"。易继明：《人工智能创作物是作品吗？》，载《法律科学（西北政法大学学报）》2017年第5期，第139页。黄汇教授认为，"以客观标准来衡量的话，著作权保护的应是创造力本身，而不仅仅是人类的创造力……人工智能生成物应当被视为作品，可以作为著作权法的保护对象，无论技术维度还是著作权客体本质的反思都证明了这一点"。黄汇、黄杰：《人工智能生成物被视为作品保护的合理性》，载《江西社会科学》2019年第2期，第33-42页。季连帅等认为，"如果人工智能创作物具有独创性，将其纳入作品的范畴并没有法理和现实上的障碍"。季连帅、何颖：《人工智能创作物著作权归属问题研究》，载《学习与探索》2018年第10期，第106-110页。林秀芹教授认为，"作品的独创性判定标准应向客观标准倾斜"。林秀芹、游凯杰：《版权制度应对人工智能创作物的路径选择》，载《电子知识产权》2018年第6期，第15页。

④ 孙山：《人工智能生成内容著作权法保护的困境与出路》，载《知识产权》2018年第11期，第60-65页。

者的写作水平而非作者个性，只要人工智能生成内容不涉嫌复制、抄袭等可追踪到原作品的行为，就可视其具有一定"创作"高度，即可被确定为著作权法上的"作品"①。"工具说"则坚持只有人类的智力成果才应该受到著作权法的保护。人类对人工智能享有足够的控制权，人工智能只是人类创作的一种工具，而非一个有意识的"作者"②，人工智能就像人类写作所使用的纸笔或者计算机一样，在本质上充当着人类的创作工具。只要人类利用工具创作出来的内容符合"作品"的要求，就应该给予其著作权保护③。

其三，"非作品说"。"非作品说"认为，人工智能生成内容并不属于著作权法意义上的作品。首先，从所谓的人工智能"创作"过程来看，人工智能生成内容的过程虽然借助于自身的学习能力，但是，这一过程是通过特定算法从无数种可能性中找到极其有限的正确路径，所获结果具有高度可重复性且不体现个性化。这也就导致人工智能生成内容区别于极具个性且蕴含着精神和意识的作品④。其次，从人类创作过程来看，人类已然将其思想与观点注入了遵循一定表达规则的创作过程之中。即便人工智能通过装置与程序能够表现出与人类相似的"智能"，但是，智能不等于智力，人工智能并无思想、创意和情感等。因此，著作权法意义上的作品只能是人类的创作成果。最后，从著作权法"作品"的规范目的来看，若将人工智能生成内容当作著作权法意义上的作品并给予其财产权保护，会严重打击人类创作活动的积极性。但是，考虑到人工智能生成内容的产生、传播及商业化利用等具有现实的经济利益，尽管人工智能生成内容不属于作品，但应给予人工智能生成内容以保护，不过，这种保护应低于人类创作作品的著作权保护程度⑤。

（二）对人工智能生成内容法律属性理论学说的评析与思考

人工智能生成内容法律属性的理论学说普遍将人工智能生成内容置于著作权法的规范领域，然而，人工智能生成内容是否必须受著作权法规范呢？

---

① 孙建丽：《人工智能生成物著作权法保护研究》，载《电子知识产权》2018年第9期，第22-29页；李晓宇：《人工智能生成物的可版权性与权利分配刍议》，载《电子知识产权》2018年第6期，第31-43页。

② Samantha Fink Hedrick, "I 'Think', Therefore I Create: Claiming Copyright in the Outputs of Algorithms" (2018). NYU Journal of Intellectual Property & Entertainment Law, Forthcoming. available at SSRN: https://ssrn.com/abstract=3367169, p. i. last visited: 2019-05-20.

③ 丛立先：《人工智能生成内容的可版权性与版权归属》，载《中国出版》2019年第1期，第11-14页；冯刚：《人工智能生成内容的法律保护路径初探》，载《中国出版》2019年第1期，第5-10页。

④ 王迁：《论人工智能生成的内容在著作权法中的定性》，载《法律科学（西北政法大学学报）》2017年第5期，第148-155页。

⑤ 陶乾：《论著作权法对人工智能生成成果的保护》，载《法学》2018年第4期，第3-15页。

不论是从人工智能生成内容自身出发进行"作品"论证的"客观标准说"，还是极力推崇人的主体地位并强烈否认人工智能自主性的"工具说"，两种学说皆旨在将人工智能生成内容论证为著作权法上的"作品"，并竭力将其纳入著作权法的规范范畴。需要指出的是，"工具说"在人工智能作为惰性工具时有其合理性，"工具说"的理论价值会因技术水平的发展而逐渐降低。所以，如将"人工智能可以脱离人类而以近乎完全自主地进行文字产出"作为预设前提予以讨论的话，不论"客观标准说"如何论证人工智能生成内容的作品属性，人工智能生成内容仅是在形式上具有作品外观，却不曾体现人的人格、精神价值。"非作品说"虽然主张人工智能生成内容并不属于著作权法意义上的作品，但是，对于人工智能生成内容的法律属性认定仍然未能摆脱著作权领域。尽管"非作品说"在实然层面上并不认为人工智能生成内容属于"作品"，但在应然层面上仍将人工智能生成的且类似于作品的内容推定为署名作品①。只不过，这种保护应低于人类创作作品的著作权法保护程度②。值得注意的是，"孳息说"可谓是对人工智能生成内容的属性在著作权领域之外的一次理论尝试，不过，主张"孳息说"的不同学者仍然在"物"与"作品"之间徘徊。由此可知，关涉人工智能生成内容的"孳息说"、"作品说"及"非作品说"皆受到著作权法的深沉影响。另外，"为了商业利益的正常流转及公共利益的整体提升，承认符合著作权法'作品'要素的人工智能生成内容为作品"③的说法，不仅在理论层面没有明晰人工智能生成内容的法律属性，而且，或多或少加深了著作权法实用主义的色彩。试图将人工智能生成内容与著作权法域中的作品相契合并不利于著作权法精神价值的彰显，也未必使人工智能生成内容的利益分配获得妥切的制度安排。那么，人工智能生成内容是否必须受著作权法的规范呢？是否存在其他较为适宜且妥切的规范模式呢？

四、人工智能生成内容不属于著作权法上的"作品"

（一）人工智能生成内容不符合著作权法的规范教义

深入探寻著作权法"作品"之蕴含发现，即便具备"作品"的形式要件，但未曾体现人之个性、精神的人工智能生成内容，并不符合著作权法意义上的"作品"。若要判断人工智能生成内容是否属于著作权法意义上的"作品"，需要从四个方面进行：其一，人工智能是否可以成为作者；其二，人工

---

① 王迁：《论人工智能生成的内容在著作权法中的定性》，载《法律科学（西北政法大学学报）》2017年第5期，第148-155页。
② 陶乾：《论著作权法对人工智能生成成果的保护》，载《法学》2018年第4期，第3-15页。
③ James Wagner, "Rise of the Artificial Intelligence Author," Advocate (Vancouver) 75 (2017): 530-532.

智能生成内容是否符合作品的形式要件；其三，人工智能生成内容是否符合作品的实质要件；其四，人工智能生成内容的过程是否属于作品"创作"。具体分析如下：

第一，人工智能可以成为著作权法意义上的作者。我国著作权法第九条规定"作者"及"其他依照本法享有著作权的公民、法人或者其他组织"可以成为著作权人。虽然人工智能不符合第九条的"作者"规范要求，但是，作为拟制主体的法人可成为著作权人的规定已然使"著作权人"规范意涵的可涵摄范围得到扩张。考虑到人始终作为制度建构最终的受益者或者损益承担者，运用法律技术手段是为了人更好地实现利益增量，所以，人工智能像法人那样被拟制为著作权人并不存在理论上的障碍。

第二，人工智能生成内容符合作品的形式要件。著作权法第三条的"文学、艺术和科学领域内"及"并能以一定形式表现"在规范层面不难使人工智能生成内容落入其中。

第三，人工智能生成内容不符合作品的实质要件。虽然《伯尔尼公约》并未对作品的确切定义提供更多的深入理解，不过，从《伯尔尼公约》的谈判经过来看，谈判代表一致认为"作品中必须要体现某种创造性活动的要素"[1]，这在各国具体立法中已有体现。虽然不同国家对于创造性的程度要求并不相同，譬如，巴西著作权法、法国知识产权法典、德国著作权法及意大利著作权法都将"作品"定义为"智力创作成果"，日本著作权法与韩国著作权法则将"作品"定义为"思想或感情的独创性表达形式"[2]，但《伯尔尼公约》成员普遍同意"作品"应是"人类智力和创造活动产生的独立成果"[3]。由此，具有较强自主性的人工智能所生成的内容并不符合作品的实质要件。

第四，人工智能生成内容的过程不属于作品"创作"。由《中华人民共和国著作权法实施条例》第二条与第三条可知，主体欲使其表达形式成为著作权法之"作品"，就必须通过"创作"这一智力活动[4]。尽管"创作"的内涵

---

[1] 联合国贸易与发展会议、国际贸易和可持续发展中心编：《TRIPS协定与发展：资料读本》，中华人民共和国商务部条约法律司译，中国商务出版社2013年版，第171页。

[2] 《十二国著作权法》翻译组译：《十二国著作权法》，清华大学出版社2011年版，第8、9、64、65、147、280、361、509页。

[3] 联合国贸易与发展会议、国际贸易和可持续发展中心编：《TRIPS协定与发展：资料读本》，中华人民共和国商务部条约法律司译，中国商务出版社2013年版，第172页。

[4] 需要注意的是，尽管《中华人民共和国著作权法实施条例》第二条"独创性"与第三条的"创作"在表述上存在差异，通说认为"独创性"包括"独立完成"与"创作性"两个方面，但是，考虑到著作权法并不反对作者借鉴他人作品，所以，此处的"独立完成"应该暗含着"非抄袭、剽窃"。而第三条中的"创作"亦暗含着"非抄袭、剽窃"之义。所以，"独创性"与"创作"实属"创作"之义。参见何怀文：《中国著作权法判例综述与规范解释》，北京大学出版社2016年版，第4-6页。

较为抽象,但在诸多个案中被不断具象。譬如,在"叶根友与无锡肯德基有限公司、北京电通广告有限公司上海分公司侵害著作权纠纷上诉案"中,法院认为,字体的独创性最终体现在每个汉字的字形上,为了保证字体在整体上能体现统一的风格并富有美感,作者不仅要使每个汉字和字符具有美感,还需要不断修改和完善字形的间架结构,在这个过程中,作者付出了独创性劳动①。该案对于创作性标准提出了较高的要求,不仅需要通过外在的"美感"呈现,还需要付出凸显其独特审美高度的"劳动"。在"张晓燕诉雷献和、赵琪、山东爱书人音像图书有限公司著作权侵权纠纷案"中,法院认为作者的创作性表达就是"其思想或者情感的表现形式"②,该案的创作性标准要低于"叶根友与无锡肯德基有限公司、北京电通广告有限公司上海分公司侵害著作权纠纷上诉案"。同样,在"任新昌与李中元著作权侵权纠纷案"中,法院认为,一部作品只要不是对已有作品完全的或实质的模仿,而是作者独立构思的产物,并且在表现形式上与已有作品存在差异,就可被视为具有独创性③。该案相较前两个案件,已经将创作性的标准定位于"一定水准的智力创作高度"。尽管"创作"在不同案件中被赋予不同的内涵,但是,有一点是可以肯定的,最低限度的"创作"也要体现作者的个性。正如李扬教授所言,"考虑到著作权法追求文化多样性的旨趣,不能苛责创作性的标准,具有最低限度的一点创作性即符合著作权法对于作品'创作'要件的要求。具体言之,只要创作出的表达形式能反映创作人个性,并能区别于他人作品或者公有领域的表达形式,就符合创作性要求"④。基于人工智能以近乎独立自主的方式生成内容这一预设,具有较强学习能力的人工智能早已脱离软件设计者的技术控制,软件设计者也较难预判人工智能基于不同情境建构函数模型继而生成何种内容。人工智能所有者或者使用者更是难以将其个性体现于人工智能生成内容之中。所以,人工智能生成内容并不符合著作权法的教义规范。

(二) 人工智能不符合经典哲学关于人的价值论断

在康德看来,每个有理性的东西,作为目的而自在地实存着,他不单纯是其他意志所随意使用的工具。在他的一切行为中,不论对于自己还是对于其他有理性的东西,任何时候都必须被当作目的⑤。人只能作为目的,而不能被当作工具,这种目的正是有理性的本性之所在。人与物相对,如果人是自

---

① 参见江苏省高级人民法院(2011)苏知民终字第0018号民事判决书。
② 参见最高人民法院(2013)民申字第1049号民事裁定书。
③ 参见陕西省高级人民法院(2008)陕民三终字第16号民事判决书。
④ 李扬:《知识产权法基本原理(II)》,中国社会科学院出版社2013年版,第32页。
⑤ [德]康德:《道德形而上学原理》,苗力田译,上海人民出版社2006版,第46页。

在目的的理性存在，则物就是不以我们的意志为依据，而是以自然的意志为依据的东西，如若它们是无理性的东西，就叫作物件①。由人及人性，自在目的原则正是每个人最高界限的理性本性，此原则适合于一切理性之物，非经验所能及。康德认为，人性作为规律被当作客观目的而成为一切主观目的的最高条件。每个理性意志与普遍立法意志在最高条件层面相协调②。诸多自在目的的人性不仅"不抵触"，还"相互一致"。人工智能虽然能够像人一样创作文章，但是从康德的哲学观点审视，人工智能只能被当作人的工具，不具有像人一样的自在目的。人工智能与人工智能之间也是工具与工具之间的物件关系，非质粒、非具有理性的自在目的存在样式。提及理性，人工智能似乎在自我的机器学习中具备了类人的理性，实则非然。康德认为，一个有理性的东西会从感觉世界和理智世界这两个角度观察并认识自身力量的运用规律。在感觉世界里，理性之人作为感觉世界的成员会以他律的方式服从自然规律；在理智世界里，理性之人会排除自然和经验的影响而服从理性规律③。人工智能显然形式看似理性着存在，却不能存在于感觉世界与理智世界，只能在感觉世界里被理性的东西所感受。理性的东西只能从自由观念思考意志的因果性，这种自由不为感觉世界所决定。然而，自律与自由不可分离，道德的普遍规律与自律概念相伴。正如一切自然现象都以自然规律为基础一样，理性的东西的一切行动都以道德规律为基础④。人工智能的所谓理性乃是来源于理性东西的技术手段，并非基于自律与自由，更非基于道德规律这一基础。康德曾提出道德命题，"只有出于责任的行为具有道德价值"⑤，人工智能并非责任的承担主体，责任往往由占有或拥有人工智能的理性之人所承担。在实践层面，康德认为道德依赖于纯粹实践理性的存在，实践理性主体要拥有非决定论的自由意志。而人工智能只能是决定论的机器，仅具有工具理性远远不够，显然不会拥有实践理性。所以，在康德的哲学世界里，人工智能并非具有自在目的的理性之人。

在马克思看来，人感性地存在着，但这种感性包含着内在的理性，也即实践的存在，实践将感性与理性结合起来，人所特有的生存方式正是实践。在生物构造上与人相似的动物却不具有人的属性，其根本之处在于人的实践活动。人的实践活动作为人所特有的生存方式，使人自身突破自然规定的限制。人的实践是社会性的，离开了社会联系，人就不能称之为人。人正是获

---

① ［德］康德：《道德形而上学原理》，苗力田译，上海人民出版社2006版，第46页。
② ［德］康德：《道德形而上学原理》，苗力田译，上海人民出版社2006版，第49页。
③ ［德］康德：《道德形而上学原理》，苗力田译，上海人民出版社2006版，第76页。
④ ［德］康德：《道德形而上学原理》，苗力田译，上海人民出版社2006版，第76页。
⑤ ［德］康德：《道德形而上学原理》，苗力田译，上海人民出版社2006版，第15页。

得了社会属性才具有意识。人的社会实践存在促使人以进行自我创造的主体性存在着。马克思说,"人的活动借助劳动资料使劳动对象发生预定的变化"。人正是在这一活动中,将自己的本质力量凝聚在客体上,使客体按照自己的意志发生改变。然而,"生产不仅为主体生产对象,而且也为对象生产主体"。主体在通过改造客体使客体具有主体本质力量的同时,客体因受主体的本质力量影响而得以发展继而充实发展了主体的力量。主体与客体是一对关系范畴,主体表现为自主性、主观性、创造性等,客体则表现为客观性、对象性等。主体与客体的不同规定反映出主体与客体在实践基础上是以主体为核心所建立起来的对立统一关系①。反观人工智能,人工智能并不具有感性,它的理性来源于人的技术手段,本身更不具有社会属性,也不能通过实践使其自身突破自然、突破其创造者。人工智能在人类社会实践过程中处于客体地位,人类为了实现自我创造,将自己的才识与力量通过一定手段客体于人工智能,人工智能在人类的活动中不仅实现了人类力量的扩容,也使客体身份符合了人类的要求标准。所以,人工智能只能作为人劳动改造的对象,相对于人这一主体以客体形式存在。

(三) 人工智能生成内容不符合著作权法的价值追求

美国最高法院曾在 Mazer v. Stein 案中指出,著作权法只保护思想的表达,而不保护思想。因而,受保护的表达背后必然存在着与之对应的思想。人工智能生成内容的涌现使人类思想表达的整体占比呈降低趋势。尽管人工智能生成内容形似著作权法上的"作品",但是,人工智能生成内容并不属于著作权法所设想的体现了作者思想的"作品"。在这种情况下,是否仍有必要给予形似"作品"的人工智能生成内容以著作权保护②?欲回答这一问题,还需要回归到著作权法所欲实现的价值追求上来。

学界通说认为著作权制度起源于英国,回顾这一段历史可知,无论15世纪由英王玛莉授予的伦敦书籍出版业公会特许状(印刷控制权),还是16世纪图书贸易控制权,其目的皆在于加强王权统治,巩固伦敦书籍出版行业公会的垄断地位,作者的权益并未获得支持。1709年的《安妮法》不仅遏制了伦敦书籍出版行业公会的垄断,还规范了图书交易秩序继而使公共层面的利益获致保障③。不过,《安妮法》并没有明晰作者享有作品著作权的依据(该依据背后反映的即是著作权法的价值追求),这也激发了法官在

---

① 肖前:《马克思主义哲学原理》(合订本),中国人民大学出版社2013年版,第208-213页。
② Timothy L. Butler, "Can a Computer be an Author-Copyright Aspects of Artificial Intelligence," Comm/Ent L S 4, no. 4 (1981): 727-728.
③ 易健雄:《"世界上第一部版权法"之反思》,载《知识产权》2008年第1期,第20-26页。

案件中的哲思论战。以1769年"米勒诉泰勒案"为例,不同法官皆就"作者享有版权的依据"提出了各自观点,可概括为"公正说"、"激励机制说"与"自然权利说"。主张"公正说"的曼斯菲尔德法官认为,"作者就其作品之成就付出了劳动和才智,以此获取金钱利益实属正当"。威尔斯法官则提出了"保障作者作品之上的财产权有利于鼓励创作"的"激励机制说"。阿斯顿法官继受了洛克的思想(自然权利说),认为"版权的存在是立基于作者的脑力劳动"。值得注意的是,对"作者是否享有版权"持否定观点的叶兹法官依靠自然法财产理论,却得出了"抽象物有价值并不是其成为财产的充分条件,思想一经发表即进入公共领域,并不为某个人所独占。财产因以事实占有为前提,而思想并不能被占有。所以,思想并不能成为财产。另外,作者因其劳动获得奖励与其不能获得版权并不冲突"的观点①。实际上,在自然法思想与功利主义思想影响下,曼斯菲尔德法官、阿斯顿法官与威尔斯法官旨在保障作者的个人权益,叶兹法官的主张则更多是出于公共利益的考虑。不过,"作者享有著作权的依据"若全然赖于自然法思想,势必会降低受著作权法保护的作品的标准,哪怕一个简短的语句都将受到著作权法的保护,社会福利也会因此急剧降低。然而,功利主义似乎要比自然法思想远离作者人性。功利主义不再那么强调作者精神权利的重要性,而是寻求市场力量来决定作品的价值,同时极力避免司法机关的审美判断②。所以,著作权法总是在自然法思想与功利主义共同影响下,追求着作者利益、公共利益与未来创作者利益的平衡状态③。可以说,《世界知识产权组织版权条约》第二条"版权保护延及表达,而不延及思想、过程、操作方法或数学概念本身"④所确立的"思想与表达二分原则"、"确保著作权不成为个人学习的不当障碍"的"合理使用原则"⑤等,即是自然法思想与功利主义妥协出的制度产物。

人工智能生成内容可被界定为脱离了人类思想的纯粹形式意义上的文

---

① [澳]彼得·德霍斯:《知识财产法哲学》,周林译,商务印书馆2017年版,第43-50页。

② Margot E. Kaminski, "Authorship, Disrupted: AI Authors in Copyright and First Amendment Law," UC Davis Law Review 51, No. 589 (2017): 589-612.

③ Christopher J. Buccafusco, "A Theory of Copyright Authorship," Virginia Law Review 102 (2016): 1229-1295.

④ 值得注意的是,尽管《伯尔尼公约》没有专款规定思想与表达二分原则,但《伯尔尼公约》已经将该原则视作"作品"概念的必要组成部分。克洛德·马苏耶在其著作《〈伯尔尼公约〉指南》对思想与表达二分原则进行了详细的阐释。参见[匈]米哈依·菲彻尔:《版权法与因特网》(下),郭寿康、万勇、相靖译,中国大百科全书出版社2009年版,第666页。

⑤ [美]莱曼·雷·帕特森、斯坦利·W.林德伯格:《版权的本质:保护使用者权利的法律》,郑重译,法律出版社2015年版,第156页。

字内容，将人工智能生成内容认定为著作权法意义上的作品将掣肘著作权法的价值追求。著作权法的目标是明确的，著作权法总会给作者提供合理使用他人作品、共享他人作品思想等机会。只不过，著作权法要求作者在享有著作权益之前需要付出独立且富有创造性的努力，如此才能在特定期限到来时将创造性努力注入公有知识领域。著作权法正是以此将低质量信息阻却在著作权保护范围之外，最终实现共有知识质量的整体提升。反之，就极易导致各种事实和信息都可成为受著作权法保护的作品，尽管此时有利于版权消极共有模式的构建①，但是，数量极其丰富而质量极其低下的所谓"作品"只会在降低公有知识水平的同时，大量消磨具有作品创作抱负个体的时间与精力，最终使"劣币驱逐良币"现象出现在文化领域。所以，著作权法追求价值的方式就在于运用制度手段保障作者"作品"创作前与创作后的个人权益，同时，在严格把控个人与公共知识领域互动中实现知识水平的整体提升。很明显，将人工智能生成内容视为作品有违著作权法的价值追求。虽然贝叶斯、隐马尔可夫、深度学习等数字模型研究开发是为了人工智能能够拥有人类的"思考"能力，但建立人工智能的目的是减轻人们的生命负担②，而非使其成为作品创作主体。人工智能内容生成的过程源于纯粹的技术因素，并没有给人类留出自由表达的空间。人类对人工智能生成内容几无控制力③，人的创作性努力、个性主张、情感等也并未注入生成内容。将人工智能生成内容视为作品将不利于个人乃至社会整体知识水平的提升。

五、人工智能生成内容应作为信息权保护的对象

（一）人工智能时代背景下信息权的理论价值

人工智能生成内容不是著作权法意义上的作品，其最终将通过互联网或者传统媒介以信息的形式传播，传播的信息将达致一定社会效果。信息权的既有立法例及其颇具时代意义的理论探索为人工智能生成内容的属性研究提供了理论支持。需要注意的是，信息的范畴较为广泛，并非所有信息都属于

---

① ［澳］彼得·德霍斯：《知识财产法哲学》，商务印书馆2017年版，第287页。
② Priyanka Bhattacharya, "Leveraging Legal Stringency on Artificial Intelligence Applications—A 'Copyright Law on Artificial Intelligence' Debate" (May 4, 2017). available at SSRN: https://ssrn.com/abstract = 2982626 or http://dx.doi.org/10.2139/ssrn.2982626, p. 3. 5. 39. last visited：2019-05-20.
③ Jean-Marc Deltorn and Franck Macrez, "Authorship in the Age of Machine learning and Artificial Intelligence," in The Oxford Handbook of Music Law and Policy, ed. Sean M. O'Connor (Oxford: Oxford University Press, 2019), p. 12.

第二章 基础数据要素的法律界分

信息权保护的对象[1]而有法律保护之必要。只有那些经过技术处理、人为作用（区别于人的智力创造）等直接或间接向初始信息注入人力、时间等资本后具有特定目的或价值（符合社会一般认知）的信息，才可成为信息权保护的对象而有法律保护之必要。也就是说，信息权保护的对象不同于知识产权意义上的信息。尽管有学者主张，任何知识的本质都是一种特定的优化信息[2]，信息覆盖了知识产权保护的客体，信息产权的核心实则是知识产权[3]，然而，就知识产权的客体与信息之间的关系而言，充分条件的合理性不意味着必要条件的合理性。诚如刘春田教授所言，"客观实在的信息区别于人的创造物（知识），信息不因人的研究、认识而改变，知识则是人类沟通思想与情感的工具"[4]。尽管知识产权的保护对象是非物质性的，蕴含着精神财富，具有可复制性、可广泛传播性，可同时被许多人使用等多种属性的"信息"[5]，但是，应该明确信息与知识产权的客体之间存在差异，尤其是在技术水平大幅提升，信息产业迫切需要大量信息（生产要素），且能够产出较多具有优越经济价值的信息的情况下。

在域外立法中，《俄罗斯联邦信息、信息化与信息保护法》即将信息视为独立于知识财产、物的一项新型的民事权利对象，并主张信息权利为所有权[6]。为了在数字、信息时代确认新型财富的归属与交易流转，《美国统一计算机信息交易法》也设立了以计算机获得、使用、访问的电子信息为对象的信息权。不过，美国的信息权并不是一项独立的权利，而是包含了专利权、

---

[1] 需要指出的是，学界对于民事权利客体与民事权利对象之间的关系多有研究。一种观点认为，民事权利客体与民事权利对象之间并不存在区别；另一种观点认为，民事权利客体与民事权利对象之间存在区别。本书认为，民事权利客体区别于民事权利对象，不论物还是债，背后反映的皆是人与人之间的权利义务关系。民事权利对象则是人与人之间的权利义务关系的具象表现。李永军：《民法总则民事权利章评述》，载《法学家》2016年第5期，第66页；温世扬：《民法总则中"权利客体"的立法考量》，载《法学》2016年第4期，第14-22页；郭明瑞：《关于民法典规定客体制度的几点思考》，载《政法论丛》2016年第1期，第46-52页；杨立新：《我国民事权利客体立法的检讨与展望》，载《法商研究》2015年第4期，第23-28页；李锡鹤：《民事客体再认识》，载《华东政法学院学报》2006年第2期，第34-43页；刘德良：《民法学上权利客体与权利对象的区分及其意义》，载《暨南学报（哲学社会科学版）》2014年第9期，第1-14页；熊文聪：《事实与价值二分：知识产权法的逻辑与修辞》，华中科技大学出版社2016年版，第43页；朱楠：《从权利对象和权利客体之别析外观设计专利权和版权的保护》，载《北方法学》2016年第5期，第61-68页。

[2] 郑成思、朱谢群：《信息与知识产权的基本概念》，载《中国社会科学院研究生院学报》2004年第5期，第41-49页。

[3] 郑成思：《信息、知识产权与中国的知识产权战略》，载《云南民族大学学报（哲学社会科学版）》2004年第6期，第24-30页。

[4] 刘春田：《知识财产权解析》，载《中国社会科学》2003年第4期，第109-121页。

[5] 张玉敏：《知识产权的概念和法律特征》，载《现代法学》2001年第5期，第103-110页。

[6] 齐爱民：《数字文化商品确权与交易规则的构建》，载《中国法学》2012年第5期，第75页。

著作权、控制信息的权利、阻止他人访问信息的权利等的集合权利①。可以看出，信息在互联网时代实现了质的利益增量，信息权的提出及其理论和实践的探索有着时代必然性，信息权的属性有其时代特殊性。区别于传统权利，且以多样表现的信息为对象，强调信息流动、分享与被利用的信息权，对于人工智能生成内容的属性探讨有着诸多启示意义。

(二) 人工智能时代背景下信息权理论的拓展适用

我国现行立法中尚未明确引入信息权②，既有的信息权理论研究颇具拓展空间。人工智能、大数据技术的发展，为信息权理论的拓展提供了绝佳的契机。在信息权的证立方面，有学者从信息社会快速发展的角度认为信息权作为一项新型权利有其必要性，但是视野更多地局限于个人信息保护领域③。既有信息权之对象具有局限性，侧重于关涉"个人"的特定信息范畴认知。传统信息权利的理论认知极易使特定主体依托于信息技术的优势转化为信息霸权和专制权④，如此有悖于信息技术时代的发展理念。本书认为，在人工智能时代背景下，以信息权保护人工智能生成内容在法理上具有合理性，同时，将人工智能生成内容纳入信息权保护的对象具有时代进步性。

1. 以信息权保护人工智能生成内容的合理性

实际上，以信息权保护人工智能生成内容是作为新型权利的信息权在人工智能时代发展出新内涵的过程。新型权利的生成需要满足权利生成的法理标准，如此才能避免权利泛化，确保权利的权威性。哈特曾经以"承认规则"为"不成文规则"向"法律"的进阶路径提供了指引，如果运用迁移对比的思维，会发现，提升"利益"为"权利"的过程何尝不是遵循了"承认规则"呢。具体言之，在哈特看来，科予义务之初级规则的社会结构存在着规则体系不确定的缺陷，作为衡量不成文规则是否具有权威性的承认规则有效弥补了这一缺陷。一个成熟的法体系中包含着一条承认规则，任何规则都要首先符合该条承认规则所提供的判准才能成为体系中的一员。从外部视角审

---

① 刘颖：《论计算机信息及计算机信息交易》，载《暨南学报（哲学社会科学版）》2008年第5期，第3-4页。

② 需要解释的是，信息权这一权利已然为学术界所证立、使用。不过，本书中的信息权不同于传统意义上的信息权。在信息与数据、个人信息与个人数据得以明确区分的基础上，本书在此处使用的信息权实为信息/数据权。也就是说，人工智能生成内容不仅限于信息，实际上还包括数据，因此，人工智能生成内容等同于人工智能生成信息/数据，那么，此处使用的信息权更多是广义上的信息权，是包含了数据权的信息权。

③ 余筱兰：《信息权在我国民法典编纂中的立法遵从》，载《法学杂志》2017年第4期，第22-31页。

④ 李俊峰：《"泛在网络"社会中的信息权利确认》，载《东方法学》2015年第3期，第47-59页。

视，承认规则存在于体系的实际运作之内且是一种"事实"，往往体现于法院、政府官员和一般民众对其判准的援引。从内部视角审视，承认规则在法体系内充当着尺度提供者的身份以判准其他规则，此时，鉴于其重要性，可称之为"法律"。从"事实"与"法律"内外两个视角审视承认规则使其渐次具象化。那么，如何具体把握承认规则呢？哈特以一般民众主张既有法律规则的效力为例进行了阐释："第一，当一个人很严肃主张某项法律规则是有效的时候，他本人正在使用着他自认为妥当并已然接受的规则来鉴别法律；第二，他所采用的承认规则不仅仅代表着只有他自己接受，同时暗含着也被社会所普遍接受，并在该法体系运作中被采用。"[①] 由此可知，承认规则实则就是既有法体系为了确保自身形式规则之完善、实质效果之达致，从自身规范精神中抽象出的具有较高要求标准的衡量规则，对社会发展过程中出现的大量的可能成为"法律"的所谓"规范"进行过滤处理，避免法体系自身的随意扩容与陈旧衰落。"承认规则"对于有效拦阻利益向权利范畴的涌动，避免权利泛化同样重要。若将哈特抽象且原则的"承认规则"具体化，可知：其一，在"法律"上，承认规则并非脱离了既有法体系以形而上的方式存在，需要与既有的法体系在精神价值上保持一致；其二，在"事实"上，承认规则所彰显的价值意蕴已然为社会所普遍认同。

很明显，以信息权保护人工智能生成内容也符合这两点要求，在法理上有其合理性。具体言之，第一，信息权在"法律"上并非独立于既有权利体系，而是向既有权利体系的一种价值回归；第二，信息权所欲保护的价值并非个性彰显，而是"事实"上已然在社会公众中达成的共识表征，关于如何给予人工智能生成物充分法律保护的多番理论和实践尝试即可说明这点，且移动互联网终端与数字技术的普及已经促使人们对于信息的价值普遍认同。所以，以信息权保护人工智能生成内容，在法理上符合由"承认规则"具象出的"法律"与"事实"标准，具有合理性。

2. 人工智能生成内容作为信息权对象顺应了时代的发展

在马克思、恩格斯看来，物质的生产方式制约着社会生活、政治生活和精神生活的过程。深刻理解与之相对的时代的物质条件是理解历史上出现的一切社会关系、国家关系、宗教制度和法律制度的前提与基础。经济基础的变化会使上层建筑或慢或快地发生变化[②]。所以，法律的本质只不过是人们在物质生活的生产方式中所形成的社会关系的表现形式。从这层意义上来看，

---

① ［英］哈特：《法律的概念》（第二版），许家馨、李冠宜译，法律出版社2017年版，第83-112页。

② 高放等主编：《马克思恩格斯要论精选》（增订本），中央编译出版社2016年版，第233-234页。

理论层面获得证立的信息权在属性上应该与时代发展相契合，亦应表现出其独特性。如此，将人工智能生成内容作为信息权对象顺应了时代发展。具体言之，其一，信息权的主体多元。信息天然蕴含着丰富的经济利益与人格利益，互联网、大数据①等技术的发展及普遍运用，已然使经过加工处理之后形成的信息成为数字产业的重要资产。技术分析处理之后的信息甚至可以对个体进行数据画像，直接呈现个人人格。流动着的信息会受到不同主体的不同处理，同时，也会有不同的价值体现。确保信息顺畅地动态流转、共享，亦可情景化地关联着彰显出特定价值的信息与信息主体，以此科学配置信息主体的信息权利与义务。其二，信息权的对象多样。人工智能技术的勃兴使信息未必经由人而产生，尽管如此，需要注意的是，信息本是一个宽泛概念，尽管信息权的对象多样，但这并不意味着所有信息都属于信息权的对象。只有涉及他人利益之信息才应该受到信息权之规范。其三，信息权的权能独特。就信息的保护与价值实现而言，传统权利模式逐渐式微。虽然同样具有无形属性，但具有较强技术依赖的信息明显有别于蕴含且彰显着人之精神、人格的智慧成果（知识产权的对象）。同时，互联网、大数据时代重塑了人们的经济发展理念，独享式的经济发展模式悄然被共享式的经济发展模式所取代。与此同时，强调占有、控制与积累的实体性财产法权观念正在向注重分享、流通与利用的虚拟性信息财产法权观念转变②。绝对的专属权利保护模式可能会促进信息的发展，不可忽略的是，这一模式也容易对那些基于信息要素才能良好发展的市场主体造成严重阻碍③。因而，信息权的权能较为强调信息的分享、流通与利用等。

（三）人工智能生成内容作为信息权对象的属性论断

人工智能的发展并非孤立，往往依托于算法的迭代演进及大量信息及数据的喂养。互联网的普及与移动智能终端的大量使用不仅丰富了信息来源，也丰富了来源信息。即便有学者指出，互联网使信息超载常态化，过度信息赋权将抑制网络空间的正常发展，信息来源与传播的异常复杂性也使信息权利的确立不易实现④。但是，信息的流动性、不易占有性、自身蕴含的多元价

---

① 2015年国务院发布的《国务院关于印发促进大数据发展行动纲要的通知》指出，大数据成为推动经济转型发展的新动力……大数据推动生成要素的网络化共享、集约化整合……不断催生新业态……大数据产业成为新的经济增长点，将对未来信息产业格局产生重要影响。

② 马长山：《智能互联网时代的法律变革》，载《法学研究》2018年第4期，第30页。

③ Saiz Garcia, "Concepcion, Las obrascreadasporsistemas de inteligencia artificial y suproteccciónporel derecho de autor（AI Created Works and Their Protection Under Copyright Law）," InDret 1（Jan. 2019）: 34-35. Available at SSRN: https://ssrn.com/abstract=3365588, last visited: 2019-5-31.

④ 杨宏玲、黄瑞华：《信息权利的性质及其对信息立法的影响》，载《科学学研究》2005年第1期，第35-36页。

值属性，都使信息权利区别于传统权利，也打破了"有权利就必然存在相对应的义务"①的传统民法理论认知。不过，信息权利并非凭空而来，而是脱胎于既有的权利制度与权利概念，与传统权利存在诸多牵连，带有原法定权利的痕迹②。申言之，信息主体权利的边界抑或信息主体义务的起点是他人关涉信息的权利领域，信息权利除了保护信息主体的权益之外，还受涉及他人人格、财产等权益保障的制衡，亦需要允许信息在特定情形下的自由流动、传播、分享与被利用。由此，具有大数据时代印记的信息权利区别于传统权利，是以不同表现的信息为对象，蕴含着适度人格权益、充分财产权益等多种权益客体的，强调信息流动、分享与被利用，因他人权利而自我设限的综合性权利。本书认为，如此论断可有效解决因时代发展而造成的规范难题。民事法律关系对象的范围受到一定生产力与社会历史条件的制约，生产力的发展确保了其范围在不断扩大③。人工智能生成内容正是生产力快速发展的见证与阶段性成果。在既有民法法律关系对象不能统摄与规范的情况下，作为信息权之对象有其时代必要性。

六、人工智能生成内容作为数据要素的价值基础

经过上文的论证可知，人工智能生成内容本质上属于信息，实为信息权利之对象。在此基础上，本书进一步认为，"人工智能生成内容本质上属于信息"之"信息"实为广义上的信息，除了包括表征特定价值的信息之外，还包括表征特定价值的数据。事实上，这也更加符合人工智能生成内容的产生机制。一言以蔽之，人工智能生成内容属于信息/数据，来源于信息/数据，旨在传播信息/数据。与此同时，将人工智能生成内容作为信息权利之对象，能够在有效激励更高价值信息/数据生成、保障多元信息/数据价值实现的基础上，更有利于持续供给可交易数据要素，更好地规范及促进数据要素交易。

一方面，将人工智能生成内容作为信息权利之对象，会激励更高价值信息/数据的生成，进而更有利于持续供给可交易数据要素。在历史上，信息/数据的供给从未满足过信息/数据的需求④。现代科技不仅对信息/数据有着更大体量、更加多元的需求，也使社会生活中原来不被人所认知或不易为人所控制的信息/数据变成了权利设定的对象⑤。借助于技术手段，将人工智能生

---

① 尹田：《民法思维之展开》，北京大学出版社2014年版，第10页。
② 李晓辉：《信息权利研究》，知识产权出版社2006年版，第61页。
③ 马俊驹、余延满：《民法原论》，法律出版社2011年版，第66页。
④ [美] 丹尼尔·黑德里克：《追溯信息时代》，崔希芸等译，河北出版传媒集团、河北教育出版社2016年版，第10-11页。
⑤ 吴汉东：《知识产权多维度学理解读》，中国人民大学出版社2015年版，第678页。

成内容视为已获权利证立的信息权之对象，不仅具有实现可能性，也会因对信息主体的赋权促使其投入更多人力、时间成本以生成更多价值信息/数据。无疑，这些信息/数据是完全具备作为可交易数据要素的条件的，且可持续地供给可交易数据要素。

另一方面，将人工智能生成内容作为信息权利之对象，可保障多元信息/数据价值的实现，进而更有利于规范及促进数据要素交易。人工智能能够基于特定目标价值设定，使初始信息/数据转化为蕴含特定人格权益与财产权益的信息/数据。不仅如此，经由人工智能转化的信息/数据，还具有极高的数字产业价值，能增进社会公众福利、助力国家治理。可以说，从规范意义上来讲，具有独特内涵与外延的信息权利，能够很好地兼顾多元主体对于信息/数据的需求。申言之，不论人工智能生成内容将被用于何种目的，欲实现何种价值，信息/数据的不易占有性、公共产品等特性，与自身蕴含着多元权益且权益较为隐蔽的属性，都直观反映出人工智能生成内容受信息权利规范的必要性。经由人工智能转化的信息/数据，只有经过颇具实效的信息权利规范后，才能够更好地兼顾关涉信息/数据的多元权益，才能够使数据要素在信息/数据面向上更具合规性，进而更有利于数据要素的市场交易。

第四节　界分基础数据要素的法律意义

众所周知，作为基础可交易数据要素的个人信息、个人数据及信息/数据的价值相对有限，难以广泛地用于数据要素交易，若要使个人信息、个人数据及信息/数据成为可交易数据要素，就需要借助人工智能等技术手段，按照一定目标价值予以深度加工处理。即便如此，将个人信息、个人数据及信息/数据作为基础可交易数据要素予以界分仍然具有理论意义与现实意义。

一、有效消减数据要素交易的法律风险

数据要素市场存在着"一管就死、一放就乱"的现象，而"一刀切、齐步走"的政策会遏制数据要素流通效率[①]。数据要素交易市场若要获得良好发展，就需要给予其相对宽松的自由发展环境，但这并不意味着任由数据要素交易市场野蛮发展。在本书看来，数据要素终归是由信息/数据组合而成，且历经信息/数据采集、信息/数据存储、信息/数据处理、信息/数据应用，信息/数据的可复制性会使数据要素存在转售或泄露风险，与此同时，若数据要

---

① 沈校亮、钱倩文：《基于价值与风险整合视角的数据要素治理困境与防范机制研究》，载《信息资源管理学报》2023年第6期，第21页。

素中涉及非法信息/数据，或涉及个人隐私、商业秘密等，将会造成多方面损害后果①。在这种情况下，界分基础数据要素无疑可有效消减可交易数据要素可能存在的法律风险。具体而言，在形式上，可交易数据要素一定是具有特定目标价值的数据产品或者数据集合等，不过，可交易数据要素并非凭空产生，而是个人信息、个人数据、信息/数据等基础数据要素在人工智能等技术作用下的产物。这也就决定了可交易数据要素在实质上是由已然脱离基础数据要素范畴的可交易数据要素，与那些仍处于基础数据要素范畴的个人信息、个人数据、信息/数据等共同构造而成。这也就意味着，可交易数据要素可能存在的法律风险并非单纯由可交易数据要素最终决定，蕴含在可交易数据要素中的基础数据要素存在的，诸如匿名化失效等技术手段无法真正消解的风险等，亦是可交易数据要素不可忽略的法律风险。因此，通过明确界分基础数据要素的类别，就能够在基础要素层面有效识别并消减可交易数据要素存在的可能法律风险。

二、极力延拓信息/数据主体的自由意志

在数据要素交易场景中，信息/数据只有依赖市场机制才能成为关键的生产要素，市场主体也只有探索出更加灵活多样的市场交易模式，才能够提升数据要素交易效率②。此时，在数据要素交易的法律制度构造上，只有给予市场主体以更大自由度，才能够激发数据要素市场交易模式的探索潜力。与此同时，考虑到信息/数据主体有着高度自觉的风险防范意识，同时也是不容忽略、体量庞大的治理力量，理应作为治理数据要素交易市场，继而防范各式风险的协同治理主体深度参与数据要素交易市场。本书认为，需要依靠关联信息/数据主体的自由意志约束市场主体的自由度，如此，即可在市场主体与关联信息/数据主体之间达成一种平衡，也可使市场主体的自由度始终处于一种"合理"状态。在具体制度构造上，可借助基础数据要素，将信息或数据主体的自由意志，极力延拓至可交易数据要素。在实践中，一旦数据要素成为可交易数据要素被固定下来，可交易数据要素就会覆盖基础数据要素，使原本就对可交易数据要素形成机理不甚明了的信息或数据主体，更加难以通过自主意志保护关涉个人的信息或数据权益。与此同时，信息或数据主体也只会更加难以通过自主意志防范关涉个人的信息或数据权益侵害风险。此时，若将基础数据要素予以类型划分，并明确不同种类的基础数据要素的主体，

---

① 李金璞、汤珂：《论数据要素市场参与者的培育》，载《西安交通大学学报（社会科学版）》2023年第4期，第79-83页。
② 欧阳日辉：《数据要素流通的制度逻辑》，载《学术前沿》2023年第3期，第16页。

就可以强化关联主体在可交易数据要素的交易场景中对基础数据要素的法律风险防范意识，并以此将信息或数据主体的自由意志延拓至可交易数据要素的形成阶段与交易阶段。

三、强化数据要素交易的合规体系构造

众所周知，数据要素若要具备市场交易的基本条件，不仅需要数据需求方及数据供给方等关联主体依托数据生产平台或数据管理系统实现数据的产品化，同时还需要通过一系列技术手段与制度应用使之具有准确性、完整性、规范性等属性[①]。即便如此，依托基础数据要素高效保障数据要素交易合规，以此实现数据要素市场秩序之稳定以及数据要素市场运行之持续仍然十分必要。将基础数据要素从可交易数据要素中区别开来，会使可交易数据要素在数据要素的交易场景中获得双重保护。第一重保护来源于基础数据要素主体，信息或数据主体作为最直接的利益关联主体，不仅有着较高的信息或数据权益保护需求，也有着较高的信息或数据风险的责任规避意识，这会极力督促可交易数据要素的生成主体与交易主体尽到保护义务，确保基础数据要素的处理及交易合规。第二重保护来源于可交易数据要素主体，可交易数据要素在生成、交易及使用阶段会经历不同的主体，而不同主体会基于不同的价值追求，选择保存可交易数据要素，抑或对可交易数据要素采取不同程度的处理。此时，通过明确可交易数据要素主体在不同场景中的权利、义务及责任，就可使可交易数据要素获得完满保护，继而使可交易数据要素的处理与交易合规。得到完满保护的可交易数据要素能够有效降低交易风险，继而确保数据要素市场的秩序稳定与持久运行。

[①] 赵正、郭明军、马骁、林景：《数据流通情景下数据要素治理体系及配套制度研究》，载《电子政务》2022年第2期，第45页。

第三章　可交易数据要素的产权配置

  明晰的数据要素产权是数据要素交易须优先解决的难题①。数据要素产权旨在确立并维护数据要素价值，考虑到数据要素产权对象（经过不同程度处理）是差异化数据组合形式，来源数据关联个人与互联网企业等，具有较强的场景价值属性，且数据是具有非竞争属性与经济属性的公共产品，难以被单一主体所独占，而一旦被独占将导致市场失灵②。同时，数据要素流通与数据要素产权并非对立，数据要素流通并不等同于转让数据要素所有权，而是如何更好地访问、使用共享数据集③。数据要素产权并非绝对意义上的权利，而应是有限度且融入个人利益的权利④，因为，如无个人深度参与互联网场景，数据要素产权对象将失去广泛的数据来源，数据要素产权的价值也会因缺失人格属性而大打折扣。同样，如无互联网企业深度参与互联网场景，数据要素产权对象就只会存在于原始数据的集合阶段，数据所蕴含的价值更是难以被深度挖掘。因此，数据要素产权是关乎个人与互联网企业的产权，在产权配置上应该兼顾个人与互联网企业。同时，在数据要素产权的权能设计上应以促进数据要素流通、关联场景安全、数据权益保障为关键。不可否认，数据要素价值与场景紧密关联，但作为可定价、可交易的数据要素产权对象，在表征上应相对特定，在价值上应相对稳定。如此，方可基于数据要素产权对象，形成数据要素定价，进而可基于数据要素产权，达成数据要素交易。

---

  ① 欧阳日辉、龚伟：《基于价值和市场评价贡献的数据要素定价机制》，载《改革》2022年第3期，第50页。
  ② Alain Marciano, Antonio Nicita& Giovanni Battista Ramello, "Big data and big techs: understanding the value of information in platform capitalism," European Journal of Law and Economics 50（2020）: 349.
  ③ 何航：《企业数据安全合规治理的关键问题与纾解》，载《贵州社会科学》2022年第10期，第128页。
  ④ 金耀：《数字治理逻辑下数据财产权的限度与可能》，载《暨南学报（哲学社会科学版）》2022年第7期，第29页。

第一节　从基础数据要素到可交易数据要素

数据要素从基础数据要素到可交易数据要素的过程，正是个人信息、个人数据及信息/数据在人工智能等技术的作用下逐渐形成并释放经济价值的过程。数据或信息若要成为数据要素，就需要经过要素化的处理过程，包括采集、传输、计算、存储及分析等过程，以知识或者信息的形式在决策、管理、生产等领域发挥重要作用①。此亦是基础数据要素从蕴含着经济价值的数据资源，向具有特定经济价值的数据资产或数据产品等可交易数据要素的演进过程。在一定程度上，可将基础数据要素视为数据资源，数据资源是指那些经过加工处理后能够体现特定经济价值的数据②。在形式上，数据资源是可能被利用或者是可利用的数据集合，此数据集合亦可理解为个人信息、个人数据及信息/数据的集合。相较于传统资源，数据资源具有无形性、可变性、社会性及共享性③。据国际数据公司测算，2025年中国生成的数据总量将达到48.6ZB，在全球数据总量的占比高达27.8%，对国内生产总值的年均贡献率将达到1.5%至1.8%④，但不容乐观的是，在实践中，我国真正开放、共享及使用的数据量极其有限⑤。究其原因，这里既有关涉人格利益的个人信息尚未得到妥善保护的缘由，也有关涉经济利益的个人数据尚未得到合理产权配置的缘由，亦有关涉其他多元利益诉求的信息/数据尚未得到合理保护的缘由。

与此同时，可交易数据要素在一定程度上可被视为数据资产。在西方经济学理论中，资产是指具有经济价值的无形权利或有形财产，可以说，有价值的经济资源是资产的本质属性⑥。随着数据资源被广泛开发利用及数据价值被普遍认可，数据逐渐成为个人、互联网企业及政府的一项重要资产⑦。数据

---

①　黄奇帆、朱岩、邵平：《数字经济内涵与路径》，中信出版集团2022年版，第143页；李金璞、汤珂：《论数据要素市场参与者的培育》，载《西安交通大学学报（社会科学版）》2023年第4期，第78—89页。

②　《彻底搞懂数据资产、数据资源、数据管理、数据治理等概念的区别》，https://baijiahao.baidu.com/s?id=1753454020744903308&wfr=spider&for=pc，访问时间：2023年8月13日。

③　来小鹏：《用好数据要素，需理解数据资源持有权基本内涵》，https://m.gmw.cn/baijia/2022-09/05/36003583.html，访问时间：2023年8月13日。

④　高振福：《深化数据资源开发利用》，《光明日报》2023年3月23日第15版。

⑤　《专家："数据二十条"破解数据资源化中的基础难题》，https://baijiahao.baidu.com/s?id=1752824960252094703&wfr=spider&for=pc，访问时间：2023年8月13日。

⑥　韩秀兰、王思贤：《数据资产的属性、识别和估价方法》，载《统计与信息论坛》2023年第8期，第4页。

⑦　黄奇帆、朱岩、邵平：《数字经济内涵与路径》，中信出版集团2022年版，第141页。

资产作为数据资源的子集,一是本身能够产生价值,二是可帮助现有产品实现收益增长①,也就是说,数据资产在由特定主体拥有或控制之同时,能够给特定主体带来经济利益②。数据资产具有能确权、收益性、独占性、时效性、不确定性、冗余性③、可阅读、易理解、可计量、可管控、可增值等特征④。值得注意的是,从数据资源至数据资产的过程可称之为数据资产化,这一过程也正是基础数据要素到可交易数据要素的过程,而数据资产化也就是从数据资源到表征为各类形态的数据产品⑤,及各式各样数据服务的过程⑥。申言之,在数据要素交易实践中,可交易数据要素不仅存在着以非结构化数据、结构化数据及半结构化数据等数据的客观表现形式⑦,还存在着出售结构化数据集、应用分析、算法模型、应用程序接口订阅等数据服务⑧,而将数据、数据服务及数据产品作为交易标的物的数据交易中介机构分别占71%、57%及71%⑨。

然而,不论是数据资源还是数据资产,不论是基础数据要素还是可交易数据要素,都是数据汇聚产生的结果,只不过,数据的自然维度呈现为数据资源或基础数据要素,数据的经济维度则呈现为数据资产或可交易数据要素⑩。值得注意的是,在数据要素交易实践中,基础数据要素也并非与可交易数据要素处于非此即彼的状态,从买方市场角度来看,相较于原始数据,虽然成品数据可以为数据要素需求方节省数据的处理步骤,但这并不利于满足需求方个性化、多样化的现实数据需求⑪。与之相对的是,从卖方市场角度来

---

① 张平文、邱泽奇:《数据要素五论——信息、权属、价值、安全、交易》,北京大学出版社2022年版,第258页。
② 参见《数据资产是什么》,https://www.sgpjbg.com/news/32756.html,访问时间:2023年8月13日。
③ 参见《数据资产是什么》,https://www.sgpjbg.com/news/32756.html,访问时间:2023年8月13日。
④ 参见《详解数据资产的8大重要特征》,https://www.esensoft.com/industry-news/data-governance-6109.html,访问时间:2023年8月13日。
⑤ 参见《数字经济下,资产管理模式,有什么特点吗?》,https://baijiahao.baidu.com/s?id=1726268416338165296&wfr=spider&for=pc,访问时间:2023年8月13日。
⑥ 于施洋、王建冬、黄倩倩:《论数据要素市场》,人民出版社2023年版,第133页。
⑦ 范渊、刘博主编:《数据安全与隐私计算》,电子工业出版社2023年版,第187页。
⑧ 李金璞、汤珂:《论数据要素市场参与者的培育》,载《西安交通大学学报(社会科学版)》2023年第4期,第78-89页。
⑨ 朱云帆:《我国数据交易统一大市场发展现状与路径思考》,载《电子技术应用》2023年第5期,第48页。
⑩ 范渊、刘博主编:《数据安全与隐私计算》,电子工业出版社2023年版,第187页。
⑪ 王琪:《打通数据交易所壁垒,构建统一数据交易市场——基于对数据交易所的比较分析》,载《中国电信业》2023年第1期,第31页。

看，在买方的现实需求下，卖方为了获取经济利益只能极力迎合买方。对此，有学者一针见血地将数据要素划分为四个层面，0 阶数据是原始数据，1 阶数据是脱敏数据，2 阶数据是模型化数据，3 阶数据是人工智能数据①。究其原因，在很多数据场景下，个人信息、个人数据及信息/数据是政府数据或互联网企业数据的组成颗粒②，其中，数据更多是作为新型的生产要素，信息则更多是数据价值的传递链条③。可交易数据要素不仅包括加工处理数据、信息之后形成的数字产品，甚至在特定场景下还包括作为基础生产要素的数据与信息，并以前者为主④。

第二节　深度剖析典型数据要素产权理论

数据要素的价值实现形式包括数据资源、数据资产、数据商品、数据资本等等，其中，数据要素由"数据资源"至"数据资产"至"数据商品"再至"数据资本"的过程，实质是从"潜在价值"到"价值创造"到"价值实现"再到"价值增值（倍增）"的过程⑤。在此过程中，如果没有行之有效的数据要素产权制度，数据要素将难以真正自由流通，数据要素也将失去价值生成基础。可以说，数据要素产权制度不仅是提升产业竞争力的动力源，还是协调相关市场主体利益的必要条件，更是理清数据要素流通边界的根本途径⑥。那么，关于数据要素产权，有两个问题无法回避、亟待明确，一是数据要素产权配置的是什么，二是数据要素产权应该如何配置。

一、数据要素产权属性的典型理论评析

（一）"财产权说"的理论概述

对于第一个问题，"财产权说"是通说观点且在实践中得到认可。在"财产权说"看来，数据不仅具有可确定性、客观实在性及财产属性，还可作为

---

① 于施洋、王建冬、黄倩倩：《论数据要素市场》，人民出版社 2023 年版，第 43 页。

② 张平文、邱泽奇：《数据要素五论——信息、权属、价值、安全、交易》，北京大学出版社 2022 年版，第 113 页。

③ 张平文、邱泽奇：《数据要素五论——信息、权属、价值、安全、交易》，北京大学出版社 2022 年版，第 49 页。

④ 王茜：《商法意义上的数据交易基本原则》，载《政法论丛》2022 年第 3 期，第 122 页。

⑤ 李海舰、赵丽：《数据生成生产要素：特征、机制与价值形态演进》，载《上海经济研究》2021 年第 8 期，第 48 页。

⑥ 王伟玲、吴志刚、徐靖：《加快数据要素市场培育的关键点与路径》，载《经济纵横》2021 年第 3 期，第 41-42 页。

交易客体在市场上流通，对此，建立财产权性质的数据要素产权具有正当性[1]。"财产权说"认为，数据是信息的物理表达，数据权利的本质是信息权利[2]，若将数据要素产权置于法学语境下，实则等同于数据财产权，包括控制、处理、处分及收益这四项权能[3]。也有学者认为，数据财产权的内容是持有、利用、收益和处分[4]。总之，数据财产权的创设旨在为私法领域调整数据财产归属和利用的民事关系提供新的制度产品[5]。若从经济发展的角度来看，"财产权说"把数据视为一种商品，所谓的数据权就应该是一种财产权，是数据所有者对特定数据享有的自主控制、自主决定、处理及收益的权利[6]。不仅如此，"财产权说"还将个人信息保护置于数据要素产权转让、保有及利用之前，这样不仅不会与个人信息保护相冲突，还能有效发挥个人信息的财产价值[7]。对此，《深圳经济特区数据条例》第五十八条"市场主体对合法处理数据形成的数据产品和服务，可以依法自主使用，取得收益，进行处分"的规定，正是"财产权说"的一次理论实践。

不过，虽然"财产权说"将数据要素产权与数据财产权等而视之，但"财产权说"已然认识到数据客体的特殊性及数据财产权体系的差异性，并主张应将数据要素产权作为"新型财产权"[8] 予以保护[9]。对此，有观点认为应将数据财产权归入无形财产权体系[10]。有观点认为应将数据财产权确立为与知识产权、物权相并列的第三类对世性财产权利，旨在保护数据处理者合法劳动成果[11]。对此，"财产权说"在理论上有所更新，主张通过"数据来源权"与"数据利用权"来构建数据财产权，其中，"数据来源权"是原始贡献主

---

[1] 刘文杰：《数据产权的法律表达》，载《法学研究》2023年第3期，第36页。
[2] 肖建华、柴芳墨：《论数据权利与交易规制》，载《中国高校社会科学》2019年第1期，第85页。
[3] 李爱君、夏菲：《论数据产权保护的制度路径》，载《法学杂志》2022年第5期，第19-20页。
[4] 陈星：《数字时代数据产权的理论证成与权利构造》，载《法商研究》2023年第6期，第75-88页。
[5] 吴汉东：《数据财产赋权的立法选择》，载《法律科学（西北政法大学学报）》2023年第4期，第44-57页。
[6] 於兴中：《数字素养——从算法社会到网络3.0》，上海人民出版社2022年版，第77页。
[7] 王叶刚：《企业数据权益与个人信息保护关系论纲》，载《比较法研究》2022年第4期，第33-44页。
[8] 程啸：《论数据产权登记》，载《法学评论（双月刊）》2023年第4期，第137页。
[9] 李爱君、夏菲：《论数据产权保护的制度路径》，载《法学杂志》2022年第5期，第17页。
[10] 锁福涛、潘政皓：《数据财产权的权利证成：以知识产权为参照》，载《中国矿业大学学报（社会科学版）》2023年第3期，第61-72页。
[11] 张新宝：《论作为新型财产权的数据财产权》，载《中国社会科学》2023年第4期，第144-163页。

体对数据要素享有的权利,数据来源者在先权益应该获得尊重与保护①,"数据利用权"则是权利人对数据要素享有的处分、开发等权利②。值得注意的是,在数据要素产权主体方面,"财产权说"通常认为,数据要素产权主体应是数据劳动者③。也有观点认为互联网企业更应该成为数据要素产权主体。因为,作为一种重要的新型生产要素,互联网企业数据因具备财产属性而具有赋权的正当性,有必要通过建立数据共享制度与兼顾其他数据产业者的数据使用权益来构造互联网企业数据财产权④。

(二)对"财产权说"的理论评析

虽然"财产权说"是主流理论观点,但"财产权说"并非全然受到理论界的支持,也有学者质疑"财产权说"的合理性。比较激进的观点就指出数据确权并没有任何意义,所谓的数据产权并不同于传统的产权或者财产权概念,而是更加聚焦数据流通、淡化数据所有权、强调数据使用权⑤。也有学者认为,数据财产权的制度设计与数字经济的运行逻辑相悖,将引发数据垄断、威胁个人隐私、难以分配权利等困境⑥。相对缓和一点的,对"财产权说"的属性提出了较为灵活的看法,如有的学者就指出,数据并非所有权而是用益权,数据上的权益可以分割⑦,这实则是对"财产权说"属性的一次理论反思。也有学者提出,不论是数据产权还是数据财产权,都不应该是绝对权性质的权利,数据产权应该区别于数据财产权,数据财产权更加强调对数据的控制与支配权利,数据产权则应该以激励数据流转与数据生产为宗旨,以数据控制权为核心⑧,同时,应将个人的主体利益融入制度设计,将控制、访问、删除、携转等权利融入数据产权的权利谱系⑨。

---

① 王利明:《数据何以确权》,载《法学研究》2023年第4期,第56页。
② 许偲炜:《要素市场化配置下数据财产权制度的建构》,载《重庆大学学报(社会科学版)》2023年第1期,第255-267页。
③ 陈星:《数字时代数据产权的理论证成与权利构造》,载《法商研究》2023年第6期,第75-88页。
④ 冯晓青:《大数据时代企业数据的财产权保护与制度构建》,载《当代法学》2022年第6期,第104页。
⑤ 周汉华:《数据确权的误区》,载《法学研究》2023年第2期,第3-20页。
⑥ 付新华:《企业数据财产权保护论批判——从数据财产权到数据使用权》,载《东方法学》2022年第2期,第132页。
⑦ 秦泉:《各地相继设立交易所 抢滩数据交易市场》,《中国经营报》2022年11月21日第C01版。
⑧ 冯晓青:《数据财产化及其法律规制的理论阐释与构建》,载《政法论丛》2021年第4期,第81-97页。
⑨ 金耀:《数字治理逻辑下数据财产权的限度与可能》,载《暨南学报(哲学社会科学版)》2022年第7期,第29页。

不可否认，即便同是"财产权说"，也并非观点完全一致，不论是支持"财产权说"的观点，还是反对"财产权说"的观点，既有的关涉数据要素产权的理论观点皆从不同视角提出了较为新颖的创见，这对于数据要素产权的实践应用有着诸多助益。但不论如何，有一点是可以明确的，数据的流动性与共享性等典型特征已然使数据区别于传统意义上的财产，不论是数据要素产权还是数据财产权，在属性上并不完全等同于传统意义上的财产权，而具有较强排他属性的财产权也并不适于数据。可以说，数据要素产权与传统财产权的显著特点便是具有非排他性[①]。若强行将传统财产权理念及制度适于数据要素，只会加剧数据垄断并阻碍数据正常流通，同时强化数据权力继而导致关涉数据的多元权益失衡。对此，有学者提出数据要素产权难以被赋予所有权意义上的对世权与支配权，应分别针对公共数据、互联网企业数据、个人数据，赋予数据控制权、数据处理权、数据处分权及数据收益权，以构造数据动态流转式的数据要素产权制度[②]。事实上，欧盟立法者已然认识到数据产权化的弊端，创设数据访问权替代数据生产者权，旨在"解锁"数据而非"锁定"数据[③]。因此，不论是在理念上还是在制度构造上，数据要素产权应该始终围绕"明确持有"与"顺畅流通"来展开，在效果上追求既能够有效激发数据要素产权主体的"享有权能积极性"及"义务责任承担有效性"，又能够始终保障数据的顺畅流通以促使多元主体能够合理持有、合规处理数据，继而实现数据的多元效益均衡增长。

二、数据要素产权配置的典型理论再评析

（一）结构性分置理论概述

数据要素产权应该如何配置？对于这个问题，尽管不同观点在具体制度构造上有所差异，但基本可归入"结构性分置说"。"结构性分置说"以分置数据要素产权为手段，以实现不同主体的利益诉求为目的。有学者从数据原发者"所有权"与数据处理者"用益权"的角度分置数据要素产权，在"事实行为"与"继受方式"中确保数据财产权益均衡分配[④]。有学者借鉴我国农地"三权"分置制度，将互联网企业数据所有权归于公众，同时保证互联网企业的数据经营权，允许审核、登记结构化互联网企业数据交易，保障互

[①] 杨瑜娴：《从法律角度看建立数据产权制度》，《学习时报》2023年5月17日第3版。

[②] 冯晓青：《数字经济时代数据产权结构及其制度构建》，载《比较法研究》2023年第6期，第16-32页。

[③] 孔德明：《数据财产权到访问权：欧盟数据设权立法转型解析》，载《比较法研究》2023年第6期，第33-50页。

[④] 申卫星：《论数据用益权》，载《中国社会科学》2020年第11期，第111-131页。

联网企业数据的共享与私用①。值得注意的是，"结构性分置说"始终以贡献度确立数据权属，有学者采取双重授权原则及贡献度原则，优先确保公共数据权益与个人数据权益，继而按各方数据活动贡献度确立数据财产利益分配②，这既保护互联网企业的数据权益③，又有效激励多元主体参与市场发展④。也有学者提出数据共有制，相关方共有数据要素，同时按贡献度参与分配⑤。这一观点在官方文件中已然有所体现，国务院印发《"十四五"数字经济发展规划》明确提出要"探索建立与数据要素价值和贡献相适应的收入分配机制，激发市场主体创新活力"。

值得注意的是，随着《数字经济发展情况的报告》、《数据要素流通标准化白皮书》及《关于构建数据基础制度更好发挥数据要素作用的意见》的正式颁发，官方对于"结构性分置说"给出了相对明确的看法，以上官方文件提出探索数据产权结构性分置制度，建立公共数据、企业数据、个人数据的分类分级确权制度，及数据资源持有权、数据加工使用权、数据产品经营权等分置的产权运行机制。对此，有学者认为，数据要素产权制度设计应采取层级性思维，在尊重数据来源者初始数据所有权的同时，为数据采集、数据加工利用、数据产品交易构建数据资源持有权、数据加工使用权、数据产品经营权⑥。有学者认为，应在类型化区分公共数据、企业数据及个人信息数据的基础上，建立符合数据要素性质、数据价值创造与实现规律的结构性权利体系⑦。也有学者认为，"结构性分置说"具体表现为产权内容的结构性分置与产权客体的类型化实现，在产权构建上应不涉及个人数据，应以公共数据与企业数据为分类基础构建数据要素产权⑧。可以说，虽然"结构性分置说"已为官方正式认可，但其内涵有待进一步明确，其适用有待进一步探索。

---

① 黄细江：《企业数据经营权的多层用益权构造方案》，载《法学》2022年第10期，第96-111页。
② 包晓丽：《二阶序列式数据确权规则》，载《清华法学》2022年第3期，第60-75页；江小涓、黄颖轩：《数字时代的市场秩序、市场监管与平台治理》，载《经济研究》2021年第12期，第28页。
③ 姚佳：《数据要素市场化的法律制度配置》，载《郑州大学学报（哲学社会科学版）》2022年第6期，第43-50页。
④ 王伟玲、吴志刚、徐靖：《加快数据要素市场培育的关键点与路径》，载《经济纵横》2021年第3期，第42页。
⑤ 王益民：《关于建立中国特色社会主义数据共有制的研究》，载《行政管理改革》2022年第5期，第19-20页。
⑥ 申卫星：《论数据产权制度的层级性："三三制"数据确权法》，载《中国法学》2023年第4期，第26-48页。
⑦ 张新宝：《产权结构性分置下的数据权利配置》，载《环球法律评论》2023年第4期，第5-20页。
⑧ 张素华：《数据产权结构性分置的法律实现》，载《东方法学》2023年第2期，第73-85页。

（二）对结构性分置理论的再评析

不可否认，虽然"结构性分置说"能够有效改善数据要素产权模糊不清之弊，但也因未遵循数据要素的流通规律而略显粗糙。

一方面，"结构性分置说"忽略数据要素与场景之间的互动性，在一定程度上限制了数据要素产权的种类。虽然公共数据、企业数据及个人数据分别代表着不同属性的数据，但不可否认的是，同一个人数据在不同场景中就有可能成为企业数据或者公共数据。对此，有学者不无道理地指出，数据要素产权配置必须保持数据的可获取性或开放性，并认为数据来源者、数据使用者与数据持有者利益的协同并非基于客体界定，而是基于利益的权利配置框架[1]。可以说，同一数据所对应的数据要素产权并非固定不变，在不同场景中存在着不同情形的产权归属[2]，其中也不排除新衍生出的产权内容，这无疑会使公共数据、企业数据及个人数据的分类分级确权授权在实效上大打折扣，也必然会使事先约定数据要素产权归属的想法落空[3]。事实上，已经有学者认识到这一点，并明确指出企业数据产权并非不涉及个人数据，企业数据产权是个人数据依据产权交易规则转化的结果[4]。正因如此，贵阳大数据交易所出台的《数据确权暂行管理办法》，将可交易数据要素限定为"加工数据"而非"底层数据"，这实则通过限缩特定数据种类，回避了关涉数据要素产权的问题[5]。有学者甚至认为，在数据要素产权尚未清晰界定的情况下，数据要素交易应摒弃"先确权，后交易"的程式，通过界定不可交易与可交易的数据要素范围，探索性地开展数据要素交易[6]。

另一方面，"结构性分置说"过度赋予特定主体数据要素产权，不利于数据要素的正常流通与合理使用。"结构性分置说"将数据要素产权分置为数据资源持有权、数据加工使用权及数据产品经营权，同时，也将数据要素产权的对象明确为公共数据、企业数据及个人数据，这意味着不同种类的数据要

---

[1] 高富平：《数据持有者的权利配置——数据产权结构性分置的法律实现》，载《比较法研究》2023年第3期，第26-40页。

[2] 陈兵、郭光坤：《数据分类分级制度的定位与定则——以〈数据安全法〉为中心的展开》，载《中国特色社会主义研究》2022年第3期，第56页。

[3] 田杰棠、刘露瑶：《交易模式、权利界定与数据要素市场培育》，载《改革》2020年第7期，第23页。

[4] 许娟、黎浩田：《企业数据产权与个人信息权利的再平衡——结合"数据二十条"的解读》，载《上海大学学报（社会科学版）》2023年第2期，第1-19页。

[5] 肖建华、柴芳墨：《论数据权利与交易规制》，载《中国高校社会科学》2019年第1期，第90页。

[6] 孔艳芳、刘建旭、赵忠秀：《数据要素市场化配置研究：内涵解构、运行机理与实践路线》，载《经济学家》2021年第11期，第30页。

素都有可能成为数据要素产权的对象。不仅如此,"结构性分置说"是针对非公共数据打造"共同使用、共享收益"的制度模式,这意味着,只要是非公共数据之外的其他数据,就完全有可能被"结构性分置说"予以产权配置。事实上,不论是非公共数据,还是公共数据,抑或是企业数据与个人数据,并无明确的界分标准,只有将其置于特定场景,才能准确划分其类型。否则,同一数据在不同场景中将呈现为不同类别。基于此,同时又考虑到数据并不当然等同于有价值数据,只有经过特定主体加工、处理后的数据,才有可能成为具备特定价值的数据要素,而数据的传输成本及复制成本几乎可以忽略不计,数据的边际成本趋近于零[1],此时,互联网企业与政府皆具占有高质量数据并形成"数据垄断"的趋势[2],在这种情况下,数据要素的事前类别界分及产权分置,就易于成为互联网企业与政府垄断数据,强力拥有数据要素产权的"合理"依据,且进一步限制数据要素的正常流动[3]。事实上,理想的数据要素产权分配规则,应以耦合协调为原则,最大限度发挥制度结构的整体功能[4],同时,兼顾相关主体间的重大利益期待与合作激励[5]。很明显,"结构性分置说"因对数据要素的价值实现机制充满不信任,而以静态界分数据及配置产权的方式,使强势主体在数据要素产权配置上愈加强势。

第三节　区分数据要素的产权主体与投资主体

在数字经济时代,对于数据要素产权的制度理解不应该狭隘地局限于控制与独占等,而应该将数据要素产权作为激发数据流通与共享,继而持续提升数据价值的有效方式。不可否认,相较于个人,互联网企业对数据有着更高的评价,也能够使数据在价值上获得质的提升,但这并不能成为选择忽略个人合理获取数据价值的理由。况且,在数字经济时代,数字劳动力之强度已然随着网民规模的扩大而获得源源不断的提升。与此同时,数字劳动力的

---

[1] 冯科:《数字经济时代数据生产要素化的经济分析》,载《北京工商大学学报(社会科学版)》2022年第1期,第3页。

[2] 王锡锌、黄智杰:《公平利用权:公共数据开放制度建构的权利基础》,载《华东政法大学学报》2022年第2期,第62页。

[3] 梅夏英:《数据交易的法律范畴界定与实现路径》,载《比较法研究》2022年第6期,第13-27页。

[4] 魏益华、杨璐维:《数据要素市场化配置的产权制度之理论思考》,载《经济体制改革》2022年第3期,第46页。

[5] 包晓丽:《二阶序列式数据确权规则》,载《清华法学》2022年第3期,第65页。

"主体"范畴已然超出传统行业工业范畴①，而个人在整体数字经济发展中正是因数字劳动力"主体"的身份而处于数据要素供给者这一基础地位，不仅群体庞大、数据供给量充足，还能够持续提供数据价值，应该通过产权制度持续激发个人的数据供给动力，并依此挖掘个人的数据供给潜力。有鉴于此，在数据要素产权制度构造上，除互联网企业应该成为数据要素产权主体外，个人也应该成为特殊的数据要素产权主体。

一、区分数据要素产权主体与投资主体的法理基础

在实践中，互联网企业无时无刻不在揭示一种数字经济逻辑，那就是个人数据的经济利益经由互联网企业的数字劳动作用而升格为互联网企业的数据财产，个人在数据要素方面的经济利益"折损"已然与个人从互联网企业那里"获得"的优质、优惠服务达致平衡。不可否认，这一数字经济逻辑有其哲学基础，且能够证立互联网企业作为数据要素产权主体的合理性。但不容忽略的是，个人在数据要素价值形成与实现过程中，实则也发挥着不可替代的作用。在数据要素交易实践中，除了应赋予互联网企业以数据要素产权主体地位外，还应该试图赋予个人以特定主体资格，使其能够从数据要素中获取属于自己的那一部分利益。如此，方可从主体层面确保数据要素交易合规。

具体言之，洛克的劳动财产权理论以互联网企业的劳动行为为切入点，为互联网企业享有数据财产权利提供了哲学层面的支撑。17世纪，英国思想家洛克提出关于私有财产权的正当性的自然法则。"虽然自然的东西是给人类共有的，但是人是自己的主人，是其自身和自身行动或劳动的所有者，因此本身就是具有财产权的重大根据"，"每个人都对自己的人身享有所有权。他的身体所从事的'劳动'和他双手所做的'工作'，是正当属于他的。那么，无论他使什么东西脱离自然所提供的状态，他就使他的劳动与之混合了，使它成为自己的财产，因此而排除了其他人的共同权利"②。一言以蔽之，"上帝将世界赠予人类所共有；每个人对其人身享有所有权；每个人的劳动属于他本人；当人们将他的劳动与处于共有状态的某个东西混合之时，他便因此取得该东西的财产权，但还需给旁人留有足够且同样好的东西；人们不能

---

① 参见《数字劳动资料是数字劳动的工具，也是数字化时代的技术标尺》，https://baijiahao.baidu.com/s?id=1760948220875522805&wfr=spider&for=pc，访问时间：2023年8月2日。
② 约翰·洛克：《政府论两篇》，赵伯英译，陕西人民出版社2004年5月版，第145-158页。

从共有状态中占取比其享用还多的东西"①。名义上属于个人所有的个人数据如洛克笔下所谓的"自然的东西",在互联网空间以变动不居的状态存在着。互联网企业通过多种合法的渠道获得个人数据之后并不能立马获取其中的价值,而是必须借助大数据等技术手段"劳动"于个人数据之上,在互联网企业的"劳动"与个人数据这一"自然的东西"结合之后,互联网企业在法理上就突破了个人数据的经济利益层面的局限继而对"加工"之后的个人数据享有财产性权利。

  以互联网企业的劳动对象为切入点,马克思主义哲学为互联网企业享有数据财产权利提供了哲学层面的支撑。在马克思看来,"当使用价值超过了消费的需求量时,它才不再是使用价值而变成了交换手段,变成了商品"。除此之外,马克思对商品的概念界定还从使用价值的角度进行了限定,即"商品所有者交换的商品必须对双方是使用价值,而每一商品必须对它的非所有者是使用价值"②。由此,商品应该具有使用价值与交换价值,交换价值是两种使用价值相互交换的量的关系或比例,使用价值则指商品的"有用性"③。马克思认为,"有用性"的内涵可以分为三个方面,一是与人的劳动无关的自然之物的有用性,二是满足自身需要的劳动产品的有用性,三是用来交换的劳动产品的有用性。第三个方面的有用性正是是商品的使用价值④。需要注意的是,"只有劳动才是价值普遍且正确的尺度"⑤。依循马克思哲学的逻辑反向推理可知,若要成为互联网企业的"商品"需要满足两个标准:第一,要具备"有用性"这一使用价值要求;第二,要具备交换价值要求。具体言之,一方面,经过互联网企业加工的个人数据因为人力资本、科技力量及时间成本的注入而符合"劳动产品的有用性"这一要求继而具备了使用价值。另一方面,商品对于非商品所有者的使用价值是商品具备交换价值的主要表现。经过互联网企业加工的个人数据无论对于其他互联网企业还是对于个人而言,都具有使用价值。其他互联网企业可凭此降低营销投入,精准互联网企业经营范围等;个人可凭此节约消费过程中的搜索成本与时间投入等。所以,互联网企业应该对那些经过它加工的个人数据享有商品财产权。

---

① 韦稼霖:《自然权利还是功利性选择:对知识产权合理性的反思》,载《党政研究》2017年第3期,第121-122页。
② 《马克思恩格斯全集》第31卷,人民出版社1998年版,第443页;仰海峰:《〈资本论〉的哲学》,北京师范大学出版社2017年版,第133页。
③ 仰海峰:《〈资本论〉的哲学》,北京师范大学出版社2017年版,第164页。
④ 仰海峰:《〈资本论〉的哲学》,北京师范大学出版社2017年版,第153页。
⑤ [英]斯密:《国民财富的性质和原因的研究》(上卷),郭大力、王亚南等译,商务印书馆1972年版,第32页;转引自仰海峰:《〈资本论〉的哲学》,北京师范大学出版社2017年版,第185页。

传统有形财产权的目的在于避免有形物的过度使用而导致资源的损耗①。那么，在大数据时代，财产权的目的就应该由避免资源损耗向数字资源的高效利用转变。当下，无法遏制个人数据被收集、存储、转让以及被使用的趋势。每个人无时不在生产着数据，同时又在消费着数据产品②，这些数据随即成为互联网经济的新的生产要素③。从数据收集加工产生价值的过程来看，处于互联网场景与公共领域的个人数据往往是无序且无规律的存在，产品制作人的投资和劳动使个人数据形成产品信息或者可靠信息。这一过程实现了个人数据由不完全向完全、由杂乱向有序、由不可靠向可靠的转变，也使个人数据具有了商品的属性④。依据经济学原理，当交易成本可以忽略不计时，产权在法律上的任何安排都无法取代私人谈判模式下的资源最优配置。当交易成本很高时，法律制度对产权的安排将促进有效率的资源利用。将产权分配给评价最高的一方不仅可以使产权交易不再必要，同时也彻底解决了交易成本的问题⑤。如果互联网企业在收集个人数据时需要与每一个数据主体进行协商谈判，这一交易成本足以使任何一家互联网企业入不敷出。另外，研究表明，互联网企业获取、生成的大量数据产生了对结构化数据分析的需求。数据分析有助于实现业务目标。数据的预测分析和数据预测科学工具的发展会对市场扩张产生积极影响⑥。在这种大趋势下，个人数据的数据库或数据集对于互联网企业而言显然属于其关键资产和交易的主要标的物⑦。由此，互联网企业对于个人数据的评价远高于个人。所以，有必要赋予互联网企业以数据财产权。

值得注意的是，互联网的应用已然进入大数据时代，在这一过程中，很多传统民法理论面临现实挑战。譬如，传统隐私权保护观念认为信息无外乎属于公开抑或秘密的二元状态，但在信息时代，几乎所有信息都存在于完全公开和完全私有之间的中间状态⑧。在物理世界中的个人隐私很容易得到保

---

① 高富平：《信息财产——数字内容产业的法律基础》，法律出版社2009年版，第484页。
② 程啸：《论大数据时代的个人数据权利》，载《中国社会科学》2018年第3期，第110-117页。
③ 刘泽刚：《欧盟个人数据保护的"后隐私权"变革》，载《华东政法大学学报》2018年第4期，第62页。
④ 高富平：《信息财产——数字内容产业的法律基础》，法律出版社2009年版，第158页。
⑤ ［美］罗伯特·考特、托马斯·尤伦：《法和经济学》（第六版），史晋川、董雪兵等译，格致出版社2012年版，第77-85页。
⑥ GMI Research, "Big Data Market Size, Share, Trends and Growth Report-Global Opportunities&Forecast, 2023-2030," https://www.gmiresearch.com/report/big-data-market/, last visited：2024-04-17.
⑦ 杨张博、王新雷：《大数据交易中的数据所有权研究》，载《情报理论与实践》2018年第6期，第54页。
⑧ 李永军：《论〈民法总则〉中个人隐私与信息的"二元制"保护及请求权基础》，载《浙江工商大学学报》2017年第3期，第21页。

护，网络空间却改变了这一传统优势。在线浏览的私密程度与实际公开程度之间存在直觉差距。个体在物理及互联网空间的感官及潜意识里的认知差异，很有可能因为欠缺习惯性的物理警告，而使个人需要具备高于物理世界的审慎态度才能避免隐私被第三方获知。传统社会中的隐私痕迹可能因社会人之间的陌生性而易于消逝，但当数据经纪人或谷歌关于个人隐私的数据记录很有可能被持续留存，并处于随时被外界通过技术手段获知的危险境地①。这也正是我国传统理论为何采取个人信息强保护模式的理论缘由。但是，面对诸如个人数据这类新型利益集群，在应用传统理论之时更需要结合互联网的特征适时转变思维模式。有鉴于此，本书认为，数据要素产权的制度构造并非限于互联网企业，应该结合数字经济时代特征与数字产业发展实际，突破传统财产权利的制度局限，重塑适于数字经济时代与数字产业发展的数据要素产权制度。一方面，不仅要照顾个人权益，而且还要照顾互联网企业的发展，从而为数字产业发展提供强大动力支持。另一方面，不仅要照顾互联网企业的发展，而且还要照顾个人的利益诉求。可以说，随着数字产业规模化发展与壮大，个人对于个人数据的经济利益观念会逐渐强化。此时，除了在法理与制度层面支持互联网企业的数据产权外，还应该在法理与制度层面给予个人以数据要素产权的制度支持，使其能够在数字产业规模化发展中有深度参与感，并可基于制度设计从数字产业规模化发展中顺畅地分一杯羹。如此，不仅可有效关照到个人与整个社会的利益需求②，还能在科技快速进步之同时确保各方主体的利益平衡。

二、明确数据要素的产权主体与投资主体

数据要素产权的制度设计应该始于关联主体，数据要素产权的关联主体主要由个人、互联网企业、公权力主体构成。就数据要素的产权主体而言，本书认为应该弱化公权力主体的数据要素产权主体地位，强化互联网企业的数据要素产权主体地位，积极探索个人的数据要素产权投资者地位。

首先，公权力主体不应该成为数据要素的产权主体。不论是数据要素的获取还是数据要素的处理，公权力主体相较于个人与互联网企业，都有着天然的优势地位。公权力主体的权力来源是公共利益，公权力主体的权力行使同样是为了维护公共利益。所以，不论是传统意义上的信息公开，还是数字

---

① Rebecca Lipman, "Online Privacy and the Invisible Market for Our Data," Penn State Law Review 120, no. 3 (2016): 785.

② Jules Polonetsky & Omer Tene, "Privacy and Big Data: Making Ends Meet," Stanford Law Review Online 66 (2013): 27.

时代的数据开放，其本质意义皆是旨在规范公权力运行、体现公权力职能、维护公共利益。尽管有学者主张，政务数据应是具有公共属性的财产性利益，若不承认政务数据的财产性权益，就无法解释数据利用主体的权益来源，也无法规范政务数据的流通①。但考虑到数据要素产权制度是为了确保数据要素的经济价值，并且数据要素产权制度尚处于探索阶段，若使公权力主体成为数据要素产权主体，势必会强化公权力主体所占有数据的财产权益，进而削弱所占数据的公共利益。同时，通过弱化公权力主体的数据要素产权主体地位，还可使数据要素能够在私主体间获得有力流转，使数据要素产权制度获得更为广阔的探索之机。

其次，应强化互联网企业的数据要素产权主体地位。互联网企业不仅是数据要素交易的关键，还是挖掘数据要素价值的关键。互联网企业为激活数据要素价值实现及创造的重要主体，确立互联网企业的数据要素产权主体地位，能够有效激发并规范互联网企业的数据要素交易行为，而清晰合理的互联网企业数据要素产权制度有利于刺激互联网企业的数据要素创造活力②。从《关于构建数据基础制度 更好发挥数据要素作用的意见》的表述亦可知，通过建立互联网企业数据要素确权授权规则及其配套制度，不仅可有效保护数据权利，还能够有效促进数据要素的流通③。对此，诚如余晓晖所言，"中国数据资源丰富，但真正共享与使用的数据量很小，针对互联网企业数据应该强化供给激励"④。不过，需要注意的是，在对互联网企业数据要素产权的制度构造上，不仅要保护商业主体的衍生数据财产权，还要明确互联网企业数据要素产权保护的例外与限制⑤。

最后，应积极探索个人的个人数据产权投资主体地位。在数据要素交易场景中，个人能够成为数据要素的买方主体，自然就能够成为特定数据要素的产权主体。然而，本书认为，个人并不能成为个人数据的产权主体。虽然可交易数据要素并不等同于个人数据，但不可否认，个人数据能够为数据要素的价值提升提供助力，不过，即便如此，个人也难以对个人数据享有产权。因为，这不仅会阻碍数据要素流通，还会制约互联网企业处理数据。另外，

---

① 任丹丽：《政务数据使用的法理基础及其风险防范》，载《法学论坛》2023年第2期，第145页。
② 赵吟：《以强化企业数据产权保护激活数据要素交易市场》，https://epaper.cqrb.cn/cqrb/2023-06/19/016/content_rb_318296.htm，访问时间：2023年8月14日。
③ 冯超、陆益凡、薛莲：《从数据权利性质理论看我国当前四地数据产权登记规则与发展》，https://baijiahao.baidu.com/s?id=1770469944867280527&wfr=spider&for=pc，访问时间：2023年8月14日。
④ 《数据产权归谁？专家："三权"分置开创数据要素市场新局面》，https://baijiahao.baidu.com/s?id=1754252299623749856&wfr=spider&for=pc，访问时间：2023年8月14日。
⑤ 杨瑜娴：《从法律角度看建立数据产权制度》，《学习时报》2023年5月17日第3版。

从经济学的角度来看，也尚未证实个人数据产权化会改善集体福祉①。然而，这并不意味着个人将彻底丧失个人数据蕴含的财产利益。由此，这里就存在一个问题，在个人与互联网企业长期互动中，激励措施应解释为数据主体可以想象且具有现实可行的经济利益②。虽然个人会通过使用个人数据而非支付传统货币的方式享受互联网产品（内容或者服务）③，却已然丧失了个人数据财产利益，且难以通过产权方式得到保护。对此，本书主张有必要将个人看作互联网企业的投资主体，所投资的是个人数据财产利益。这样的话，即便是个人将个人数据转让给互联网企业，仍能够保留个人数据的财产利益④，而个人的数据要素产权投资额度，可在被投资互联网企业与其他主体进行相关数据交易时得以明确与实现。

第四节　依托数据要素类型重塑数据产权

一、基于消费者需求类型划分数据要素

在数据要素产权对象上，为更好地确定数据要素产权内容以及实现数据要素交易，应结合可交易数据要素的功能与表征类型划分数据要素。目前，国内数据交易平台的数据要素产权对象包括 API、数据包、数据产品、数据定制服务等⑤。可以说，不论是哪一种类型的数据要素产权对象，基本都是数据在经过处理后表现出的形态。对此，有学者将数据要素产权对象区分为"原始数据"与"数据库"等⑥；有学者将数据要素产权对象区分为具有宽泛用途和潜在应用价值的"数据资源"，以及具有特定用途和明确应用价值的"数据产品"⑦；也有学者将数据要素产权对象区分为未经加工的"原始数据"，收集、清洗、加工原始数据后形成的，且蕴含着人格利益、财产利益及公共

---

① Yann Padova, "Data Ownership versus Data Sharing: And What about Privacy?" Lex Electronica 26, no. 1 (2021): 66.
② Rainer Kulms, "Data Sharing and Data Protection," Romanian Review of Private Law 2022, no. 1 (2022): 156.
③ 方燕、隆云滔:《数据变革、数据理论与数据治理：一个简要述评》，载《东北财经大学学报》2021 年第 3 期，第 19 页。
④ Tae Wan Kim, Jooho Lee, Bryan Routledge & Joseph Xu, "Data and Manure: Are Data Subjects Investors?" Berkeley Business Law Journal 18, no. 1 (2021): 66, 70.
⑤ 王卫、张梦君、王晶:《国内外大数据交易平台调研分析》，载《情报杂志》2019 年第 2 期，第 183 页。
⑥ 李晓珊:《数据产品的界定和法律保护》，载《法学论坛》2022 年第 3 期，第 122-131 页。
⑦ 武滕:《数据资源的合理利用与财产构造》，载《清华法学》2023 年第 1 期，第 154 页。

利益的"数据集合",以及深度加工、处理"数据集合"后形成的承载着财产利益的"数据产品"①。然而,这些理论皆是凭借数据要素的处理程度区分数据要素类别,这不仅没有很好地区分数据要素的表现形式,使既有数据要素分类仍然抽象、模糊,也没有很好地体现出数据要素的功能,且更多是出于数据要素处理者的角度凸显数据要素的功能,很显然,这不利于确立数据产权权能与数据要素交易。本书认为,实际上,可交易数据要素的功能与表征更多是由数据要素交易买方主体的需求所决定,若从数据要素交易买方主体的需求角度审视数据要素产权对象的话,基本可以分为"功能型数据要素""信息型数据要素""数据型数据要素"三种类型。所谓"功能型数据要素",指不以表征形式凸显数据价值,而以自身独特功能体现特定价值的数据要素。所谓"信息型数据要素",指数据在经过处理之后,依托表征出的直观信息来凸显数据价值的数据要素。所谓"数据型数据要素",指纯粹将数据作为生产要素或者消费对象的数据要素。

二、确立主体与对象对应的数据要素产权内容

在数据要素产权内容上,应通过数据要素产权主体与数据要素产权对象来具体确定数据要素产权内容。若以互联网企业为数据要素产权主体,会涉及数据开发权、数据控制权、数据访问权、数据交易权、数据处分权。其中,数据开发权是产权人技术处理、应用拓展数据要素,继而高效利用数据要素的权利②。数据控制权是产权人能够按照自我意志控制数据要素,同时排除他人干涉已控制数据要素的权利。值得注意的是,虽然数据并非有形之物,但数据总归以某种方式实际存储在某处③,产权人对数据要素内容完全可基于特定数据要素载体实现管控④。数据访问权既包括个人访问数据要素中关涉个人的数据内容,也包括互联网企业在一定条件下对其数据要素的访问与获取⑤。数据交易权是产权人基于数据控制权衍生出的权利,是产权人可按照自我意志与其他主体实施数据要素交易的权利。数据处分权亦是产权人基于数据控制权衍生出的,按照自我意志处分数据要素的权利。考虑

---

① 姬蕾蕾:《企业数据保护的司法困境与破局之维:类型化确权之路》,载《法学论坛》2022年第3期,第109-121页。
② 许偲炜:《要素市场化配置下数据财产权制度的建构》,载《重庆大学学报(社会科学版)》2023年第1期,第264页。
③ [德]塞巴斯蒂安·洛塞等编:《数据交易:法律·政策·工具》,曹博译,上海人民出版社2021年版,第282页。
④ 姜程潇:《论数据财产权准占有制度》,载《东方法学》2022年第6期,第177页。
⑤ 金耀:《数字治理逻辑下数据财产权的限度与可能》,载《暨南学报(哲学社会科学版)》2022年第7期,第38页。

到数据要素产权对象存在区别，亦会使数据要素产权内容有所差异，就"信息型数据要素"与"数据型数据要素"而言，虽然两者的价值体现方式有所差异，但互联网企业对两者的投入程度较为相近，对应的产权内容也无甚差别，皆具数据控制权、数据交易权及数据处分权。不过，就"功能型数据要素"而言，考虑到其价值实现需要互联网企业持续投入技术、精力等成本，且具有持续提升的可能性，不仅如此，透视"功能型数据要素"可窥知互联网企业的技术细节、数据关联等信息。因此，相较于"信息型数据要素"与"数据型数据要素"，"功能型数据要素"对应的产权内容还包括数据开发权与数据访问权。数据要素产权主体、对象及内容如表3-1所示。

表3-1 数据要素产权主体、对象及内容

主体	对象		
	功能型数据要素	信息型数据要素	数据型数据要素
互联网企业/ 数据要素产权主体	开发、控制、访问、交易、处分	控制、交易、处分	控制、交易、处分
个人/个人数据投资产权主体	收益	访问、收益、删除	访问、收益、删除

若以个人为个人数据产权投资主体，会涉及个人数据收益权、个人数据访问权、个人数据删除权。其中，个人数据收益权是基于个人的个人数据投资产权主体地位而言的，确保个人在数据要素交易过程中能够基于此权利获得相应的个人数据财产利益。个人数据删除权是个人删除数据要素中个人数据的权利。就"功能型数据要素"而言，因其侧重于数据要素功能，且在互联网企业持续技术处理、优化下，个人与数据之间的关联度只会持续弱化，而互联网企业的事业目的与数据要素目标价值的关联度持续增强，此时，只需使个人的个人数据收益权获得保障即可。就"信息型数据要素"与"数据型数据要素"而言，考虑到互联网企业对于二者的处理力度要弱于"功能型数据要素"，为使其中所涉及的个人数据人格权益获得充足保障，个人除享有个人数据收益权外，还应赋予个人以个人数据访问权与个人数据删除权。值得注意的是，传统意义上的财产权制度之所以能够顺利开展，得益于社会大众对传统动产与不动产具有明晰的观念认知，以及与之配套、符合逻辑且约定俗成的产权变动公示制度。不同于此，数据要素产权若要顺利开展，就需要构建一套符合数据要素产权内在逻辑的独特产权制度。从《2022年数据交易平台发展白皮书》来看，各大数据交易平台通过探索，逐步形成数据登记、

技术赋能数据权益使用等确权模式①。在此基础上，本书主张依托区块链等技术手段，对数据要素产权主体、数据要素产权对象及数据要素产权变动予以完整记录，并以此构建符合数据要素技术特征的数据要素产权公示制度，如此，方可搭建起较为完整的数据产权制度。

三、打造可信的数据要素产权保障机制

数据要素产权因信息技术的发展而成为可能，且只可能发生在互联网场景之中，不论是个人还是互联网企业，对于数据要素产权而言缺一不可。只不过，个人与互联网企业在数据要素的产权形成与价值变现上的作用并不相同，这也意味着，个人与互联网企业的数据要素产权制度不能等而视之。值得注意的是，数据要素产权的制度设计是为了使数据主体能够通过数据要素产权享有数据要素价值，这不仅是产权主体的主观价值，还是能够被相关市场主体认可的客观价值。然而，数据终归不同于传统意义上的物，具有较强的流动性与共享性，难以真正被特定主体独自支配与占有。因此，数据要素的价值也并不具有直观特性，若要评估数据要素的价值，就需要透视"数据黑箱"继而知悉数据要素的结构与功能。然而，数据要素的属性决定"知悉数据"即是"占有数据"。由此，不论是个人作为数据要素产权的投资主体，还是互联网企业作为数据要素的产权主体，数据要素的价值能够被关联主体信任，是数据要素产权能够最终发挥数据要素价值的关键，也是数据要素产权之所以为数据要素产权的关键。本书认为，毋庸置疑的是，信用对于数据要素产权的有效运行起到至关重要的作用，也就是说，数据要素产权本质上应是可信的数据要素产权，只有这样，数据要素产权才能够按照数据要素产权制度的设计逻辑运行。

个人的个人数据投资产权应以互联网企业可信作为实现数据要素价值的关键。个人之所以对其数据享有投资者主体地位，盖因在互联网场景中，数据与个人之间存在着极为紧密的关联性，个人作为市场经济环境中的独立主体，与个人紧密关联的数据亦可相对独立存在，同时，数据能够在技术作用下与个人相对或绝对分离，继而产生出独特的经济价值。因此，个人的个人数据投资产权并非一个空洞的概念。只不过，个人的个人数据投资产权不同于一般意义上的产权结构，盖因个人数据在互联网场景中具有一定的必然性与附带性。所谓必然性，是指只要个人的社会实践与互联网场景发生关联，就必然会发生个人信息转化为个人数据、个人生成个人数据的情形。所谓附

---

① 参见国家工业信息安全发展研究中心：《2022年数据交易平台发展白皮书》，http://dsj.guizhou.gov.cn/xwzx/gnyw/202209/t20220906_76394528.html，访问时间：2023年3月23日。

带性，是指个人作为目的而非手段决定了个人数据应该只是作为目的而非手段。但事实上，个人数据在互联网场景中往往是个人为实现特定目的而使用的手段，否则，个人将无法顺利实现自我目的。因此，所谓的数据要素产权之于个人而言，更多是个人在互联网场景中的"福利性"产权。毕竟，个人在通过特定互联网企业完成消费后，再基于附带生成的数据向互联网企业主张一大笔金钱利益并不妥当，当然，这也并不意味着互联网企业可以恣意使用这一部分数据。事实上，个人的个人数据投资产权能否实现取决于互联网企业是否可信，隐私政策是个人选择与互联网企业发生关联的基础，也是检验互联网企业是否可信的关键。互联网企业应该如约履行隐私政策，保障并尊重个人在隐私政策上的自由意志，这是个人的个人数据投资产权得以实现的前提。不可否认，个人的个人数据投资产权的对象为互联网企业所掌握，这决定了个人的个人数据投资产权难以完全按照个人意志来实现。尽管个人的个人数据投资产权价值往往与互联网企业对数据要素的处理效率及实效正相关，但个人的个人数据投资产权价值能够在多大程度上实现或变现仍应由个人决定。总之，个人的个人数据投资产权的价值要想实现，互联网企业不仅应依托隐私政策可信于个人，还应赋予个人自主决定是否享有，以及多大程度享有数据"福利"的权利，同时积极承担与之相应的义务以可信于个人。

互联网企业的数据要素产权应以互联网企业可信作为实现数据要素产权价值的关键。互联网企业只有可信才能获取个人的信任，互联网企业也只有妥善处理好个人的个人数据投资产权，才能够真正实现互联网企业的数据要素产权价值。从这层意义上来讲，互联网企业之于个人可信亦是互联网企业的数据要素产权价值得以实现的关键。考虑到数据具有极强的流动性与共享性，在个人的个人数据投资产权获得尊重的前提下，不同互联网企业完全可以基于相同数据享有互联网企业数据要素产权，而不同互联网企业间的数据要素产权差异更多体现于数据要素产权所能实现的价值上。正因如此，与其说数据要素交易是以数据要素为交易对象，不如说数据要素交易是以服务为交易对象①。互联网企业的数据要素产权可基于特定原始数据又可超脱于特定原始数据，且只能对加工处理后的特定数据要素享有占有、使用、收益及处分的权利。可以说，互联网企业的数据要素产权的价值不仅由原始数据决定，更是由互联网企业的数据要素处理能力决定。互联网企业的数据要素产权的价值实现形式包括"自主实现"与"他主实现"，互联网企业为了自身利益

---

① 丁晓东：《数据交易如何破局——数据要素市场中的阿罗信息悖论与法律应对》，载《东方法学》2022年第2期，第148页。

的最大化，往往在"自主实现"面向上有着极强的动力，而在"他主实现"面向上则需要其他主体认可互联网企业的数据要素产权价值，这就需要互联网企业对于其他主体而言是可信的。也就是说，所谓的互联网企业数据要素产权更多是关联主体对经由互联网企业处理后特定数据要素价值的认可度，而消费者对互联网企业及其商品或服务的信用评价，已成为其他主体决定是否与互联网企业发生消费关系的重要参考因素①。这就是为什么很多互联网企业在初创阶段通过诸多营销手段，提升自身数据产品或服务的高价值认可度，继而保障互联网企业及其处理后的特定数据要素在价值上是可信的。可以说，信用不仅代表着偿还能力②，还是财富由原始形态向资本形态转化的关键③。由此，互联网企业数据要素产权价值取决于互联网企业对数据要素的处理能力，而互联网企业数据要素产权价值能否变现则取决于互联网企业可信。

综上所述，本书将数据要素价值的可信产权变现方案设计成如下条款。

第一条："数据要素产权在类型上分为个人的个人数据投资产权与互联网企业的互联网企业数据要素产权，数据要素产权的制度设计初衷是为了更好地实现数据要素价值，实现数据要素价值的基础是数据要素产权可信，互联网企业可信则最终决定数据要素产权可信。"

第二条："明确个人的个人数据投资产权的福利属性，依托隐私政策动态评估互联网企业的可信度，通过强化互联网企业可信确保个人能够自主决定其数据投资产权的价值变现程度。"

第三条："明确互联网企业数据要素产权的财产权属性，依靠互联网企业的数据要素处理能力评估互联网企业数据要素产权价值，激励互联网企业通过提升可信度变现数据要素产权价值。"

---

① 刘铭卿：《论电子商务信用法律机制之完善》，载《东方法学》2019年第2期，第152页。
② 王若磊：《信用、法治与现代经济增长的制度基础》，载《中国法学》2019年第2期，第80页。
③ 余聪：《智能算法与信任资本：一个平台资本主义本质审视的向度》，载《当代经济研究》2022年第11期，第63页。

第四章 数据要素交易的模式选择

第一节 深度剖析既有数据要素交易方案

数据要素交易与数据要素流通之间紧密关联，数据要素交易更多是实现数据要素流通的方式，数据要素流通则是数据要素交易的目的。事实上，数据要素只有经过频繁流通才能够更好地实现其自身价值，而数据要素交易正是在数据要素市场中能够确保数据要素规范流通的主要方式之一。因此，研究数据要素交易不可忽略数据要素流通，研究数据要素流通应该时刻关照数据要素交易，否则将使研究走向片面。有鉴于此，本书着重研究数据要素流通与数据要素交易，且以研究数据要素流通为数据要素交易服务。值得注意的是，《关于构建数据基础制度更好发挥数据要素作用的意见》指出，"数据作为新型生产要素，已加快融入生产、分配、流通、消费和社会服务管理等各个环节"[①]。在信息技术的普遍应用下，生成、处理数据要素的场景愈发多元，只有在特定场景下，数据要素的价值才会得到彰显，数据要素的体量也才会得到增长。数据要素不仅因现实世界的需求而产生[②]，还会因现实世界的需要而流转，数据要素的赋能效应正是因数据要素的有效流通而得以真正释放[③]，而数据要素在不同主体之间流通与共享，实则是数据要素价值创造的开始[④]。《"十四五"数字经济发展规划》提出要"充分发挥我国海量数据、广阔市场空间和丰富应用场景优势，充分释放数据要素价值，激活数据要素潜

[①] 参见《中央全面深化改革委员会〈关于构建数据基础制度更好发挥数据要素作用的意见〉》，http://xxzx.guizhou.gov.cn/dsjzsk/zcwj/202207/t20220718_75570691.html，访问时间：2022年12月7日。

[②] 梁继、苑春荟：《数据生产要素的市场化配置研究》，载《情报杂志》2022年第4期，第176页。

[③] 孔艳芳、刘建旭、赵忠秀：《数据要素市场化配置研究：内涵解构、运行机理与实践路线》，载《经济学家》2021年第11期，第26页。

[④] 黄少安、张华庆、刘阳荷：《数据要素的价值实现与市场化配置》，载《东岳论丛》2022年第2期，第120页。

能，以数据流促进生产、分配、消费各个环节高效贯通……"。实际上，数据总是在不同主体间流转，否则就难以称之为流通，这决定数据要素流通的本质是数据要素的使用许可，涵盖相互许可、一对一许可，以及一对多许可等，此时，法律通过强调数据要素控制者的许可使用能力[①]，实现对数据要素流通的控制。在本书看来，数据主体对数据要素流通的控制存在着客观"分级分类"方式与主观"自由交易"方式。

一、对数据要素"分级分类"方案的评析

就数据要素的"分级分类"流通方式而言，《要素市场化配置综合改革试点总体方案》提出，要在保护个人隐私和确保数据安全的前提下，探索"分级分类""分步有序"数据要素流通应用。不仅如此，2021年12月全国信息安全标准化技术委员会秘书处发布的《网络安全标准实践指南——网络数据分类分级指引》从"国家、行业、组织"等视角将数据分类为"公民个人""公共管理""信息传播""行业领域""组织经营"，又从"保护数据安全的目的"将数据分级为"核心数据""重要数据"及"一般数据"[②]。可以说，为确保数据要素顺畅流通，"分级分类"依托于数据对象将数据控制者的控制能力予以细化、直观化及具体化。譬如，个人隐私与个人信息在类型上存在区别，法律对二者分别采取隐私权与个人信息保护，隐私权旨在绝对控制个人隐私，个人信息保护则通过控制风险实现个人信息的动态安全[③]。

然而，数据要素的"分级分类"流通方式将加剧数据权力的不对等状态，严重阻碍流通数据要素价值的变现。虽然海量数据的收集整合、流动共享和精准分析，能够重构社会经济运行模式[④]，但不可否认的是，数据并没有固定、可计算的通用价值，而是在无限利用与匹配中产生新的价值[⑤]，而真正能够识别并实现数据要素价值的往往是具有较强竞争力的市场主体。不仅如此，数据要素流转还普遍存在着使用者搭便车利用数据的情形，这使数据服务及

---

① 高富平：《数据流通理论——数据资源权利配置的基础》，载《中外法学》2019年第6期，第1405-1424页。
② 参见全国信息安全标准化技术委员会秘书处2021年12月发布的《网络安全标准实践指南——网络数据分类分级指引》，https://www.tc260.org.cn/upload/2021-12-31/1640948142376022576.pdf，访问时间：2022年12月19日。
③ 徐玖玖：《从"数据"到"可交易数据"：数据交易法律治理范式的转向及其实现》，载《电子政务》2022年第1期，第67页。
④ 黄少安、张华庆、刘阳荷：《数据要素的价值实现与市场化配置》，载《东岳论丛》2022年第2期，第117页。
⑤ 梅夏英：《数据交易的法律范畴界定与实现路径》，载《比较法研究》2022年第6期，第13-27页。

数据产品的成本难以回收，严重抑制投资者创新数据产品的积极性①。正因如此，固然数据要素流通会产生数据要素价值，但对于已然拥有数据要素并实现其价值的市场主体而言，更希望自身是数据要素的流向主体，而非数据要素的流出主体。有鉴于此，各互联网企业的数据接入标准相异，多源异构的大数据缺乏共同的结构化标准②，无疑，这并不利于数据要素的共享与流通③。实际上，市场主体依托强势的数据优势地位，原本就易于从数据主体处获取大量数据，且对已占有数据有着强烈保护的心态。此时，数据的"分级分类"作为数据合规的重要标准，就极易成为市场主体规避数据要素正常流通的所谓合规理由，以此造就市场主体在数字经济时代的数据保护主义与数据垄断主义。

二、对数据要素"自由交易"方案的评析

数据要素的"自由交易"④流通方式不仅是数据主体让渡数据要素的未来收益或使用价值的行为⑤，还是体现市场配置数据资源的行为⑥。从数据到可交易数据要素就是数据作为生产要素的市场化配置过程⑦，这需要数据要素具有一定经济利益。然而，有的数据要素可以靠计量判定经济利益，有的数据要素则无法判定其经济利益⑧。同时，不同主体的数据要素交易视角并不相同，

---

① 魏益华、杨璐维：《数据要素市场化配置的产权制度之理论思考》，载《经济体制改革》2022年第3期，第43页。

② 梅夏英：《数据交易的法律范畴界定与实现路径》，载《比较法研究》2022年第6期，第13-27页。

③ 目前，虽然苏州大数据交易所与上海数据交易所之间，深圳数据交易有限公司与贵阳大数据交易所之间，共同探索多数据要素流通方案及交易规则的互认推广，但这并不能根本改变数据在不同市场主体间难以真正自由流通的事实。参见吴洁、张云：《要素市场化配置视域下数据要素交易平台发展研究》，载《征信》2021年第1期，第64页；参见史乐蒙：《数据交易成为新风口？》，载《期货日报》2022年11月22日，https://mp.weixin.qq.com/s?__biz=MjM5NzM3MjU1Mg==&mid=2652028687&idx=3&sn=25610ae5ab656838e6ac5160f1aaa47f&chksm=bd3ce8e88a4b61fe19595a11c3fc8b51faf2f943b4643c1a9f10e4ea19b8d56e94966632369e&cur_album_id=2675175633978834944&scene=190#rd，访问时间：2022年11月23日。

④ 《信息安全技术 数据交易服务安全要求》将"数据交易"界定为"数据供方与需方之间以数据商品作为交易对象，进行的以货币或货币等价物交换数据商品的行为"。

⑤ 梁继、苑春荟：《数据生产要素的市场化配置研究》，载《情报杂志》2022年第4期，第177页。

⑥ 徐玖玖：《从"数据"到"可交易数据"：数据交易法律治理范式的转向及其实现》，载《电子政务》2022年第1期，第65页。

⑦ 徐玖玖：《从"数据"到"可交易数据"：数据交易法律治理范式的转向及其实现》，载《电子政务》2022年第1期，第69页。

⑧ 李成熙、文庭孝：《我国大数据交易盈利模式研究》，载《情报杂志》2020年第3期，第182页。

其中，数据要素的买方主体较为重视数据要素的应用价值，数据要素的卖方主体则更为注重数据要素的预期收益及其变现能力[1]，这就使统一定价数据要素不易实现。因此，在明确数据要素产权的基础上，应鼓励数据收益权的单独约定，由市场自主决定数据要素价格[2]，保障数据要素的增值部分得到合理分配[3]。

实际上，国内外的数据要素交易所大多采自由议价模式，也即由市场主体定价数据要素[4]。我国更多采平台集中销售模式与数据要素交易分成模式，撮合数据要素需求方与数据要素提供方通过平台交易[5]，平台在此过程中获取一定分成，这能在利益上较好地平衡平台与买卖双方[6]。不过，国内尚未形成统一的数据要素交易标准，仅依靠交易平台各自建立数据要素交易规则[7]。尽管如此，数据交易平台仍被视为最重要的数据要素交易场所，《数据要素流通标准化白皮书》将其视为"促进充分信任""保证公平交易""管控交易风险"的关键。《深圳经济特区数据条例》第六十六条则对其提出"安全、可信、可控、可追溯"的要求。可以说，数据要素供需双方间的信任关系，是数据要素交易能否成功的关键[8]，数据交易平台旨在提供并维系这种信任关系。

然而，数据要素交易在实践中表现得并不理想。国内的数据交易平台普遍存在着缺乏经营经验、合规成本高、资金投入不足、数据所有权存有争论等问题[9]。不仅如此，数据要素交易也因数据的自身独特属性而使信任机制难以建立。尽管《要素市场化配置综合改革试点总体方案》提出要探索"原始

---

[1] 黄倩倩、王建冬、陈东、莫心瑶：《超大规模数据要素市场体系下数据价格生成机制研究》，载《电子政务》2022年第2期，第23页。

[2] 熊巧琴、汤珂：《数据要素的界权、交易和定价研究进展》，载《经济学动态》2021年第2期，第152页。

[3] 李成熙、文庭孝：《我国大数据交易盈利模式研究》，载《情报杂志》2020年第3期，第182页。

[4] 黄南：《瓶颈与路径：全国数据要素统一大市场建设探析》，载《南京社会科学》2022年第10期，第40页。

[5] 肖建华、柴芳墨：《论数据权利与交易规制》，载《中国高校社会科学》2019年第1期，第89页。

[6] 李成熙、文庭孝：《我国大数据交易盈利模式研究》，载《情报杂志》2020年第3期，第184页。

[7] 蔡莉、黄振弘、梁宇、朱扬勇：《数据定价研究综述》，载《计算机科学与探索》2021年第15（9）期，第1602页。

[8] 苗泽一：《数据交易市场构建背景下的个人信息保护研究》，载《政法论坛》2022年第6期，第56页。

[9] 欧阳日辉：《我国多层次数据要素交易市场体系建设机制与路径》，载《江西社会科学》2022年第3期，第69页。

数据不出域、数据可用不可见"的数据要素交易范式，但数据要素不同于普通商品，即便经由第三方机构评估、认证数据要素质量，交易数据要素的质量与价值也难以真正被事前审视。毕竟，交易数据要素的质量与价值往往由"买方主观认知"与"数据客观品相"共同决定，况且，评估、认证交易数据要素越详细越会贬损其价值。与此同时，旨在发现敏感信息的数据分析难以被彻底阻止[1]，其中，"点对点"式的数据要素交易会因隐私泄露、数据滥用、交易信息透明度低等，而难以兼顾数据要素流动与数据隐私保护[2]，且可交易数据要素一旦出售就难以退货[3]，这都会导致数据要素交易的互信机制难以真正建立[4]。

第二节 提出数据要素价值的可信实现理念

一、信用可高度契合数字经济的运行逻辑

诚信、信任与信用的内涵并不完全一致，诚信较多强调主观价值判断，且与特定主体有着较为紧密的名誉关联度。信任是有共同价值或道德规范的既有共同体的产物[5]，既是一种社会行为也是一种社会关系，超出心理学范畴又不限于道德范畴，是信任者对被信任者自利行为的理性预期[6]，共同体若缺了信任便不能自发形成[7]。作为信任的具体表现形式，信用是对某种行为期待可能性的评价性转化[8]，更多强调客观性[9]。信用涉及承诺与践约的法律关系及行为的品质，和由此获得的置信程度[10]。在前现代社会，信用靠道德来维

---

[1] 苏宇：《数据推理的法律规制》，载《浙江学刊》2022年第4期，第53页。
[2] 熊巧琴、汤珂：《数据要素的界权、交易和定价研究进展》，载《经济学动态》2021年第2期，第147页。
[3] 吴洁、张云：《要素市场化配置视域下数据要素交易平台发展研究》，载《征信》2021年第1期，第64页。
[4] 黄倩倩、王建冬、陈东、莫心瑶：《超大规模数据要素市场体系下数据价格生成机制研究》，载《电子政务》2022年第2期，第23页。
[5] [美]弗朗西斯·福山：《信任：社会美德与创造经济繁荣》，郭华译，广西师范大学出版社2020年版，第314页。
[6] 郭慧云、丛杭青、朱葆伟：《信任论纲》，载《哲学研究》2012年第6期，第7页。
[7] [美]弗朗西斯·福山：《信任：社会美德与创造经济繁荣》，郭华译，广西师范大学出版社2020年版，第28页。
[8] 王若磊：《信用、法治与现代经济增长的制度基础》，载《中国法学》2019年第2期，第75页。
[9] 王伟：《社会信用体系建设中的理解分歧及其辨析》，载《人民论坛》2021年第25期，第90页。
[10] 郭慧云、丛杭青、朱葆伟：《信任论纲》，载《哲学研究》2012年第6期，第4页。

系,在现代社会,区别于诚信与信任的是,信用除了靠道德维系外还靠法定来维系①,尤其在信息技术发展与普及应用下,诚信与信任不仅可被量化为信用,还可依靠信用激励或者惩戒特定民事主体,达到诚信社会建设与治理的目的。

在数字经济时代,数据与信任之间的关联度更加紧密,作为一种极具开发价值的社会资源,信任不仅不会因使用而被消耗,反而会在合理的开发与使用中得到迅速增长②,信任可通过数据表现出来,数据也可成为判断相关主体信用状况的依据,继而成为交易双方的预设条件③。数字经济本质上是共享经济,而共享经济的本质则是信用经济④,数字生态系统中经济实体的存在与发展,都依赖于具有一定程度合理信任水平的数字环境⑤。诚如福山所言,低信任的社会或许永远都无法从信息科技所带来的高效率中获益⑥。不论是《关于全面加强电子商务领域诚信建设的指导意见》还是《电子商务法》,都极为强调信用对于电子商务创新发展的重要性。值得注意的是,《关于构建数据基础制度更好发挥数据要素作用的意见》指出,要"充分发挥社会力量多方参与的协同治理作用。鼓励行业协会等社会力量积极参与数据要素市场建设,支持开展数据流通相关安全技术研发和服务,促进不同场景下数据要素安全可信流通。建立数据要素市场信用体系,逐步完善数据交易失信行为认定、守信激励、失信惩戒、信用修复、异议处理等机制"。

二、信用是持续激发数据要素价值的关键

在保障数据要素价值实现过程中,个人、互联网企业与政府对于数字经济发展缺一不可,信用则是三者能够真正发挥作用的关键。

首先,信用是个人助力数字经济发展的关键。个人在数字经济发展中处于基础性地位,为数字经济提供源源不断的数据生产要素,也因个人信息、网络行为的数据化而深度参与数字经济发展,借助大数据可让数据要素以信用的方式"发声"与"保真",数据因此而具有较强的信用特性⑦,此时的信

---

① 胡敏中:《论认同与信任》,载《首都师范大学学报(社会科学版)》2022年第3期,第53页。
② 张康之:《论信任的衰落与重建》,载《湖南社会科学》2008年第1期,第72页。
③ 王伟:《信用法治视角下的共享经济监管》,载《法学论坛》2022年第3期,第137页。
④ 张浩、朱佩枫:《共享经济下的信用风险控制研究》,载《征信》2018年第9期,第8页。
⑤ 谢尧雯:《基于数字信任维系的个人信息保护路径》,载《浙江学刊》2021年第4期,第80页。
⑥ [美]弗朗西斯·福山:《信任:社会美德与创造经济繁荣》,郭华译,广西师范大学出版社2020年版,第28页。
⑦ 丁晓东:《数据交易如何破局——数据要素市场中的阿罗信息悖论与法律应对》,载《东方法学》2022年第2期,第157页。

用不仅是对个人过往行为的记录,还是对个人现在及以后社会经济活动的参考①。无疑,这会对个人在数字经济场景中的行为起到良好的规范、引导及激励作用,而这也正是信用之于数据要素价值的关键所在②。

其次,信用是互联网企业持续发展数字经济的关键。信用是综合"市场经济因素"、"信息声誉机制"以及"企业自我规制"的治理工具③。作为数字经济生产方式的衍生品④,能够将信用客观呈现的信用评分,是被设计、开发出来的声誉机制,不仅为买卖双方的信息沟通与披露建立交易的信任基础⑤,还能够有效解决信息不对称、非重复博弈等问题⑥。更为关键的是,信用并不专属于自然人,互联网企业同样可以被信用评价。数字经济场景中的信用机制,能够使守信主体获得较高商业声誉及正面社会评价⑦,同时也能够增强数据供给者对互联网企业技术处理方案的信任⑧,在数字经济健康发展与守信主体持续获利间形成正向激励,强化数据要素在不同互联网企业间的自由流通率。失信主体则会因商业声誉遭受贬损而在数字经济场景中难以获利。值得注意的是,深圳数据交易所首创动态合规体系,创造性地将"动态合规"引入"信用"工具,构建可信的交易环节,打造动态信用评级机制,包容审慎监管数据交易⑨。

最后,信用是政府保障数字经济健康发展的关键。信用监管是行政主体记录、归集、使用行政相对人的公共信用信息,并依据一定指标体系对行政相对人开展评价、评级、分类,通过采取激励或惩戒等措施实现政府监管目的的行为⑩。信用监管在数字经济场景中至关重要,《"十四五"数字经济发展规划》提出强化"以信用为基础的数字经济市场监管"。考虑到信用评价是

---

① 宋立义:《社会信用体系基础理论问题探讨》,载《宏观经济管理》2022年第5期,第61页。
② 黎四奇:《社会信用建构:基于大数据征信治理的探究》,载《财经法学》2021年第4期,第15页。
③ 王瑞雪:《政府规制中的信用工具研究》,载《中国法学》2017年第4期,第164页。
④ 杨帆:《作为新型征信的信用评分:规制困境与基本立场》,载《现代经济探讨》2021年第8期,第124页。
⑤ 肖梦黎:《平台信用评分机制的规制功能及其法治化实现》,载《探索与争鸣》2022年第2期,第136页。
⑥ 宋立义:《社会信用体系基础理论问题探讨》,载《宏观经济管理》2022年第5期,第65页。
⑦ 王伟、杨慧鑫:《守信激励的类型化规制研究——兼论我国社会信用法的规制设计》,载《中州学刊》2022年第5期,第46页。
⑧ 许可:《数据交易流通的三元治理:技术、标准与法律》,载《吉首大学学报(社会科学版)》2022年第1期,第98页。
⑨ 肖晗:《建设具有国际影响力的全国性数据交易平台 深圳数据交易所交易规模全国第一》,《深圳商报》2023年4月23日第A01版。
⑩ 袁文瀚:《信用监管的行政法解读》,载《行政法学研究》2019年第1期,第19页。

一个动态过程,在数字经济发展过程中,不论是数据要素的流通,数据要素产权的界定,还是数据要素的交易,都具有较强的动态场景属性,政府的信用监管能够契合数字经济发展规律,通过现代化"非人格化"的治理方式,逐步塑造非差序的平等现代社会关系①。不仅如此,政府的信用监管还可依托信用补强法律效力,在政府供给的秩序之外实现社会治理效果之提升②。

第三节　打造可信的数据要素交易方案

信用之于数据要素流通至关重要,好的信用机制不仅可减少交易费用、降低交易成本③,还可在数字经济环境中降低数据要素的流通成本。所谓好的信用机制即是可信的信用机制,是关涉信用的多方主体对关联场景的信用预期,与实际信用表征保持一致。信用关系的建立依赖于不同主体间的承诺④,而数据要素流通场景中的可信机制,更多是互联网企业在收集、处理、保存及交易数据要素过程中,事前承诺与事中、事后行为是否一致的信用度量,其中,互联网企业的可信度正相关于其对数据要素的保护程度。

一、打造数据要素"数据+场景"的可信流通模式

数据要素"分级分类"流通方式侧重于"数据可信",也即通过分级分类数据要素使其获得不同程度保护,满足个人与互联网企业保护数据的现实需求,继而打造出可信的数据流通环境。譬如,《民法典》第一千零三十四条第三款"私密信息"、《个人信息保护法》第二十八条"敏感个人信息"及《数据安全法》"数据分类分级保护制度"的制度设计,都是通过事前明确区分数据要素类别及其保护程度,使数据要素的关联主体获得稳定的可信预期。"数据可信"虽间接迎合了人的有限理性,使所谓的可信机制产生短时效益,却也将数据主体的注意力集中于数据要素本身,忽略了数据要素的敏感度或者私密度紧密关联于特定场景。不仅如此,"数据可信"甚至可成为互联网企业借助官方可信机制打造数据权力的工具,这只会深度破坏"数据可信"的

---

① 王若磊:《信用、法治与现代经济增长的制度基础》,载《中国法学》2019年第2期,第73页。
② 肖梦黎:《平台信用评分机制的规制功能及其法治化实现》,载《探索与争鸣》2022年第2期,第134页。
③ 石新中:《信用与人类社会》,载《中国社会科学院研究生院学报》2008年第5期,第69页。
④ [德]菲利普·克里斯蒂安·迪克纳:《信用经济》,张静、林秋香、廖昌盛译,中国经济出版社2022年版,第72页。[美]Ari Waldman:《隐私即信任——大数据时代的信息隐私》,张璐译,法律出版社2022年版,第5页。

公信力，使数据主体丧失"数据可信"事先预设的可信期待。

只有将"数据可信"完善为"数据+场景"可信，才能真正打造出符合数据要素流通的可信机制，使数据要素在不同场景间顺畅流通，而"数据+场景"可信实则体现为个人对技术可靠性与安全性的信任①。"数据+场景"可信应从识别出特定个人的数据出发，根据数据完全匿名与数据彻底销毁，来确定数据的完整生命周期，且在数据处理技术可信的情况下，将数据流通场景区分为"识别个人场景"与"非识别个人场景"，法律对于"非识别个人场景"中的数据不应过多干预。对于"识别个人场景"，应从"数据+场景"对数据主体可能产生的影响出发，以"使用目的+一般隐私期待+损害后果"为判断标准②，将"数据+场景"类型化为能够准确识别、区分的"一般场景"、"敏感场景"及"私密场景"。同时以合同义务与法定义务共同确定互联网企业在不同场景中对数据的特定"安全保障义务"③，且在"安全保障义务"与特定"数据+场景"类型间形成一一对应的关系，这又可为构建"数据+场景"可信提供稳定的制度支持。

"数据+场景"可信可强化数据要素顺畅流通，首先，"数据+场景"可信利于个人与互联网企业之间建立长久关联。"数据+场景"可信可通过"精巧披露"使个人与互联网企业之间达成"有针对性的透明度"④，如此更能反映互联网企业的真实信用情况，可信度越高的互联网企业越能赢得海量数据。毕竟，社会大众更乐意将数据让渡给信用较好的互联网企业，同时，数据要素使用者也更加认可信用较好互联网企业加工生成的数据产品⑤。其次，"数据+场景"可信利于督促互联网企业合规自律。"数据+场景"可信在一定程度上克服了数据要素主体理性认知不足的弊端，同时亦对互联网企业的数据合规自律提出了较高的要求，互联网企业只有提升"数据+场景"可信度才能获得源源不断的数据要素。最后，"数据+场景"可信有利于政府对互联网企业实质监管。在互联网企业依托信用构筑用户数字人格的同时⑥，"数据+场景"可信机制则实现了互联网企业信用的自我塑造，而互联网企业的"数据+

---

① 余聪：《智能算法与信任资本：一个平台资本主义本质审视的向度》，载《当代经济研究》2022年第11期，第63页。
② 苏成慧：《论可交易数据的限定》，载《现代法学》2020年第5期，第146页。
③ 王叶刚：《企业数据权益与个人信息保护关系论纲》，载《比较法研究》2022年第4期，第38页。
④ 王瑞雪：《政府规制中的信用工具研究》，载《中国法学》2017年第4期，第165页。
⑤ 刘瑛：《信用视角下的数据安全法律规制》，载《暨南学报（哲学社会科学版）》2022年第1期，第84页。
⑥ 肖梦黎：《平台信用评分机制的规制功能及其法治化实现》，载《探索与争鸣》2022年第2期，第133页。

场景"可信度实则为政府监管提供了诸多有益指引①。

二、依托信用惩戒及监管实现可信数据要素交易

在数据要素"自由交易"流通过程中，可交易数据要素的定价与交易场景紧密关联②，交易场景可信会使数据要素交易相对人信任可交易数据要素定价的公正性，也就更易于顺利达成数据要素交易。数据要素交易的过程也是互联网企业数据要素产权价值得以实现的过程，菲利普·克里斯蒂安·迪克纳将"价值实现（V）"等同于"支付意愿（W）乘以信用倍数（T）"③，而支付意愿又正相关于信用倍数，因此，可信数据要素交易能够有效实现数据要素价值。目前，数据要素交易几乎都是通过服务合同或点对点进行，数据要素流转则集中于小范围内的流转④，且数据要素交易主体享有一定的要素定价自主权⑤。面对数据要素交易的阿罗信息悖论，数据交易平台与数据要素交易卖方主体是保障数据要素交易场景可信的关键，但凡有一方是不可信的，就有可能抑制数据要素的价值实现，阻却数据要素的流通继而消极影响数字经济发展。任何失去信任的货币都将一文不值⑥，同样，任何失去信任的数据要素交易都将难以进行，而完备的信用制度在减少不确定性的同时还能降低数据要素交易风险⑦。对此，既有制度从"增强技术可信"与"引入失信惩戒"两个方面作出努力，如《上海市数据条例》第七十一条规定，"本市支持浦东新区加强数据交易相关的数字信任体系建设，创新融合大数据、区块链、零信任等技术，构建数字信任基础设施，保障可信数据交易服务"。又如《中共中央、国务院关于构建更加完善的要素市场化配置体制机制的意见》提出，"加强信用体系建设，完善失信行为认定、失信联合惩戒、信用修复等机

---

① 《关于促进平台经济规范健康发展的指导意见》提出，应"根据平台信用等级和风险类型，实施差异化监管，对风险较低、信用较好的适当减少检查频次，对风险较高、信用较差的加大检查频次和力度"。
② 熊巧琴、汤珂：《数据要素的界权、交易和定价研究进展》，载《经济学动态》2021年第2期，第152页。
③ ［德］菲利普·克里斯蒂安·迪克纳：《信用经济》，张静、林秋香、廖昌盛译，中国经济出版社2022年版，第113页。
④ 丁晓东：《数据交易如何破局——数据要素市场中的阿罗信息悖论与法律应对》，载《东方法学》2022年第2期，第147页。
⑤ 《中共中央、国务院关于构建更加完善的要素市场化配置体制机制的意见》提出要"引导市场主体依法合理行使要素定价自主权，推动政府定价机制由制定具体价格水平向制定定价规则转变"。
⑥ ［德］菲利普·克里斯蒂安·迪克纳：《信用经济》，张静、林秋香、廖昌盛译，中国经济出版社2022年版，第9页。
⑦ 赵磊：《商事信用：商法的内在逻辑与体系化根本》，载《中国法学》2018年第5期，第160页。

制。健全交易风险防范处置机制"。实际上，数据要素交易的安全与稳定，不仅需要成熟的可信环境，还需要以沉重的失信者违约成本为依托①，而"引入失信惩戒"在一定程度上能够反向激励数据要素交易相关主体"增强技术可信"。因此，失信惩戒制度能够保障可信的数据要素交易环境。

首先，可信数据要素交易应以惩戒数据要素交易卖方主体失信为前提。数据要素交易本质上仍然属于市场自由交易行为，在数据要素交易定价上，数据要素卖方主体应严格按照数据要素的生产经营成本及市场供应现状，合理自主制定数据要素的交易价格②。在数据要素交易方式上，数据要素卖方主体应保证买卖双方之间的交互式自由交易，确保数据要素买方主体可拒绝数据要素卖方主体提出的价格，也可与数据要素卖方主体讨价还价③，以此避免强买强卖的行为发生。数据要素卖方主体可在数据要素买方主体支付一定费用获得数据要素的随机样本后，或在免费向数据要素买方主体提供随机数据要素样本后，让数据要素买方主体决定是否购买④。在数据要素交易竞争上，应谨防卖方构建利益共同体，继而实施限制或排除技术创新、竞争的行为⑤。如若数据要素卖方主体违反诚信经营的义务，监管部门应视情节及时认定失信行为、确定准入市场的限制期限，并在此期间将失信惩戒信息公示在特定监管平台，等等。其次，可信数据要素交易应以惩戒数据交易平台失信为基础。作为数据要素交易的中介机构，数据交易平台可通过信用制度克服数据要素交易的阿罗信息悖论，还可创造足够的信任助力数据要素交易的完成⑥。在数据要素交易场景中，数据交易平台担保着数据要素卖方主体具备数据要素交易资格、可交易数据要素质量达标、可交易数据要素价格合理⑦等各方面的信用，可以说，数据交易平台实则是面向社会公众利益的⑧。因此，在失信

---

① 陈波：《互联网消费金融发展机遇、困境与路径探析》，载《湖南社会科学》2021年第5期，第63页。

② 《中华人民共和国价格法》第八条规定："经营者定价的基本依据是生产经营成本和市场供求状况。"

③ 李成熙、文庭孝：《我国大数据交易盈利模式研究》，载《情报杂志》2020年第3期，第183页。

④ 熊巧琴、汤珂：《数据要素的界权、交易和定价研究进展》，载《经济学动态》2021年第2期，第149页。

⑤ 杨帆：《平台信用治理：信用分规则的利益失衡及其破解路径》，载《南京社会科学》2022年第7期，第100页。

⑥ 梅夏英：《数据交易的法律范畴界定与实现路径》，载《比较法研究》2022年第6期，第13-27页。

⑦ 李成熙、文庭孝：《我国大数据交易盈利模式研究》，载《情报杂志》2020年第3期，第182页。

⑧ 范文仲：《数据交易所的定位和发展路径》，载《中国银行业》2022年第6期，第12页。

惩戒上，数据交易平台应该与数据要素卖方主体连带承担不利后果。最后，可信数据要素交易应以政府信用监管、落实失信惩戒制度为保障。只要政府在数据要素交易场景中把握好信用监管的尺度，就能够既对不履行诚信义务的主体施以惩戒，又可激励行政相对人更好地履行诚信义务[①]。政府应按照比例原则认定相关主体的失信行为，依托"互联网+监管"系统与相关部门业务系统按需共享失信行为信息，同时，政府还应该施行与之配套的信用异议处理及信用修复等机制[②]，以此构建守信联合激励、失信联合惩戒的信用机制[③]。

综上所述，本书将数据要素流通及数据要素交易的可信方案设计成如下条款。

第一条："可信的数据要素流通方案应该兼顾数据要素流通与数据要素安全。"

第二条："可信的数据要素流通应是可信场景中的数据要素流通，将数据要素流通场景区分为'识别个人场景'与'非识别个人场景'，赋予'非识别个人场景'中的数据要素以流通自由，依靠'使用目的'、'一般隐私期待'及'损害后果'共同确定特定数据要素在'识别个人场景'中的互联网企业安全保障义务，以此构造可信场景中的数据要素流通。"

第三条："可信数据要素交易应是失信惩戒规范下的自由交易，数据要素卖方主体应始终实施合理定价、避免强卖及杜绝限制竞争等可信交易行为；数据交易平台应始终实施严审数据要素卖方主体的交易资格、保障交易数据要素的质量及保证交易价格合理等可信审核行为；政府应依托'互联网+监管'对数据要素卖方主体与数据交易平台等主体实施随机性地信用监管，按照比例原则对相关主体的失信行为予以失信惩戒。"

第四节 打造数据要素交易的可信配套制度

一、确保数据要素交易的关联机构可信

只有为数据要素创造良好的合规交易环境，才能有效激励、有序促进数据要素交易。从《关于构建数据基础制度更好发挥数据要素作用的意见》来

[①] 王瑞雪：《政府规制中的信用工具研究》，载《中国法学》2017年第4期，第165页。
[②] 童楠楠、窦悦、刘钊因：《中国特色数据要素产权制度体系构建研究》，载《电子政务》2022年第2期，第19页。
[③] 门钰璐、严宏伟、王丛虎：《社会信用合作治理体系的构建——基于数据开放的视角》，载《行政管理改革》2022年第7期，第78页。

看，数据要素交易主要涉及数据交易平台、数据商（互联网企业）、第三方专业服务机构，为"提高数据要素交易效率"，应推进数据交易平台与数据商（互联网企业）"功能分离"，强化数据交易平台的"公共属性和公益定位"，鼓励各类数据商（互联网企业）"进场交易"并提供"产品开发、发布、承销和数据资产的合规化、标准化、增值化服务"。有鉴于此，数据要素交易合规环境应以数据交易平台、数据商（互联网企业）、第三方专业服务机构的职能合规为抓手。首先，就数据交易平台而言，应确定平台职级与职能划分，明确平台隶属关系，强化平台公益属性定位，赋予平台以合规监管权力。同时，构建动态合规审核流程①，将信用理念融入合规监管，依托信用制度动态激励被监管主体合规交易，动态惩戒被监管主体的不规范交易行为，以此确保数据要素高质量，及数据要素的合理定价。其次，就数据商（互联网企业）而言，应遵守市场运行规律，提高数据要素的质量，接受第三方专业服务机构的质量认证，细化数据要素的交易场景，结合数据要素质量与交易场景，合理制定数据要素价格，始终保持合规自律，自觉接受外部监管。最后，就第三方专业服务机构而言，应持续拓宽第三方专业服务机构类别与数量，将律师事务所、会计师事务所等专业机构纳入第三方专业服务机构范畴，数据交易平台动态匹配第三方专业服务机构与数据商，第三方专业服务机构应始终保持中立地位，对数据要素质量与数据交易价格等做出客观、公正评价。

二、构建数据要素的可信动态定价机制

应通过规范数据要素定价，提高数据要素交易的价格可信度。就数据要素价值构成而言，个人与互联网企业皆有贡献，个人更多是在与互联网企业互动过程中，以投资关联数据的方式贡献数据要素价值，而互联网企业则是实现数据要素价值的关键主体。因此，在数据要素定价上，除了应对互联网企业交易的数据要素定价之外，还应该兼顾个人作为投资者让渡关联个人的数据的价格定制。从数据要素的表现形式来讲，个人皆可作为"功能型数据要素"、"信息型数据要素"及"数据型数据要素"的投资者，而个人的贡献度则可通过个人与数据商的"互动频次"，个人让渡数据的"敏感度""体量""可替代程度""价值贡献度"等要素作为投资评估要素。这足以表明个人投资的数据价值与价格难以直观确定，会随着个人与互联网企业互动程度的深入而增加，所以，个人投资的数据价格难以事先确定。然而，如果不事

---

① 参见袁炯贤：《数据交易也要包容审慎监管！深圳在全国首创动态合规体系》，https://new.qq.com/rain/a/20230227A039BV00，访问时间：2023年2月27日。

先披露个人投资数据的价格，就容易使个人忽视其投资数据的长期成本，反之，则会更有利于个人理性选择实施何种数据投资行为①。有鉴于此，在个人与互联网企业互动过程中，互联网企业应通过"数据投资评估要素"大致计算出可供个人参考的"数据回报"（ROD=U/D）②区间，以便个人就如何投资数据作出明智决定③，而个人投资的数据价值与价格则可通过"数据回报"公式动态计算，并赋予个人以"继续投资"与"退出投资"的权利，且能够随时获得互联网企业的价格变现。如此，就能够在"强化个人对投资数据的价格信任"与"强化个人对数据商的投资信任"间实现双向激励。

就互联网企业交易的数据要素定价而言，数据要素卖方主体相较于数据要素买方主体占有定价主导优势④，且数据要素买方主体处于交易信息的劣势地位，为确保数据要素交易公平，数据要素交易定价应该受到一定程度监管。但需要注意的是，政府监管不应完全取代市场交易，且应给予数据要素交易一定市场自由度。数据要素价值不仅具有较强的主观认定标准，且具有较强的场景关联性，这也就决定统一定价数据要素并不现实，应该允许存在一定程度的数据要素个性化定价，因此，数据要素交易公平更多体现为特定场景下的数据要素定价公平。微观经济学理论同样认为，存在一些形式的个性化定价可以提高要素配置效率，因为这能够使消费者愿意支付不低于边际生产成本的价格来消费商品或服务⑤。只不过，数据要素定价应是基于不同场景下的不同数据要素类型的灵活个性化定价激励机制⑥。就"功能型数据要素"与"信息型数据要素"的定价而言，考虑到"功能型数据要素"与"信息型数据要素"的适用场景相对固定、明确，数据交易平台与第三方专业服务机构应严格审核"功能型数据要素"与"信息型数据要素"价值。在此基础上，数据交易平台结合市场行情设定"功能型数据要素"与"信息型数据要素"的价格上限，且允许数据要素买方主体与数据要素卖方主体之间讨价还价。就"数据型数据要素"定价而言，考虑到"数据型数据要素"的适用场

---

① Noam Kolt, "Return on Data: Personalizing Consumer Guidance in Data Exchanges," Yale Law & Policy Review 38, no. 1 (2019): 140.

② "数据回报"（ROD）即"消费者获得的效用"（U）与"他们提供的数据"（D）之间的关系。

③ Noam Kolt, "Return on Data: Personalizing Consumer Guidance in Data Exchanges," Yale Law & Policy Review 38, no. 1 (2019): 77.

④ 欧阳日辉、杜青青：《数据要素定价机制研究进展》，载《经济学动态》2022年第2期，第129页。

⑤ Alain Marciano, Antonio Nicita & Giovanni Battista Ramello, "Big Data and Big Techs: Understanding the Value of Information in Platform Capitalism," European Journal of Law and Economics 50 (2020): 351.

⑥ 欧阳日辉、龚伟：《基于价值和市场评价贡献的数据要素定价机制》，载《改革》2022年第3期，第47页。

景及数据要素买方主体个性化需求较为多元，且"数据型数据要素"更多呈现为较为粗糙的原始数据集合形态，数据交易平台应与第三方专业服务机构严格审核"数据型数据要素"质量、价值，检视、排查"数据型数据要素"风险。在此基础上，数据要素卖方主体按照购买数量的变化，以非线性关系设定不同价格区间①，并交由数据交易平台备案、审核，数据要素卖方主体在审核通过后，针对特定体量的数据要素，即可在合理价格区间范围内实施个性化定价。

---

① 欧阳日辉、杜青青：《数据要素定价机制研究进展》，载《经济学动态》2022年第2期，第132页。

第五章　数据要素交易的风险防范

第一节　延拓主体意志智能防范交易风险

在数字智能时代，大数据、人工智能等技术既是创新发展的助推器，也是滋生个人信息等数字化安全问题的催化剂①。据中国消费者协会 2018 年 11 月发布的《100 款 App 个人信息收集与隐私政策评估报告》，10 类 100 款 App 中多达 91 款 App 存在着过度收集用户个人信息的问题。具体言之，"位置信息""通讯录信息""身份信息""手机号码"分别有 59 款、28 款、23 款、22 款 App 涉嫌过度收集。除此之外，用户的个人照片、个人财产信息等也存在着被 App 过度收集、使用的现象②。由此反映出互联网企业为了获得个人信息这一新型生产要素，存在着过度收集与使用个人信息的问题。通过中央网信办、工业和信息化部、公安部、市场监管总局于 2019 年 1 月联合发布的《关于开展 App 违法违规收集使用个人信息专项治理的公告》可知，互联网企业通过 App 强制授权、过度索权、超范围收集个人信息等问题已然较为突出③。

事实上，不论是从数据要素交易主体层面来看，还是从基础数据要素的构成来看，这一问题在数据要素的市场交易过程中依然存在。因为，数据要素交易主体在实施数据要素交易行为时，只有通过数字化智能工具方可实现关涉数据要素的系列交易行为，此时，不可避免会产生大量个人信息。另外，诚如前文所述，个人信息作为主要的基础数据要素之一，在数据要素交易过程中也会出现关涉个人信息的生成、收集、处理等行为。可以说，在数据要素的市场交易过程中，个人信息保护问题依然严峻。南财团队研究发现，目

---

① 李政葳：《大数据时代，如何保护用户隐私》，《光明日报》2018 年 12 月 4 日第 010 版。
② 《100 款 App 个人信息收集与隐私政策测评报告》，http://www.cca.org.cn/jmxf/detail/28310.html，访问时间：2019 年 3 月 27 日。
③ 《四部委专项治理 App 违法违规收集使用个人信息》，《中国市场监管报》2019 年 1 月 29 日第 23 期（总第 6501 期）。

前数据要素市场中存在着损害个人信息主体权益的数据产品流通、个人信息使用边界不清晰等现象①。那么,在数据要素交易过程中应该如何更好地保护个人信息呢?本书认为,个人信息作为与个人关联最为密切的表征形式,不仅承载着个人的诸多信息权益,同时也是个人意志自由表达的载体。数据要素交易场景中的个人信息侵害风险更多是因数字技术的发展与应用而得以引发。有鉴于此,本书主张借助数字技术(如本节所论述的"智能合约"),依托个人信息极力延拓个人自由意志,使个人得以深度参与数据要素交易,以"用魔法打败魔法"的方式智能保护个人信息。需要说明的是,本节的论述重点集中在,如何在规范层面通过个人信息,以及借助智能合约延拓信息主体的自由意志。

一、个人信息保护乏力的症结与思考

(一)个人信息保护乏力的症结所在

市场监管者的规制缺乏实效、互联网企业的运营自律性较差及个人意愿未得到合理表达是个人信息保护乏力的主要原因。一方面,市场监管者对互联网企业的规制因注重事后惩罚而流于形式。《关于开展 App 违法违规收集使用个人信息专项治理的公告》对市场监管者的规制要求"组织相关机构,对用户数量大、与民众生活密切相关的 App 隐私政策和个人信息收集使用情况进行评估""加强对违法违规收集使用个人信息行为的监管和处罚,……情节严重,依法暂停相关业务、停业整顿、吊销相关业务许可证或者吊销营业执照"等,表现出事后惩罚的规制特点。而市场监管总局与中央网信办 2019 年 3 月发布的旨在促使 App 规范运营的《关于开展 App 安全认证工作的公告》要求,App 安全认证的主要审核材料包括法人资格证明材料、App 版本控制说明、自评价结果及相关证明文档、App 符合相关安全技术标准的证明文件等,②则反映了监管者的规制并不能有效覆盖互联网企业运营全过程,依然采取传统的形式审核模式,传统规制手段因不能适应数字智能时代发展而缺乏实效。另一方面,互联网企业的隐私政策现状足以说明其在收集、使用个人信息时的自律性较差。这也间接反映出信息主体的个人意愿并未获得互联网企业的妥切尊重。中国消费者协会参考《个人信息安全规范》对 100 款 App 的隐私条款进行了测评,发现有 47 款 App 隐私条款内容不达标。34 款

---

① 《南财合规科技研究院虞伟:数据交易中的个人信息保护问题亟待解决,需发挥政企合力》,https://www.sohu.com/a/745699105_121255906,访问时间:2024 年 1 月 17 日。
② 《市场监管总局中央网信办公告开展 App 安全认证工作》,http://www.gov.cn/xinwen/2019-03/15/content_5373928.htm,访问时间:2019 年 3 月 28 日。

App 没有隐私条款，59 款 App 未明确告知收集个人信息类型，且收集敏感信息时未明确告知用户信息的用途，等等①。隐私政策的设立主要是为了警醒信息主体加强个人信息安全意识，同时拘束互联网企业恣意收集个人信息的行为。然而，即便是形式意义颇为浓厚的隐私政策，互联网企业都未能良好落实，这在一定程度上反映出互联网企业消极的个人信息安全保障意识。与此同时，可得而知的是，个人并无意思自由表达之可能。

（二）个人信息保护乏力引发的思考

在数字智能时代，保护个人信息并不意味着杜绝个人信息的任何收集、使用行为，因为试图通过法律规避个人信息被收集有违时代发展规律。根据《华尔街日报》的调查，尽管注重隐私的个人可以通过 Internet 浏览器删除或阻止安装 Cookie 文件。但是，总会有新的更智能的工具对人们的网络行为予以记录并即时评估②。同时，过度保护个人信息将不利于社会政策目的的实现。以智能抄表为例，智能抄表通过收集大量个人信息不仅可以远程控制电力消耗（远程去电和重新通电），而且还可以及时反馈个人的电力需求。此时，关涉个人电量使用情况的个人信息已然成为提高能源效率、促进能源安全的重要依据。如若完全排除个人信息被收集、使用之可能，势必会造成能源的浪费继而危及社会整体利益③。所以，个人信息保护应摈弃因噎废食的心态，珍视个人信息之于互联网企业的发展以及社会公众利益的重要价值。

在数字智能时代，既然不能避免个人信息被收集、使用的趋势。那么，监管者如何保护个人信息，以及互联网企业通过何种方式在尊重私人意志基础上收集、利用个人信息，以此最终实现个人信息保护与互联网企业发展的利益平衡就成为"数字智能时代之问"。数字技术的勃兴早已引发法律未来学家们的思考，偏重程序正义的法律与遵从逻辑的算法在实然层面形成和洽，以至于在法律未来学家看来，数据（事实）通过应用既定规则（法律）转化为产出（判断或结果）的实证过程足以说明法律程序本质上是算法的。依循此种理念，卡内基梅隆大学计算机科学系的 Travis Breaux 团队分析了隐私规则和隐私政策并将它们分解为组成语义（特定术语的含义）和语法（术语之间的法律规定的关系），在患者同意的情况下，对计算机进行编程以针对特定场景生成合规性的输出数据（如对病人健康记录中可能表明病人患有糖尿病

---

① 《100 款 App 个人信息收集与隐私政策测评报告》，http://www.cca.org.cn/jmxf/detail/28310.html，访问时间：2019 年 3 月 27 日。

② Paul Lanois, "Caught in the Clouds: The Web 2.0, Cloud Computing, and Privacy?" Northwestern Journal of Technology & Intellectual Property 9, no. 2 (2010): 34.

③ Lucas Noura Guimaraes, "The Dichotomy between Smart Metering and the Protection of Consumer's Personal Data in Brazilian Law," Revista Brasileira de Politicas Publicas 7, no. 3 (2017): 277.

的数据施加某些限制）并用于营销目的①。这一模式带给个人信息保护诸多启发，算法与法律的价值共识似乎疏通了两者之间沟通的渠道，Travis Breaux 团队通过编程技术不仅使患者的自由"意思"得到表达，同时也满足了个人信息收集、使用的隐私政策要求。值得注意的是，律师兼技术专家的尼克·萨博（Nick Szabo）早在1997年就已经采用智能合约对 Travis Breaux 团队的试验模式进行了准确界定，所谓"智能合约"，尼克·萨博将其表述为嵌入到硬件和软件中的合同条款②。那么，智能合约能否解答"数据时代之问"，在国内学术界多方寻求个人信息保护最佳路径之际，有可能成为答案的智能合约实有研究之必要。那么，一系列问题及其解答就构成了本部分的论证逻辑架构。其一，智能合约具有何种功能？其二，私主体的意思自由能否通过智能合约予以表达？其三，智能合约能否保护个人信息以及具体如何保护？

二、个人信息智能合约保护的理论基础

智能合约在理论上有利于个人信息的保护。智能合约在本质上属于民事合同。

（一）智能合约功能的理论诠释

智能合约并非纯粹的技术手段，而是人实现自我价值的方式，在理念上与民事合同相契合。

1. 智能合约在理论上有利于个人信息的保护

虽然智能合约的功能价值因区块链而得到释放。但是，考虑到区块链去中心化的共识特性，先进的智能合约区块链模式并不利于个人信息的保护。反倒是传统的并不"智能"的智能合约在理论上有利于个人信息的保护。

（1）智能合约的区块链模式不利于个人信息的保护

虽然智能合约的功能价值因区块链而得到释放。但是，智能合约的区块链模式并不利于个人信息的保护。区块链模式下的智能合约是存储在区块链上的一段代码，经由区块链数据库写入和读取，并由区块链交易予以触发，二者彼此互补与共生③以实现功能的"否定之否定"。智能合约是区块链下层信息逻辑链式关系与上层服务沟通的渠道④。区块链模式智能合约的运行大致可分为合约生成、合约发布及合约执行三个部分。合约生成是将协商合约方

---

① Frank Pasquale, "A Rule of Persons, Not Machines: The Limits of Legal Automation," George Washington Law Review 87, no. 1 (2019): 18–22.
② Max Raskin, "The Law and Legality of Smart Contracts," Georgetown Law & Technology Review 304, no. 1 (2017): 305–341.
③ 王延川：《智能合约的构造与风险防治》，载《法学杂志》2019年第2期，第44页。
④ 姚忠将、葛敬国：《关于区块链原理及应用的综述》，载《科研信息化技术与应用》2017年第2期，第10页。

的意思表示通过系统抽象模型的虚拟机验证为代码样式的过程。合约发布是将签名后的合约以 P2P 的方式发布给每一个节点，每个节点会针对缓存的合约计算出合约集合的 Hash 值并扩散至全网的其他节点。全网所有节点最终达成共识。合约执行由事件触发，系统在节点对签名验证通过后便可自动执行①。区块链则以几乎不可更改的方式对经由智能合约的交易过程进行记录②。比特币因区块链技术而实现了在没有任何中介监管也可支付的可能③。区块链因对人类古老的信任问题提供了一种新颖的解决方案而可能成为自互联网以来信息技术最重大的发展④。"能源行业的区块链市场——增长、趋势和预测（2019—2024 年）"甚至预计在 2019—2024 年能源行业的区块链市场的复合年均增长率将超过 67.23%⑤。基于此，区块链在学界受到空前的关注，有学者甚至认为区块链的非对称加密特点及智能合约独立运行的沙箱环境可以实现个人信息的隐私保护⑥。然而，能够实现全网节点透明的区块链在功能上确保了所有参与者获得信息的平等机会⑦。区块链中的每个节点都对应着一个用户，只要用户拥有公钥（公共分类账上显示的匿名用户地址）、私钥（用于授权交易的密码）和令牌（通常采用加密货币的形式，但可以是任何形式的数据）就可以获知节点上分布的所有信息⑧。区块链的优势在于公开特性⑨，区块链上的"真相"是基于共识的⑩。这也就意味着，个人与互联网企业通

---

① 贺海武、延安、陈泽华：《基于区块链的智能合约技术与应用综述》，载《计算机研究与发展》2018 年第 11 期，第 2454、2455 页。

② 何蒲、于戈、张岩峰、鲍玉斌：《区块链技术与应用前瞻综述》，载《计算机科学》2017 年第 4 期，第 3 页。

③ Louis F. Del Duca, "The Commercial Law of Bitcoin and Blockchain Transactions," UCC Law Journal 47, no. 2 (2017).

④ Kevin Werbach Berkeley, "Trust, But Verify: Why the Blockchain Needs the Law," Berkeley Technology Law Journal 33 (2018): 487-550.

⑤ See M2 PRESSWIRE-March 20, 2019-: Blockchain Market in the Energy Sector-Global Growth, Trends and Forecasts 2019-2024 (C) 1994-2019 M2 COMMUNICATIONS. last visited: 2019-03-27.

⑥ 闫树、卿苏德、魏凯：《区块链在数据流通中的应用》，载《大数据》2018 年第 1 期，第 6-8 页。

⑦ 塔琳、李孟刚：《区块链在互联网金融征信领域的应用前景探析》，载《东北大学学报（社会科学版）》2018 年第 5 期，第 470 页。

⑧ Nathan Fulmer, "Exploring the Legal Issues of Blockchain Applications," Akron Law Review 52, no. 1 (2018): 168.

⑨ Dalmacio V. Jr. Posadas, "After the Gold Rush: The Boom of the Internet of Things, and the Busts of Data-Security and Privacy," Fordham Intellectual Property, Media & Entertainment Law Journal 28, no. 1 (2017): 106.

⑩ Deng, "Ai, Smart Contracts and Blockchains: Steroid for Collusion?" last modified September 11, 2018, available at SSRN: https://ssrn.com/abstract=3187010 or http://dx.doi.org/10.2139/ssrn.3187010, p.3. last visited: 2019-03-27.

过智能合约区块链模式实现个人信息的交易记录总会被区块链上的其他用户获知,此时信息主体的个人信息将因区块链的公开特性而不具有保护的可能性。所以,个人信息的智能合约区块链保护模式因有违区块链的技术理念而在理论上很难自洽。

(2) 智能合约的传统模式有利于个人信息的保护

虽然先进的智能合约区块链模式不能实现个人信息的保护,但是,传统的智能合约在理论上有利于个人信息的保护。20世纪90年代已然存在着不同种类的智能合约,但由于缺乏必要的技术而无法得到广泛实施。在区块链之前,"智能合同"交易的双方都必须依赖另一方的计算机代码和网络基础设施,并且这两组代码是相同的(并在两组计算机上以相同的方式执行)[1]。智能合约仅作为一种有助于在集中的服务器上进行协商、验证和强制执行的计算机程序[2]。可以说,不借助区块链技术的智能合约就是一组不需要人们外部输入就可以在特定情况下执行特定程序实现特定目的的计算机编程,不仅体现了参与各方的权利义务关系,也包含了触发的条件与触发后的规定动作[3]。其目标是提高事务处理的安全性并减少事务处理的时间[4]。所以,智能合约并不"智能",不能像人工智能那样在行动的过程中自我学习,不能适应不断变化的环境,也不能从经验中不断完善[5]。如此,通过智能合约收集、处理个人信息的行为是可以预先设定的,理论上不仅约束了数据企业对于个人信息实施的恣意行为,也可以使消费者的知情权获得保障。尽管有学者认为,智能合约优势之所在也是其致命之劣势。"自动化"要求每一项协议都由充分界定的条款组成。"匿名性"则消除了利用商业背景赋予协议条款含义的做法。"权力下放"则要求第三方核查绩效。因此,在不稳定的协议环境中或者协议条款本身存在不确定时,智能合约会因脱离人类语言而造成新的低效率、高成本[6]。不过,如果将智能合约三项所谓的劣势置于个人信息保护的语境下则

---

① Scott A. McKinney, Rachel Landy, Rachel Wilka, "Smart Contracts, Blockchain, and the Next Frontier of Transactional Law," Washington Journal of Law, Technology & Arts 13, no. 3 (2018): 313-347.

② Morgan N. Temte, "Blockchain Challenges Traditional Contract Law: Just How Smart are Smart Contract?" Wyoming Law Review 19, no. 1 (2019): 87-118.

③ 王栋、石欣、陈智雨、吕梓童:《区块链智能合约技术在供应链中的应用研究》,载《网络空间安全》2018年第8期,第10页。

④ See CFTC examines smart contract benefits, risks 2018 CQSECRPT 1268By Chris Marquette, CQ Roll CallCQ Roll Call Washington Securities Enforcement & Litigation Briefing (Approx. 2 pages). last visited: 2019-03-27.

⑤ Scott A. McKinney, Rachel Landy, Rachel Wilka, "Smart Contracts, Blockchain, and the Next Frontier of Transactional Law," Washington Journal of Law, Technology & Arts 13, no. 3 (2018): 313-347.

⑥ Jeremy M. Sklaroff, "Smart Contracts and the Cost of Inflexibility," University of Pennsylvania Law Review 166, no. 1 (2017): 263-291.

又会转变为三种优势。其一，充分界定的条款看似降低了智能合约"自动化"的效率，却因消费者意志在条款制定过程中的充分表达而提高了个人信息获得保护的概率。其二，如果个人信息的收集与使用等过程可以被互联网企业随意干预势必损害消费者的个人信息权益，消除互联网企业利用商业背景赋予协议含义的做法可以尽量控制互联网企业实施个人信息相关行为的自由度。其三，互联网企业的"权力下放"意味着消费者意志将获得强有力保障，同时也为监管部门的规制提供通道。所以，传统智能合约在理论上是可以用于个人信息保护的。

2. 智能合约在理念上与合同相契合

智能合约并非纯粹的技术手段，而是人彰显自我价值的方式，在理念上与民事合同相契合。人的认知水平及表达能力是有限的，因为全面的理解乃是完全掌握整个宇宙，人的有限性注定不可能有此种掌握[1]。即便如此，科技之力却拓宽着人的认知与表达能力，毕竟每个时代总会有一些在后世看来略显粗糙的伟大成就。可能正是认识到这一点，海德格尔超脱"技术只是作为主体作用于客体以实现目的的单纯工具"这一传统哲学认知，建基于人之"存在"这一原初性哲学问题并反思技术之本质，认为技术不仅是手段，而是人的一种在世"解蔽"方式[2]。所以，在智能合约已然将人、法律协议和网络之间的复杂关系予以程序化[3]的情况下，人的精神理念似乎已经注入科技并在计算机程序中彰显着"人之为人"的崇高价值。算法不只是计算器之类的工具，也不是形式合同的等价物，而是将其视为付诸行动的人的准生命行为者[4]。由此，智能合约不仅仅是一种技术手段，更是人彰显自我价值的方式。而其独特的运行机制更是与合同的自然法理念相契合。霍布斯认为，"契约"是两个或两个以上的人相互转让他们权利的行为，"协议"则是一方或双方被给予信任，被信任者承诺以后履约的行为。如果将权利转让或放弃的方式限于言词的话，那么，实现该"契约"的言词一定指涉的是现在或过去，"承诺"则是由指涉将来的言词做出的。"承诺"的作出就意味着"不兑现"自由的失去与义务的出现[5]。由此，"承诺"始于信任，经由义务而终于"契约"。智能合约将"承诺"与代码合二为一，代码不仅表示"承诺"，同时也

---

[1] ［英］怀特海：《思维方式》，刘放桐译，商务印书馆2010年版，第41页。
[2] 郑晓松：《技术与合理化》，齐鲁书社2007年版，第51-53页。
[3] 贺海武、延安、陈泽华：《基于区块链的智能合约技术与应用综述》，载《计算机研究与发展》2018年第11期，第2454页。
[4] Martha Ertman, Smart Rules for Smart Contracts, 2017 Jotwell: J. Things We Like [89] (2017), available at http://contracts.jotwell.com/smart-rules-for-smart-contracts/. last visited: 2019-03-27.
[5] ［英］霍布斯：《论公民》，应星、冯克利译，贵州人民出版社2003年版，第16-19页。

执行"承诺",旨在确保交易方获取预定的执行效果。尽管智能合约使交易方的意志弱化,中心架构也在某种程度上被消解①。智能合约却可以使交易双方的意志得到不被外界干扰的执行与实现。反思智能合约的形式与实质意涵会发现,智能合约是对未来不是"承诺"的承诺②。智能合约独特的技术特性已然实现了"承诺"与"契约"的合一。于是,智能合约在自然法哲学思想的指引下在实质意涵上实现了向合同③的理性回归。

(二) 智能合约属于民事合同

智能合约在本质上属于民事合同。智能合约符合合同的历史演变规律,因具备"固定当事人合意"的功能属性而落入《民法典》第四百六十九条之"其他形式",改观了"要约"与"承诺"未能即时同步可能招致的不公,其结果正义仍然需要关涉合同的实证规范予以保障。

1. 智能合约符合合同的历史演变趋势

从民事合同的历史演变规律来看,智能合约属于民事合同。合同形式会随着新的商业模式和技术的出现而不断演变。每一社会时期都有凸显时代特色的合同形式。譬如,农业经济社会主要以单独商定的合同为主,合同各方以"保持一定距离"的方式进行谈判。工业社会的合同主要以更为简洁的标准条款形式存在,能够在最大限度减少人员参与合同谈判的情况下签订合同,并降低交易成本。信息社会往往会走得更远,不仅在合同条款方面,而且在执行时都尽量减少人的参与④。虽然合同的表现形式在不同时代不尽相同,但产生"特定私法效果"⑤ 且实现"资源被配置到最有使用价值的地方"⑥ 的目的价值不曾改变,改变的仅是烙于空间的独特时代印记。随着计算机技术的发展,智能合约也由早期的自动售货机形态演变为计算机执行的自动化协议。智能合约在技术之力的作用下,使信任不再是

---

① 王延川:《智能合约的构造与风险防治》,载《法学杂志》2019 年第 2 期,第 44 页。

② Kevin Werbach, Nicolas Cornell, "Contracts Ex Machina," Duke Law Journal 67 (2017): 342.

③ 需要指出的是,在 1949 年以前,民法著述中都使用"契约"而非"合同"一词,自 20 世纪 50 年代初至今,除了我国台湾地区仍然使用"契约"一词外,我国民事立法与司法实践主要采用"合同"一词。另外,"契约"即"合同"是我国目前学界的主流学说,本书遵从主流学说,对两种表述不作区分。参见王利明、杨立新、王轶、程啸:《民法学》(第四版),法律出版社 2015 年版,第 431 页;柳经纬主编:《民法》(第四版),厦门大学出版社 2009 年版,第 419 页;谭启平主编:《中国民法学》,法律出版社 2015 年版,第 389 页;魏振瀛主编:《民法》(第七版),北京大学出版社 2017 年版,第 438 页。

④ Alexander Savelyev, "Contract Law 2.0: Smart Contracts as the Beginning of the End of Classic Contract Law," Information & Communications Technology Law 26, no. 2 (2017): 116-134.

⑤ 朱广新:《合同法总则》(第二版),中国人民大学出版社 2012 年版,第 16 页。

⑥ [德] 汉斯-贝恩德·舍费尔、克劳斯·奥特:《民法的经济分析》(第四版),江清云等译,法律出版社 2009 年版,第 378 页。

一个问题。虽然模糊了原始合同与合同执行之间的界限①,但无论是好是坏,智能合约企图借助计算机"自我执行模式"规避合同执行过程中的人类随意介入,如此确保绩效②的方式毋宁看作是一次在技术催化下合同中效率价值的释放。可以说,智能合约早在人们意识到之前就已然存在,只不过其形式会随着技术的演进而逐渐精进,功能也愈发强大。所以,智能合约是人类行为的结果,而不是人类设计的结果③。

2. 智能合约满足合同的规范要求

智能合约满足《民法典》第四百六十九条之"其他形式"规范的价值内涵。《民法典》第四百六十九条规定"当事人订立合同,可以采用书面形式、口头形式或者其他形式"。显然,智能合约在形式上并不属于传统意义上的"书面形式",更不属于"口头形式"。由此,对于该规定"其他形式"内涵之界定关乎智能合约是否可以凭此进入合同法的规范领域。马克斯·韦伯认为一个形式逻辑严密、封闭且自我参照的合同法律话语将有力支撑市场经济的繁荣。在他看来,商人们在进入市场的时候往往要求他们的承诺具有可计算性,这种可计算性能够与清晰的法律推理形成对接,以避免任何实质性的自由裁量权对争议案件的干预。然而,在实践中面对合同交易冲突时,商人与法律人对于合同条款的价值存在认知差异,商人们更多采用交易习惯作为规范框架。法律人囿于合同条款会受到实证法规制的理论认知,则会认为合同是私人权利义务的唯一来源。于是,在合同法律规范与商事交易习惯之间就出现了紧张的关系。马克斯·韦伯的理论建基于对商人们交易习惯的主观认知,而实践经验却证实保有适度解释张力且体系架构适当开放的合同法对于繁荣市场尤为重要。基于此,为了使法律实效与商业目标和洽,合同法应减少合同的形式主义,采取更加开放的一般条款并容忍合同义务的创设④。实际上,合同形式的根本目的在于固定当事人的合意。合同的形式选择由特定历史时空的信息技术水平所决定。法律对合同安全与确定的价值追求并未因合同形式的更易而发生大的改变⑤。所以,对于"其他形式"的解读应该以能否固定当事人合意为要。这一理念在

---

① Riikka Koulu, "Blockchains and Online Dispute Resolution: Smart Contracts as an Alternative to Enforcement," SCRIPTed 13, no. 1 (2016): 55-56.

② Max Raskin, "The Law and Legality of Smart Contracts," Georgetown Law Technology Review 1, no. 2 (2017): 305-341.

③ Max Raskin, "The Law and Legality of Smart Contracts," Georgetown Law Technology Review 1, no. 2 (2017): 305-341.

④ [英]休·柯林斯:《规制合同》,郭小莉译,中国人民大学出版社2014年版,第192-229页。

⑤ 孟勤国、齐爱民:《信息技术与合同形式》,载《法学》2002年第2期,第57-68页。

司法实践中也得到印证。在"王贵仁与马振余房屋买卖合同纠纷"一案中，法院对《民法典》第四百六十九条"其他形式"进行了解读。法院认为"原被告达成口头房屋买卖协议，是双方真实意思表达，符合买卖合同其他形式的构成要件"①。由此，在法院看来，无论具体形式如何，只要是双方当事人"真实意思表达"即符合"其他形式"的法理精神。同样，在"黄德君诉王海开等房屋买卖合同纠纷案"中，王海开与梁广彬因未签订书面换房合同就换房居住而引发纠纷。在一审法院看来，"双方虽未签订换房合同，但双方已经实际履行至今并无争议，是双方真实的意思表示"②，该行为虽然不具有合同外观形式，但应属于《民法典》第四百六十九条"其他形式"。所以，能够固定双方当事人合意的智能合约属于《民法典》第四百六十九条"其他形式"。

3. 智能合约弥补合同制度的缺陷

智能合约的运行过程实质上就是民事合同"要约承诺"与执行的过程，并且，智能合约改良了传统民事合同订立过程因"要约"与"承诺"未能即时同步而可能招致不公的制度缺陷。传统的民事合同是由两方或两方以上的当事人根据私法规定设立、变更或终止双方权利义务的任何协议③。合同之成立实则是双方当事人以"要约"与"承诺"的方式就其权利、义务相互协商并最终意思表示达成一致的过程④。要约是特定人向相对人发出的旨在订立合同的意思表示。承诺是受要约人在要约确定的期限内向要约人作出的与要约人订立合同实质一致的意思表示⑤。成立之后的合同只有经过法律的肯定评价并赋予其法律效果后才能谓之生效的合同⑥。但在传统合同订立过程中，无论是我国《民法典》第一百三十七条之规定，还是从英美法系的规定来看，要约的生效采取"到达主义"原则，即要约到达受要约人时生效⑦。如果双方当事人意思表示不能同时达成一致，一方当事人在不能得到对方回复之前就必须等待。而此时双方当事人之间的关系是一方当事人受到约束而另外一方

---

① 唐山市丰南区人民法院（2018）冀 0207 民初 4014 号民事判决书。
② 辽宁省丹东市中级人民（2017）辽 06 民终 1543 号民事判决书。
③ 郭明瑞主编：《合同法学》，复旦大学出版社 2005 年版，第 1-2 页；Kristian Lauslahti, Juri Mattila and Timo Seppala, "Smart Contracts-How Will Blockchain Technology Affect Contractual Practices？" (January 9, 2017). ETLA Reports, No. 68 (January, 2017). Available at SSRN: https://ssrn.com/abstract=3154043 or http://dx.doi.org/10.2139/ssrn.3154043, pp. 11; Kevin Werbach and Nicolas Cornell, "Contracts Ex Machina," Duke Law Journal 67, no. 2 (2017): 313-382.
④ 翟云岭：《合同法总论》，中国人民公安大学出版社 2003 年版，第 39 页。
⑤ 张民安主编：《合同法》（第二版），中山大学出版社 2007 年版，第 48、49、54、55 页。
⑥ 朱广新：《合同法总则研究》（下册），中国人民大学出版社 2018 年版，第 385 页。
⑦ 韩世远：《合同法总论》（第三版），法律出版社 2011 年版，第 85 页。

当事人并未受到约束。此时双方当事人之间的法律地位处于一种不公平的状态。其实，英国法和美国法认为承诺自发出时生效、德国法认为要约原则上不能撤销以及法国法认为应该给予受要约人一段时间考虑是否接受要约的观点都将负担加诸要约人。其根本原因在于，一个人总是可以自由选择是否成为要约人。而要约人是交易的掌控者且可以随意设置允诺的前提①。即便如此，范斯沃斯和《第二次合同法重述》依然认为，受要约人在发出承诺通知（不管要约人是否已经收到承诺）时就应该受到约束②，以此尽量消除由要约人承担负担的规则可能带来的不公平。

反观智能合约的运行机制，在实然层面已然抑制了因"要约"与"承诺"的时间间隔可能引发的不公平。具体言之，作为一种价值转移机制③，智能合约是一种法律意义上的合同，在一定程度上由自动化软件表示和执行。"if X/then Y"语句被写入智能合同应用程序中，当智能合约中嵌入的预定义和双方商定的条件得到满足时，代码片段就将执行预设的任务。譬如，X可以是达到某一值的股票，而Y可以是一方对另一方的支出。凭借计算机语言，X与Y的可能性则是无限的④。如果将发布智能合约的行为视为要约，对智能合约代码的调用执行行为视为承诺⑤的话，智能合约的"要约"与"承诺"之间的时间跨度在实践中几乎可以忽略不计。如此并不意味着当事人没有经过深思熟虑，只是在对合同法律效果有清楚预判的基础上，将"要约"与"承诺"在触发"要约"之前一并写入智能合约程序。所以，双方当事人经过智能合约机制将传统民事合同的"要约"与"承诺"之间可能产生的时间区段硬性挪至一方"要约"发出之前，以此促使双方在"要约"之前就谨慎预判一系列法律行为及其结果，将传统民事合同中因"要约"与"承诺"的不即时可能招致的不公平在"要约"之前就予以消弭殆尽了。

4. 智能合约需要合同制度的保障

智能合约的结果正义离不了关涉合同的实证规范予以保障。具有短时高效特性的智能合约终归也是为了实现资源的优化配置。然而，自然赋予的福惠并不无限丰富，也达不到全体人类共享的理想状态。在市民社会中，希冀

---

① [美] 查尔斯·弗里德：《契约即允诺》，郭锐译，北京大学出版社2006年版，第62页。
② [美] 詹姆斯·戈德雷：《私法的基础 财产、侵权、合同和不当得利》，张家勇译，法律出版社2007年版，第638-639页。
③ Chris Brummer, Yesha Yadav, "Fintech and the Innovation Trilemma," Georgetown Law Journal 107, no. 2 (2019): 272.
④ Scott A. McKinney, Rachel Landy, Rachel Wilka, "Smart Contracts, Blockchain, and the Next Frontier of Transactional Law," Washington Journal of Law, Technology & Arts 13, no. 3 (2018): 322, 324.
⑤ 陈吉栋：《智能合约的法律构造》，载《东方法学》2019年第3期，第18-29页。

通过协议方式获取满足私欲（资源）的个人经过错综复杂的彼此交互，创造并形成了社会"私的秩序"。需要明确的是，合同法之目的并不单是为了确保义务的履行，也是作为对事后当事人可能出现的不满作出裁决的一种救济制度。法律执行合同的目的并非操纵"私的秩序"，而是通过法律的强制力使合同的约束力成为可能并以此支持未被滥用的"私的秩序"①。一言以蔽之，那些能够对公众产生实际效益的公平或公正规则正是人们能够存在的根源②，这点对于智能合约也不例外。虽然智能合约在技术上排除了违约的可能性，但这并不能排除智能合约适用合同法，毕竟当事人未事先代表、不能代表或被胁迫等不合理不合法的情形并不能通过智能合约予以一一阻却③。将近四百年前，托马斯·霍布斯就指出，为确保交易双方能够彼此信任并履行义务，具有约束力的协议需要法律制度的有力支持。虽然从纸质合同到电子合同再到智能合约的演变体现出机器自治的趋势，并且计算机在合同谈判、形成及执行等方面越来越类同于人类。但是，如上合同只能依托于计算机进行初步的判断，在当事人对合同结果不满意时仍然需要援引合同等法律制度④。实际上，智能合约只是更多阐释了合同法的作用，而不是排除了合同法的作用⑤。

三、个人信息智能合约保护模式探讨

（一）个人信息智能合约保护可行性的理论分析

个人信息因算法的智能化发展而呈现出不易保护的趋势，但是，智能合约在理论上使人按照其意志限缩算法权力的可行性得以实现。在数字智能时代，物联网传感器的普及已然使数据的获取方式更加多元、获取体量更加丰富。互联网企业借助具有极强数据评估及有效适配能力的智能算法消除了不同种类个人信息的价值差异，同时借助算法生成了智能化的内容。其实，算法所要解决的就是内容与个体用户之间的智能匹配⑥。不过，不断更迭的算法在数据时代正悄然由"人类权利的客体"向"权力人类的主体"转变。人类丰富的内心世界在网络时代因算法而无处隐藏，因此，人类因惧怕算法的力量而自我禁锢了原本可以用来自由交流的信息。算法的力量似乎正在慢慢摆

---

① ［英］休·柯林斯：《规制合同》，郭小莉译，中国人民大学出版社2014年版，第63页。
② ［英］休谟：《休谟政治论文选》，张若衡译，商务印书馆2010年版，第176-179页。
③ Kevin Werbach, Nicolas Cornell, "Contracts Ex Machina," Duke Law Journal 67, no.2（2017）: 313-382.
④ Kevin Werbach, Nicolas Cornell, "Contracts Ex Machina," Duke Law Journal 67, no.2（2017）: 313-382.
⑤ Kevin Werbach, Nicolas Cornell, "Contracts Ex Machina," Duke Law Journal 67, no.2（2017）: 313-382.
⑥ 彭兰：《智能时代的新内容革命》，载《国际新闻界》2018年第6期，第90-95页。

脱人类控制并驯服着人类。就像喻国明教授所说的那样，"技术不仅能够赋能与赋权，其自身也似乎能够替代传统的权力模式而成为一种权力的行使"[1]。假若算法权力已经存在，那么，形式上算法权力似乎正以其专属的科技领域视角俯瞰着人类社会。但是，需要明确的是，所谓的算法权力何尝不是人类社会的产物。无论算法发展到多么智能的地步，算法权力依然是"人之权利"的结果，并没有摆脱"人之权利"成为纯粹权力的可能。所以，算法权力在本质上仍然依归于"人之权利"。

在不能拦阻技术发展潮流的情势下，试图发现控制算法权力的路径尤为必要，而其中关键之处就在于明辨权利与权力之间的关系。在霍布斯看来，"自然之权利者，人人皆有之自由，而得任意用其力以保其生者也"[2]。人们对安逸和感官的享乐的追逐迫使其让渡权力予公共权力[3]。所以，人的自然权利是国家权力的起源和根据，权利始终作为目的并产生出权力[4]。权力在本源上则是为了"人之权利"的价值彰显。从民法的视角审视"人之权利"，权利即是在充分且全面考虑人类发展合理需求的基础上，将意思之自由与法律紧密结合并赋予其法律之力[5]。所以，如将"人之权利"与"国家权力"之间的哲思关系适于算法权力与"人之权利"可知，算法权力何尝不是人在网络空间适度让权的结果，人在网络空间中的适度让权一方面是为了网络秩序，另一方面更是为了满足自我权利的实现。算法权力为"人之权利"服务的本质使其具备天然的合理性，"人之权利"则是算法权力的最终目的，而其关键就是人的意思自由能够通过算法予以合理表达。因此，在算法不断更迭出新且势不可挡的情况下，如何最大限度地将人的意志注入算法以实现最大程度的人力控制才是避免算法权力极度扩张的合理进路。

在理论上，个人意志可借助智能合约予以延拓，并借此影响到互联网企业收集用户个人信息的类别。在技术上，智能设备基于算法向消费者提供深度的个性化服务在数字智能时代早已司空见惯。算法本身相对不易控制，算法的功能并不依赖于既定的函数模型，而是在与数据的交互中灵活变化。"数据"和"算力"是算法价值实现的关键。芯片的迭代与云计算的发展支撑着

---

[1] 喻国明、杨莹莹、闫巧妹：《算法即权力：算法范式在新闻传播中的权力革命》，载《编辑之友》2018年第5期，第6页。
[2] ［英］霍布斯：《利维坦》，朱敏章译，吉林出版集团有限责任公司2010年版，第60页。
[3] 贾海涛：《论霍布斯的权力哲学及其历史影响》，载《哲学研究》2007年第10期，第66页。
[4] 凌斌：《权利本位论的哲学奠基》，载《现代法学》2015年第5期，第6-8页。
[5] 张驰：《民事权利本质论》，载《华东政法大学学报》2011年第5期，第46页。

"算力",智能终端及互联网的普及为算法提供了丰富的"数据"素材①。另外,无论是基础的数据统计分析、稍具智能化的聚类分析与频繁访问模式,还是颇具智能化水平的机器学习②,所有的目的功能实现都建基于可及的"数据"。所以,算力的提升是时代发展的必然,而人为反馈给算法的数据则是算法决策的关键之所在。同时,人能够影响算法决策相对唯一且合理的方式在于把控"数据"而非阻碍"算力"。目前,互联网企业主要通过 Cookie 或类似技术获取个人信息,这也是算法"数据"的主要来源。Cookie 是存储在计算机硬盘上并由网站读取的小文本文件。当用户的设备第一次链接到网站时,网站的服务器将向用户发送 Cookie 文件并保留在用户的设备上。用户的设备在用户再次访问网站时将其访问请求及其 Cookie 标识符发送到网站的服务器。服务器将读取 Cookie 并记录用户的访问情况③。通常,Cookie 可以访问不同程度的个人信息,而个人往往并不知情④。Cookie 使个人信息在个人智能终端与 Web 站点的服务器之间的流动成为可能⑤,互联网企业获取个人信息的意图也因此得以实现⑥。考虑到智能合约能够从外部资源中收集数据,并根据合同条款处理数据⑦,凭借互联网企业自律与外部规制,载有信息主体意志的智能合约理论上可以在 Cookie 与互联网企业输送之间实现个人信息的过滤。

(二)个人信息智能合约保护模式的构建

1. 个人信息的保护:智能合约调和多元主体激励相容

个人信息保护与利用的利益平衡需要立基于互联网企业、信息主体与监

---

① 喻国明:《推荐算法:信息推送的王者品性与进阶重点》,载《山东社会科学》2018 年第 3 期,第 143-144 页。

② 黄文彬:《数据驱动的移动用户行为研究框架与方法分析》,载《情报科学》2016 年第 7 期,第 17 页。

③ Joseph Newman, "Cookie Monsters: Locally Stored Objects, User Privacy, and Section 1201 of the DMCA," AIPLA Quarterly Journal 41, no. 3 (2013): 517-519; Michelle Z. Hall, "Internet Privacy or Information Piracy: Spinning Lies on the World Wide Web," New York Law School Journal of Human Rights 18, no. 3 (2002): 617; Joshua B. Sessler, "Computer Cookie Control: Transaction Generated Information and Privacy Regulation on the Internet," Journal of Law & Policy 5, no. 2 (1997): 634.

④ Robert Slattery, Marilyn Krawitz, Mark Zuckerberg, "The Cookie Monster-Australian Privacy Law and Internet Cookies," Flinders Law Journal 16, no. 1 (2014): 9-10.

⑤ Michael R. Siebecker, "Cookies and the Common Law: Are Interest Advertisers Trespassing on Our Computers," Southern California Law Review 76, no. 4 (2003): 898.

⑥ Quincy Maquet, "A Company's Guide to an Effective Web Site Privacy Policy," Chicago-Kent Journal of Intellectual Property 2, no. 1 (2000): i-xxii.

⑦ Kristian Lauslahti, Juri Mattila and Timo Seppala, Smart Contracts-How Will Blockchain Technology Affect Contractual Practices? (January 9, 2017). ETLA Reports, No. 68 (January, 2017). available at SSRN: https://ssrn.com/abstract=3154403 or http://dx.doi.org/10.2139/ssrn.3154403, p. 11. last visited: 2019-05-31.

管者之间的激励相容，在智能合约的调和下可以实现多元主体激励相容的个人信息保护与利用之道①。在市场经济体系下，个人信息的监管者所欲追求的是社会利益的最大化，互联网企业的行为目的则是追求自身利益的最大化。互联网企业总是创新服务模式以求从传统监管模式中挣脱出来②。互联网企业依赖于监管者的动机也只是为了获得适当的回报率。然而，监管者并不能"全景敞视"于互联网企业，互联网企业也通常不会如实向监管者披露。监管者也不能冒着道德风险对互联网企业的控制人实施监控③。值得注意的是，个人信息的监管者所要追求的社会利益实质上正是众多信息主体在个人信息权益方面的合理利益诉求。所以，就个人信息的保护而言，监管者大多数情况下是与信息主体激励相容的。因此，实现监管者与互联网企业之间的激励相容也就是达致保护个人信息与互联网企业利用个人信息之间利益平衡的过程。然而，从《关于开展 App 违法违规收集使用个人信息专项治理的公告》可知，我国目前尚未确立统一的保护个人信息的监管机构，因行政责任尚未落到实处而致使实践操作性不强④。我国监管者、信息主体和互联网企业之间激励并不相容。具体言之，其一，监管机构的规制力度与互联网企业收集、利用个人信息的行为严重不相符；其二，监管者并未实现个人信息的社会利益最大化；其三，信息主体关于个人信息的合理利益诉求并未获得良好保障。所以，监管者的规制力度只有一方面确保互联网企业的合理发展空间，另一方面顺遂信息主体的个人意愿，如此才能形成激励相容的格局。正如罗豪才教授所言，"行政权力与公民权利在行政法上的配置应当是平衡的，综合运用激励、协调与制约机制充分发挥行政主体与相对方的能动性，维护法律制度、社会价值的结构均衡，促进社会整体利益的最大化"⑤。

若监管者依托智能合约实现对互联网企业的规制，诸多信息主体的个人利益诉求将通过智能合约平衡着"规制"力度。互联网企业收集、利用个人信息的活动空间也因此获得保证，并且在与消费者意思交互的过程中通过利益让渡或获取的方式实现对"规制"力度一定程度的意志把控。在理论上，

---

① 周汉华：《探索激励相容的个人数据治理之道——中国个人信息保护法的立法方向》，载《法学研究》2018 年第 2 期，第 3-23 页。

② 周昌发：《论互联网金融的激励性监管》，载《法商研究》2018 年第 4 期，第 19 页。

③ Sumit K. Majumdar, "Does Incentive Compatible Mechanism Design Induce Competitive Entry," Journal of Competition Law & Economics 7, no. 2（2011）：431.

④ 刁胜先、秦琴：《个人信息行政法保护的国际经验与借鉴》，载《重庆社会科学》2011 年第 5 期，第 71 页。

⑤ 罗豪才：《行政法平衡理论讲演录》，北京大学出版社 2011 年版，第 6 页；转引自沈岿：《"为了权利与权力的平衡"及超越——评罗豪才教授的法律思想》，载《行政法学研究》2018 年第 4 期，第 41 页。

规制主要是解决允许与禁止的问题①。过去的规制是以技术相对固定而形成的彼时语境下静态的最优模式。然而，在科学技术急剧发展的时代背景下，规制模式并未跟上技术发展的步伐。个人信息蕴藏的巨大经济利益在互联网技术的强有力撬动下而得以显现。依然依赖于传统规制模式的监管者显然未能与互联网企业形成数据时代的激励相容。究其原因，传统规制模式因偏好深度管制且固守这一惯性思维，对那些相较于传统规制模式明显具有成本低、促使交易自律等优势的新型规制模式并没有给予妥当的制度安排②。监管者如果能够将科技纳入规制体系，科技驱动型规制模式不仅可以实现规制的实时动态性，各方主体还可以立基于信息共享机制实现低成本规制③。依循此规制理念，智能合约在"私"的层面上实现了信息主体与互联网企业之间的意思自由表达。若将智能合约纳入规制体系，则在"公"的层面实现了监管者对互联网企业的规制。不过，此时监管者的规制是在尊重了私主体意志的情况下，防治处于优势地位的互联网企业逾越合意而滥用个人信息的规制。此时，可以说，信息主体、互联网企业及监管者实现了最佳的激励相容状态。

2. 个人信息的保护：多元主体依托智能合约的模式构建

(1) 互联网企业通过智能合约确保行为自律是前提

在个人信息保护方面，智能合约促使互联网企业行为自律，合同法的归责模式也激励互联网企业自我规制。现代的信息技术使人们生活在一个不断被监视的环境中④。美国一项关于"医疗应用程序对个人隐私影响"的实证研究表明，58%的美国人使用移动医疗应用程序诊断、监控、管理甚至治疗健康问题和疾病，超过70%的医疗应用程序在用户不知情或不同意的情况下，与第三方共享用户的敏感信息，或将其销售给广告商、保险公司等⑤，而后续的个人信息使用行为正是为了实现广告宣传等盈利目的。然而，在目前的市场模式下，极少情况才对个人信息的在线互动进行监管。未经授权转让个人信息所对应的责任规则通常被证明是无效的。互联网企业通过隐私政策等举

---

① 蒋大兴、王首杰：《共享经济的法律规制》，载《中国社会科学》2017年第9期，第146页。

② 应飞虎、涂永前：《公共规制中的信息工具》，载《中国社会科学》2010年第4期，第116-131页。

③ 杨东：《监管科技：金融科技的监管挑战与维度建构》，载《中国社会科学》2018年第5期，第76-78页。

④ Robert Slattery, Marilyn Krawitz, Mark Zuckerberg, "The Cookie Monster-Australian Privacy Law and Internet Cookies," Flinders Law Journal 16, no. 1 (2014): 8.

⑤ Lori Andrews, "A New Privacy Paradigm in the Age of Apps," Wake Forest Law Review 53 (2018): 23-29.

措实施的自我规制往往效果不佳①。

所以，若要扭转个人信息弱保障的现状，其一，需要寻求适于互联网企业且行之有效的归责模式。依据经济学原理可知，在完美赔偿的严格责任条件下，受害人没有采取预防措施的任何激励。无责任原则会使施害人对损害结果漠不关心，施害人也不会积极采取任何预防措施。更何况，在经济利益的驱使下，互联网企业在没有严格责任规制的情况下更是没有理由不收集不使用个人信息了。那么，当务之急是如何采取有效措施对双方都能产生积极有效的预防激励。实际上，作为能够处理某些可补偿错误的侵权法并不能有效规范行为人对合同的背离以及补救行为人对未来行为干预的严厉禁止。互联网企业与信息主体之间更多是一种双向的法律关系，互联网企业之于个人信息更多是一种未来行为。反观合同法的经济学旨趣，一方面促使人们将无效率均衡解向有效率的博弈转化，同时，预期损害赔偿责任给合同双方当事人提供了有效率的履约或违约激励②。所以，依据合同归责模式可以激励信息主体与互联网企业采取适当的预防措施，也有效规避了互联网企业因隐私政策而实际享有的无责任原则。其二，互联网企业需要自我规制。互联网企业作为私的机构，以其自律性实现差异化的自我规制③有其独特优势，不仅可以充分利用市场参与者的专业知识及时灵敏地回应市场的变化与挑战，而且还可以减轻政府财政负担、节约公共支出④。由此，严格执行双方当事人意思的智能合约⑤不仅在实效上实现了互联网企业的自律，同时，还在经济学上迎合了信息主体对于个人信息强保护的归责需求。

（2）信息主体依靠智能合约实现意思自由表达是基础

实际上，不论国内外，皆在寻求妥当的个人信息保护之道。在国外就有利用自由市场的哲学观点进行个人信息保护的实践操作。该观点认为，如果政府不实施任何监管，信息主体能够通过放弃部分隐私以换取某种程度的赔偿。在美国加利福尼亚州西科维纳，一家购物中心在使消费者意识到个人信息价值的情况下，通过向购物者提供经济激励促使他们向购物中心提供个人

---

① H. Brian Holland, "Privacy Paradox 2.0," Widener Law Journal 19, no. 3 (2010): 899.

② [美] 罗伯特·考特、托马斯·尤伦：《法和经济学》（第六版），史晋川、董雪兵等译，格致出版社2012年版，第175、176、192、276、280页。

③ 宋华琳：《论政府规制中的合作治理》，载《政治与法律》2016年第8期，第21页。

④ 李洪雷：《走向衰落的自我规制》，载《行政法学研究》2016年第3期，第53—54页。

⑤ Nareg Essaghoolian, "Initial Coin Offerings: Emerging Technology's Fundraising Innovation," UCLA Law Review 66, no. 1 (2019): 306; Jerry I-H Hsiao, "Smart Contract on the Blockchain-Paradigm Shift for Contract Law," US-China Law Review 14 (2017): 687, 691; Morgan N. Temte, "Blockchain Challenges Traditional Contract Law: Just How Smart Are Smart Contracts?" Wyoming Law Review 19, no. 1 (2019): 87–118.

信息①。随后，这一实践操作被广泛应用于互联网企业的隐私政策，即美国的"通知与选择"模式，该政策核心理念是使消费者能够根据个人隐私偏好做出知情的隐私选择②。消费者阅读隐私政策后经过"同意"而与互联网企业意思表示达成一致，因此，隐私政策的实质就是民事合同③。然而，我国目前互联网企业的隐私政策冗长且晦涩难懂，往往信息主体在没有被充分告知的情况下，其个人信息就被出售或者共享给其他互联网企业④。若信息主体不对互联网企业的隐私政策勾选"同意"，则无消费数据产品之可能⑤。譬如，《京东隐私政策》在"您须授权我们收集和使用您个人信息的情形"一项中明确约定，"如果您不提供相关信息，您将无法享受我们提供的产品与/或服务"⑥。

尽管互联网企业通过隐私政策提升用户的信任度并以此寻求行为免责的可能性，信息主体可依据隐私政策寻求自身权益保护⑦。但是，信息主体与互联网企业明显处于不平等的地位，信息主体有关个人信息的利益诉求在选择消费数据产品时是无法自由表达的。由此，如何使隐私政策回归合同本质，搭建互联网企业与信息主体平等对话的平台是保障信息主体权益的关键。考虑到智能合约兼具合同属性与代码技术特征，互联网企业可借助智能合约的代码特征与信息主体多元意志形成合意。具体言之，互联网企业据其意愿单

---

① Joshua B. Sessler, "Computer Cookie Control: Transaction Generated Information and Privacy Regulation on the Internet," Journal of Law & Policy 5, no. 2 (1997): 649.

② Thomas B. Norton, "The Non-Contractual Nature of Privacy Policies and a New Critique of the Notice and Choice Privacy Protection Model," Fordham Intellectual Property, Media and Entertainment Law Journal (Approx. 31 pages). last visited: 2019-05-31.

③ 林旭霞：《论网络运营商与用户之间协议的法律规制》，载《法律科学（西北政法大学学报）》2012年第5期，第138-145页；何培育、王潇睿：《智能手机用户隐私安全保障机制研究——基于第三方应用程序"隐私条款"的分析》，载《情报理论与实践》2018年第10期，第41页。

④ 2018年11月28日，中国消费者协会发布了《100款App个人信息收集与隐私政策评估报告》，该报告指出，目前数据企业的隐私条款普遍存在着条款笼统不清、内容晦涩冗长、未给消费者足够的选择权、未向消费者提供访问更正个人信息等行为的渠道及未按照标准中的最小化原则收集个人信息，等等。高秦伟：《个人信息保护中的企业隐私政策及政府规制》，载《法商研究》2019年第2期，第17页；徐敬宏、赵珈艺、程雪梅、雷杰淇：《七家网站隐私声明的文本分析与比较研究》，载《国际新闻界》2017年第7期，第129-148页。王涵：《中消协测评100款App呼吁加强个人信息隐私保护政策》，《民主与法制时报》2018年12月9日第007版；参照《100款App个人信息收集与隐私政策测评报告》，http://www.cca.org.cn/jmxf/detail/28310.html，访问时间：2019年3月27日。

⑤ 眉间尺：《隐私政策怎么定如何用亟待形成行业共识》，载《科技日报》2018年9月28日第007版。

⑥ 参见《京东基本功能隐私政策》，https://about.jd.com/privacy/，访问时间：2019年4月6日。

⑦ 何培育、马雅鑫、涂萌：《Web浏览器用户隐私安全政策问题与对策研究》，载《图书馆》2019年第2期，第21页。

方列出可供信息主体自由勾选的不同类别的个人信息，不同类别个人信息的选项对应着互联网企业不同的服务形式。同时，不同信息主体与互联网企业形成的不同合意会由 CLACK 标准语言[1]生成相对应的智能合约代码并即时嵌入 Cookies，以此按照信息主体意志即时过滤被收集的个人信息。由此实现隐私政策由"格式化"向"个性化"，信息主体的意思由"不自由"向"自由"的转变。

(3) 监管者借助智能合约实现有力规制是保障

基于理性经济人的假设，互联网企业的自律实效除了依赖智能合约之外，还需要监管者的规制。虽然互联网企业自我规制具有低成本、灵活性、高合规率等优势，但是，自我规制的实效因缺乏责任机制保障[2]而不尽如人意。以 DMA 电话优惠服务为例，DMA 在提供电话优惠服务的 17 年内，只登记了 480 万名消费者。而联邦贸易委员会则在"不打电话"名单的第一天就登记了 1 000 万名消费者[3]。也正是认识到这一点，即便是"轻规制、重自律"的美国在面对消费者隐私保护问题时，政府还是积极行使了规制管理的职能，并决定 2011 年以后的 20 年内对 Facebook 实施隐私规制审查[4]。究其原因，互联网企业与信息主体仅仅处于形式意义上的平等地位，而实际处于优势地位的互联网企业具有极高侵害个人信息权益的可能性。因为，目前互联网企业过度收集个人信息等行为带来的违规收益可观，但违规成本却极小以至于没有[5]。互联网企业与信息主体之间的关系就像马克斯·韦伯针对企业与劳动者关系所进行的阐释，"尽管契约范型在形式上如此多样，企业作为市场的较有力者，可以依照自己的判断来决定劳动条件，劳动寻求者要么选择接受要么选择拒绝。实际的财产分配不平等已然受到法律强有力的保障。任何人在形式上似乎都可以享受契约范型的自由，但事实上，只有有产者才用得上"[6]。

---

[1] 智能合约的倡导者主张创建标准语言（CLACK）以帮助简化将自然语言转换为代码的过程。传统的合同解读方式是通过自然语言整体解释和假设当事人的意图，而 CLACK 的倡导者希冀凭此减少语言歧义，使任何合同的含义很容易地被推断出来。Charlotte R. Young, "A Lawyer's Divorce: Will Decentralized Ledgers and Smart Contracts Succeed in Cutting out the Middleman?" Washington University Law Review (Approx. 37 pages). last visited: 2019-5-31.

[2] 高秦伟：《个人信息保护中的企业隐私政策及政府规制》，载《法商研究》2019 年第 2 期，第 26 页。

[3] Sarah Ludington, "Reining in the Data Traders: A Tort for the Misuse of Personal Information," Maryland law Review 66, no. 1 (2006): 154.

[4] 孟茹：《美国社交媒体平台用户隐私保护的自律与监督机制——以 Facebook 为例》，载《编辑之友》2017 年第 1 期，第 106 页。

[5] 鞠实：《手机 App 越界 监管必须出鞘》，《中国消费者报》2018 年 12 月 3 日第 001 版。

[6] 马克斯·韦伯：《非正当性的支配》，康乐、简惠美译，广西师范大学出版社 2016 年版，第 141 页。

所以，为了保障信息主体的个人信息的合法权益，监管者之于互联网企业的规制必不可少。但是，监管机构的传统规制手段因滞后于科技发展，未能有效挖掘信息技术能力，而严重影响政策目标的实现①。考虑到个人信息权益保护的实际情况，监管机构的规制目的在于督促互联网企业实现自律，使信息主体的个人意愿凭借智能合约得以实现。因此，监管机构规制互联网企业应着力于智能合约的履约情况。

总之，科技的日新月异正深刻影响并改变着这个世界，据 Autonomous Research 估计，实施智能合约的银行每年可以将用于清算和结算的 540 亿美元减少至 380 亿美元。IBM Global finance 通过实施区块链和智能合约技术已将处理金融纠纷的时间减少了 75%。迪拜利用区块链和智能合约发布护照等政府文件每年为其节省了 55 亿美元②。一向滞后于科技发展的法律制度处境极度尴尬，区块链的去中心化似乎已经摆脱了传统的中心化监管制度，"代码即法律"的论调更是为法律制度平添了几分凄凉。然而，还未待科技乌托邦万丈平地高楼起，2016 年的 DAO 事件却已无情粉碎了"代码即法律"的幻梦③。这一切正好诠释了弗兰克·伊斯特布鲁克法官的那句话，"新技术不一定需要新的法律理论，而事实模式根本没有改变"④。人类究竟该以何种心态审视自身生存、发展所产生的不可避免的副产品⑤攸关未来进路。毫无疑问，人的尊荣不仅体现于优越的智商与超强的体魄，更在于无可取代的丰富情感与伦理观念。"人之为人"的价值理念因"法律"与"科技"在各自领域的独特作用而熠熠生辉。所以，智能合约实际上只是更多阐释了合同法的作用，在理念上提供了一次"法律"（规范社会领域）与"科技"（规范信息系统）之间交流的机会⑥，而不是排除了合同法的作用⑦。人类未来之路，无论身处何处，"科技"与"法律"不可偏废。只因人的伦理价值无可替代。

---

① Douglas W. Arner, Janos Barberis, Ross P. Buckey, "FinTech, RegTech, and the Reconceptualization of Financial Regulation," Northwestern Journal of International Law & Business 37, no. 3（2017）：397-398.

② Nareg Essaghoolian, "Initial Coin Offerings: Emerging Technology's Fundraising Innovation," UCLA Law Review 66, no. 1（2019）：294-344.

③ Usha R. Rodrigues, "Law and the Blockchain," Iowa Law Review 104, no. 2（2018）：697.

④ Kevin Werbach and Nicolas Cornell, "Contracts Ex Machina," Duke Law Journal 67, no. 2（2017）：313-382.

⑤ H. Brian Holland, "Privacy Paradox 2.0," Widener Law Journal 19, no. 3（2010）：896.

⑥ Gabriel Jaccard, Smart Contracts and the Role of Law（January 10, 2018）. available at SSRN: https://ssrn.com/abstract=3099885 or http://dx.doi.org/10.2139/ssrn.3099885, p. 8. last visited: 2019-05-31.

⑦ Kevin Werbach and Nicolas Cornell, "Contracts Ex Machina," Duke Law Journal 67, no. 2（2017）：313-382.

第二节 依托基础数据要素防范交易风险

一、个人信息作为交易对象的风险防范

在数字智能时代,个人信息作为可交易数据要素不可避免、不可阻挡。相较于个人数据与信息/数据,个人信息因蕴含着丰富的人格利益而具有较大人格权益侵害风险。有鉴于此,为确保个人信息顺畅交易,同时使个人的人格权益在个人信息交易过程中,始终处于不被侵害的完满状态。本书以个人信息的人格权益属性为逻辑起点,在"数据要素交易"与"人格权益保护"的利益协商中划分出个人信息的可交易类型,继而妥当安排类型化个人信息作为可交易数据要素的市场化利用。

(一)可交易个人信息的类型划分

1. 关涉个人信息的规范现状及其缺陷

从我国公布的关涉个人信息的规范性文件来看,我国较大程度上借鉴了欧盟[①],以"可识别"标准界定个人信息,侧重"同意"规则保护个人信息。具体言之,综观个人信息界定的规范演进可知,2012年《信息安全技术 公共及商用服务信息系统个人信息保护指南》引入了"可识别"标准,即单独或与其他信息结合"可识别"特定自然人的信息是个人信息,同时也将个人信息分为个人敏感信息与个人一般信息。值得注意的是,2013年《最高人民法院、最高人民检察院、公安部关于依法惩处侵害公民个人信息犯罪活动的通知》虽然同样坚持了"可识别"标准,但在明确列举出来的"公民的姓名""年龄""有效证件号码"等之后,"或者"与"涉及公民个人隐私"的表述俨然舍弃了"敏感"与"一般"个人信息的分类标准,将个人信息视作个人隐私。也许是认识到如此规定势必过度保护了个人信息,不利于数字产业的发展,2016年《网络安全法》删除了"个人隐私"的表述,依然坚持了"可识别"标准。

不过,与《信息安全技术 公共及商用服务信息系统个人信息保护指南》的"可为信息系统所处理"相比,"以电子或者其他方式记录"的表述明显

---

① 综观国外主流的美国和欧盟个人信息立法可知,美国隐私法侧重于纠正对消费者的伤害,并通过有效的商业交易来平衡隐私。在欧盟,隐私权被誉为一项可以凌驾于其他利益之上的基本权利。这也导致欧盟对个人信息的定义种类繁多,这些定义往往特别狭隘且不一致。欧盟将个人信息定义为"可识别"个人的所有信息,定义范围宽泛、模糊。Paul M. Schwartz and Daniel J. Solove, "Reconciling Personal Information in the United States and European Union," California Law Review 102, no. 4 (2014): 877-916.

扩大了个人信息的涵盖范围。2017年《最高人民法院、最高人民检察院关于办理侵犯公民个人信息刑事案件适用法律若干问题的解释》依循了《网络安全法》的界定思路，不过，为了回应数字技术对司法实践的影响，增加了"行踪轨迹"与"等"的规范表述。值得注意的是，2021年《个人信息保护法》最终确立了"个人信息"的规范表述，将"个人信息"规范表述为"以电子或者其他方式记录的与已识别或者可识别的自然人有关的各种信息"，这实则进一步拓宽个人信息的边界，使个人信息在内涵与外延上皆呈宽泛化。另外，在保护个人信息方面，2012年12月《全国人民代表大会常务委员会关于加强网络信息保护的决定》确立了"同意"规则，在收集、使用个人信息之前必须明示其目的、具体行为方式等，并且，被收集者同意是个人信息收集者实施相关行为的前置条件。随后的2013年《消费者权益保护法》第二十九条、2016年《网络安全法》第二十二条第三款及2021年《个人信息保护法》第十三条、第十四条、第十五条、第十六条等，皆侧重于"同意"规则。

如果说"概念这种东西已经不是事物的现象，不是事物的各个片面，不是他们的外部联系，而是抓着了事物的本质，事物的全体，事物的内部联系了"①，那么，个人信息的规范界定可谓失败。"可识别"标准使个人信息的界定宽泛化，"同意"规则更是使个人信息不加区分地享受着同等保护强度，强化了"可识别"标准招致的制度缺陷。同时，个人信息概念本身的模糊特性也使个人信息的保护主观化。如此，"可识别"标准使互联网企业动辄得咎，极大掣肘了数字产业的发展，而看似利于个人的"同意"规则在数字智能时代并不易于实现，个人意愿不仅未获自由表达，在实践中也未获尊重。所以，个人信息的"可识别"标准与"同意"保护规则不利于个人权益保障，不利于关涉个人信息的数据要素交易，不利于数字产业持续健康发展。

2. 利益冲突视域下的个人信息类型划分

目前的个人信息概念界定及其保护模式使"个人信息权益保护"与"数字产业发展"扞格不入。个人不同类别的个人信息应受保护程度存在区别，同样，在数据要素交易及数字产业发展场景中，对不同类别的个人信息需求度存在区别。法律规范要做的就是在"应受不同程度保护的个人信息"与"可被数字产业不同程度利用的个人信息"之间实现均衡的规范衔接。在考夫曼看来，法律发现不仅包括"针对规范调试事实"，还包括"针对事实调试规范"。法律发现不在于认识制定法，而在于调试并同化"事实"与"规范"②。

---

① 《毛泽东选集（一卷本）》，人民出版社1969年版，第262页。
② 李岩：《民事法益基本范畴研究》，法律出版社2016年版，第217页。

抽象的法律概念不利于这一过程达致，依托事实进行适当的概念类型化处理可以有力增强两者之间的契合度。基于此，个人信息的类型化就显得极为必要。需要注意的是，在前数字智能时代，不同种类的个人信息距离"人格尊严"远近不一，且往往较为固定。但在数字智能时代，有些个人信息在数字技术的介入下可以自由变换距离"人格尊严"之远近。另外，考虑到不同种类的个人信息会指涉到不同类型的人格权益之上，有鉴于此，互联网企业在处理个人信息时的注意义务及相关责任承担也并不一致，同时，关涉个人信息的数据要素交易程度也会有所区分。这些也正是个人信息分类的重要参考指标。

综上，可将个人信息分类为"私密性个人信息""标表型个人信息""联络性个人信息""网络性个人信息""关联性个人信息"。具体言之，"私密性个人信息"包括：疾病和病史信息，与性有关的信息，基因、指纹、虹膜等个人生物识别信息，等等。"标表型个人信息"包括：肖像，声音，姓名，身份证号码，等等。"联络性个人信息"包括：电话号码，家庭住址，电子邮箱，等等。"网络性个人信息"包括：网络行为记录信息，通信记录信息，等等。"关联性个人信息"包括：出生日期，宗教信仰，个人种族，兴趣爱好，血型，等等。

(二) 可交易个人信息的风险防范路径

1. 交易"私密性个人信息"应尊重个人隐私权益

关涉"私密性个人信息"的数据要素交易行为的自由空间极其有限。个人的"私密性个人信息"事关个人隐私，个人出于羞耻心、自尊等精神性利益的考虑，往往不希望个人隐私为外界所知。从《民法典》第一千零三十二条第二款的规定可知，"隐私是自然人的私人生活安宁和不愿为他人知晓的私密空间、私密活动、私密信息"。那么，个人的疾病和病史信息、与性有关的信息属于典型意义上的个人隐私。就本书所界定的"私密性个人信息"，除了个人的疾病和病史信息、与性有关的信息之外，个人生物识别信息不仅与自然人不可分割，而且还具有较强的人格特性[1]，也属于"私密性个人信息"范畴。譬如，个人的指纹信息是个人永久、唯一的信息，是可以精准辨识个人身份的生物信息，公众对该信息背后的身份持信任态度，指纹信息因此与个人隐私、人格关系密切[2]。对此，从《个人信息保护法》第二十八条

---

[1] 乔新生：《人工智能时代生物信息应纳入人格权保护》，《青年记者》2019年第19期，第74页。

[2] 姚岳绒：《身份证取得时强制性采集指纹行为的宪法分析》，载《法学》2012年第5期，第31-41页。

第一款的规定可知，"敏感个人信息是一旦泄露或者非法使用，容易导致自然人的人格尊严受到侵害或者人身、财产安全受到危害的个人信息，包括生物识别、宗教信仰、特定身份、医疗健康、金融账户、行踪轨迹等信息，以及不满十四周岁未成年的个人信息"。"生物识别信息"已然被《个人信息保护法》归入"敏感个人信息"范畴。有鉴于此，不论是从规范层面，还是从事实层面，"私密性个人信息"一经披露就会给个人造成不可逆的损害后果①。所以，对于"私密性个人信息"，不论是互联网企业对此的商业行为，还是关涉"私密性个人信息"的数据要素交易行为，都应该受到一定限制，保护个人隐私与个人敏感信息要优位于关涉"私密性个人信息"的数据要素交易行为。值得注意的是，即便互联网企业通过数字技术手段从无涉"私密性个人信息"的个人信息中获知了"私密性个人信息"，互联网企业也不得随意披露。

2. 交易"标表型个人信息"应保护具体人格权益

关涉"标表型个人信息"的数据要素交易行为的自由度，应受具体个人信息指涉的人格权益应受保护程度的节制。不同于其他人格要素，具有反映自然人个体表征的肖像、姓名、声音等因其独特的表现形式，而具有外在性、可支配性及可商业化利用的特性。即便如此，人格权的首要价值是人格尊严，其本质属性在于"受尊重权"，保护人格是人格权的目的，而非人格利益的"利用"或"支配"②。人格权如此，标表型人格权如此，以此分类的"标表型个人信息"同样如此。具体言之，就姓名而言，作为标识自然人存在的符号，经过个人的长期使用，姓名承载着一个人的身份地位、信誉、社会贡献及道德使命等内涵，姓名已然成为人格象征，并与自然人的人格尊严紧密相连。干涉他人决定或者变更自己姓名的行为，盗用或者假冒他人姓名的行为③，都是侵犯姓名权的行为。就肖像而言，肖像是个人的外部展示，用以第三人识别。肖像权则是个人决定是否公开展现其肖像的排他性权利。正因如此，公开、利用肖像与否皆是私人事务，且是个人人格的重要体现④。就身份证号码而言，准确、通用且唯一的个人身份证号码包含了个人的籍贯、出生

---

① 王利明：《论个人信息权的法律保护——以个人信息权与隐私权的界分为中心》，载《现代法学》2013年第4期，第62-72页。
② 温世扬：《论"标表型人格权"》，载《政治与法律》2014年第4期，第64-71页。
③ 程啸：《侵权责任法》，法律出版社2011年版，第81页；张红：《人格权各论》，高等教育出版社2015年版，第7页。
④ 王叶刚：《论肖像的可识别性及其判断》，载《四川大学学报（哲学社会科学版）》2018年第3期，第28页；程啸：《侵权责任法》，法律出版社2011年版，第85-86页。

日期等多元化信息，以可见的数字化信息使个人可为外界识别①。就声音而言，声音是自然人的人格标识之一，具有稳定、唯一的特性②。因此，"标表型个人信息"往往涉及个人的具体人格权益，不论是互联网企业对"标表型个人信息"的商业化利用，还是关涉"标表型个人信息"的数据要素交易行为，都应建基于保护具体人格权益之上。

3. 交易"联络性个人信息"应确保个人生活安宁权益

关涉"联络性个人信息"的数据要素交易行为，应以不侵害个人生活安宁权益③为前提条件。电话号码、家庭住址及电子邮箱等"联络性个人信息"是个人与外界交流的重要渠道，承担着个人的社会交往功能。同时，"联络性个人信息"关乎个人生活安宁、经济安全。《民法典》第一千零三十二条第二款则将"私人生活安宁"归入"隐私"范畴。另据中央网信办2019年7月发布的《工业和信息化部关于电信服务质量的通告（2019年第2号）》，2019年一季度全国电话用户总数达到17.89亿户，其中移动电话用户15.97亿户；12321受理用户关于骚扰电话的举报投诉209 278件，受理用户关于垃圾短信的投诉举报87 203件，共接到诈骗电话号码举报7 665件次④。任何利益都要经受一定程度限制，社会之人的行为势必也要忍受合理限度内的"打扰"，不过，一旦"打扰"超出了公众"合理期待"即为应受规制之"骚扰"⑤。所谓"合理期待"，是一般理性人能够容忍的限度，超出这一限度即可认为是对个人的高度冒犯。这一限度标准并非固定不变，而是由社会发展水平及国家法治现状所决定⑥。在"王某与某物业顾问公司一般人格权纠纷上诉案"中，王某因不堪忍受物业公司的频繁电话、短信联系，而以物业公司恶意骚扰侵

---

① 余习荣：《居民身份证编号与社会保障号码唯一性问题初探》，载《人口研究》1998年第6期，第19页；王秀哲：《身份证明与个人信息保护——我国居民身份证法律规制问题研究》，载《河北法学》2010年第5期，第8页；王秀哲：《大数据时代身份证法律制度建构研究》，载《江苏行政学院学报》2014年第1期，第116-122页。

② 杨立新、袁雪石：《论声音权的独立及其民法保护》，载《法商研究》2005年第4期，第103页；杨立新、林旭霞：《论人格标识商品化权及其民法保护》，载《福建师范大学学报（哲学社会科学版）》2006年第1期，第76页。

③ 所谓的安宁生活权，可以认为是个人维持安宁生活状态并排除他人不法侵扰的具体人格权。参见刘保玉、周玉辉：《论安宁生活权》，载《当代法学》2013年第2期，第50页。

④ 参见《工业和信息化部关于电信服务质量的通知（2019年第2号）》，http://www.cac.gov.cn/2019-07/04/c_1124709872.htm，访问时间：2019年8月16日。

⑤ 宁立志、董维：《商业烦扰防治体系之构建》，载《河南师范大学学报（哲学社会科学版）》2019年第1期，第35页。

⑥ 刘保玉、周玉辉：《论安宁生活权》，载《当代法学》2013年第2期，第49-56页；饶冠俊、金碧华：《生活安宁权保护的现实困境及解决思路》，载《行政与法》2010年第1期，第104-107页；王晓艳：《在具体人格权中应增设生活安宁权》，《法制日报》2003年11月6日版。

害其人格权益而提起诉讼。一审、二审法院皆认为,"物业公司滥用了其所掌握的王某个人信息,客观上滋扰了王某正常的生活安宁,侵犯了王某的合法权益,其侵权行为成立"①。所以,互联网企业单纯的获取行为并不应该被认定为侵权,只有大规模非法收集及擅自泄露、滥用等实际造成损害后果的行为应该被认定为个人信息的侵权行为②。有鉴于此,不论是互联网企业对"联络性个人信息"的商业化利用,还是关涉"联络性个人信息"的数据要素交易行为,都应该以不侵害个人生活安宁权益为前提条件。

4. 交易"网络性个人信息"应避免侵害人格权益

关涉"网络性个人信息"的数据要素交易行为,应该以尊重个人隐私、个人具体人格权益为要。互联网与实体经济深度融合催生了一系列"互联网+"经济新业态,据国家统计局的数据统计,截至2018年末,我国网络购物用户规模达6.1亿,占网民总体的73.6%③。另据《中国互联网络发展状况统计报告》,截至2018年6月,中国网民达8.02亿,其中手机网民为7.88亿。网约出租车用户为3.46亿,网约专车或快车用户为2.99亿,共享单车规模达到2.45亿④。在这个全民皆网络的时代,网络在帮助个人实现其目的的同时,也对其行为踪迹进行了网络记录。毫不夸张地讲,在网上可以寻到个人的所有生活轨迹。"网络性个人信息"的价值因大数据等技术的提升而呈指数级增长。互联网企业利用碎片化的"网络性个人信息"不仅可以助其精准商业营销、合理量化生产、及时转变经营模式,还可以进行人物数据画像,深入剖析个人心理,甚至可以轻易挖掘出个人未曾注意到的隐私。这也就注定,"网络性个人信息"的商业化价值须在个人的隐私、人格利益、人格尊严等精神性利益获得保障的前提下才能够予以实现。然而,"网络性个人信息"不同于前信息时代已然存在的个人信息类别,变动不居的数字化存在形式,不易被个人察觉与捕获。相较互联网企业,个人因其技术与信息的劣势地位而极难明晰"网络性个人信息"的流向与被处理情况。个人对关涉"网络性个人信息"的侵权行为的发现往往具有事后性。另外,"网络性个人信息"在不同阶段与个人的人格距离远近并不相同,依托特定时点对互联网企业进行

---

① 上海市第一中级人民法院(2011)沪一中民一(民)终字第1325号民事判决书。

② 李怡:《个人一般信息侵权裁判规则研究——基于68个案例样本的类型化分析》,载《政治与法律》2019年第6期,第150-161页。

③ 《交通运输铺就强国枢纽通途 邮件通信助力创新经济航船——新中国成立70周年经济社会发展成就系列报告之十六》,http://www.stats.gov.cn/ztjc/zthd/bwcxljsm/70znxc/201908/t20190813_1690841.html,访问时间:2019年8月20日。

④ 《8亿!中国网民数量最新统计出炉》,http://politics.people.com.cn/n1/2018/0821/c1001-30240206.html,访问时间:2019年8月20日。

市场监管不可能达到良好实效，囿于技术因素，事前监管易流于形式。基于此，应该基于特定场景对"网络性个人信息"的商业化利用行为，及关涉"网络性个人信息"的数据要素交易行为，进行过程性风险评估与价值判断。同时，以事后责任规则阻却关涉"网络性个人信息"的侵权行为的发生。只有这样，才能确保数据要素交易有序进行及数字产业健康发展，打击以处理非个人信息之名行侵权之实的行为[1]。

5. 交易"关联性个人信息"应谨防过度

关涉"关联性个人信息"的数据要素交易行为，往往具有较大的自由度。人是个性与社会性的有机统一，个人信息则体现了人的自然属性与社会属性[2]。"关联性个人信息"则是人自然属性抑或社会属性单一面向上的体现。例如，出生日期、血型及个人种族等更多体现了个人的自然属性，这些个人信息在人出生的那一刻基本就已经确定。兴趣爱好、宗教信仰等个人信息则是人经由社会活动后天塑造而得。不论被动还是主动，信息时代使个人的社会交往活动愈发频繁，个人信息的社会属性亦不断增强[3]，"关联性个人信息"的含量因此而逐渐丰富。尽管单一"关联性个人信息"很难直接联系到个人，只不过是使个人形象更加丰满[4]，其人格属性较弱，互联网企业针对"关联性个人信息"的商业利用，及关涉"关联性个人信息"的数据要素交易行为，似乎有较大的行为自由度，然而，不可忽略的是，"关联性个人信息"的人格属性会随着个人信息数量的增多而增强，同时，数字智能技术的普遍适用使人格疏远型的个人信息能够轻易实现彼此关联，进而逻辑推演出新的个人信息。所以，互联网企业针对"关联性个人信息"的商业利用，及关涉"关联性个人信息"的数据要素交易行为并非完全自由，不得滥用"关联性个人信息"进而避免个人的人格权益遭受贬损为其行为边界。

总之，一个人对他人的评价或者对自我的认知、定义，只不过是对被评价者过去的"自我集合"，是经验和记忆碎片的堆积物。每个人即是评价者也是被评价者，除己之外的社会倾向于捆绑个人与其过往。所以，保护个人隐私其实就是在给予被评价者一次重新自我塑造的机会，避免被评价者成为过

---

[1] 范为：《大数据时代个人信息定义的再审视》，载《信息安全与通信保密》2016年第10期，第70-80页。

[2] 高志明：《个人信息人格利益与财产利益理论分析》，载《大连理工大学学报（社会科学版）》2018年第1期，第84页。

[3] 项定宜：《个人信息的类型化分析及区分保护》，载《重庆邮电大学学报（社会科学版）》2017年第1期，第31-38页。

[4] 李怡：《个人一般信息侵权裁判规则研究——基于68个案例样本的类型化分析》，载《政治与法律》2019年第6期，第157页。

去记录的囚犯①。在前互联网时代，个人的过往经历很容易随着时间的推移而逐渐消逝。但在数字智能时代，可以被他人知晓的、不欲为外人获知的个人好坏行为皆可被电子记录，且一旦揭露就再无完全清除之可能。尽管个人信息具有商业利用的经济价值，且可作为可交易数据要素，但人格权益才是个人信息本质属性，尊重个人的个人信息人格权益是数字智能时代个人信息商业化利用的前提，是数字产业可持续发展的保障。

二、信息/数据作为交易对象的风险防范

在数据要素的市场交易实践中，信息/数据作为主要的基础数据要素之一，其实质更多是人工智能生成内容，也可称之为人工智能生成信息/数据。从人工智能生成信息/数据可能引起的法律效果来看，人工智能生成信息/数据要么产生经济利益增量，要么使相关主体的权益遭受贬损。与此同时，从人工智能生成信息/数据的运行机制来看，人工智能生成信息/数据的利益获得者与侵害他人权益的引发者往往是同一主体。可以说，在人工智能生成信息/数据作为信息权利对象的论断基础上，明确人工智能生成信息/数据的信息权利主体，不仅可以使其享有信息/数据权益，同时，也可以使其承担信息/数据侵害责任，从而有效规范关涉信息/数据的数据要素交易实践。

（一）人工智能生成信息/数据的权属探讨

学术界对于人工智能生成信息/数据的权属问题多有探讨，综观之，人工智能生成信息/数据的权属理论大概可以分为"人工智能享有说""人工智能使用人享有说""人工智能所有人享有说""公共领域共有说"。具体言之，"人工智能享有说"②认为应将人工智能视为新型民事主体，由其享有生成信息/数据所带来的权益。孙那依据"最密切联系"原则主张为人工智能设立行使权利和承担义务的"管理人"③。在国外，拉斯·珀尔曼（Russ Pearlman）为了有效激励人工智能的投资者，消除人工智能带给知识产权制度的困惑及潜在威胁，受到"法人在一定条件下享有自然人创作的作品的著作权"的启发，主张确保人工智能可以"署名"于产出物，产出作品或专利的权属归类应借鉴"work-for-hire"及"employed to invent"规则，也即是，在一定条件下雇员的作品或专利之于雇主或单位的产权归属规则。具体操作，可从"explicit license agreements"

---

① ［美］丹尼尔·沙勒夫：《隐私不保的年代》，林铮顗译，江苏人民出版社2011年版，第80页。
② 李伟民：《人工智能智力成果在著作权法的正确定性——与王迁教授商榷》，载《东方法学》2018年第3期，第149-160页。
③ 孙那：《人工智能创作成果的可版权性问题探讨》，载《出版发行研究》2017年第12期，第61页。

"explicit contractual agreements""implicit agreement"三个方面把握,人工智能制造者许可人工智能使用者获得人工智能产出物的知识产权。也可以由双方当事人以合同方式对人工智能产出物的知识产权归属进行协商。"implicit agreement"则适用于"explicit license agreements"与"explicit contractual agreements"缺位的情形,结合人工智能的具体使用情况及"work-for-hire"及"employed to invent"规则,针对人工智能创造的财产性利益予以缺省保障[①]。"人工智能使用人享有说"[②]认为应将人工智能生成信息/数据产生的权益归于人工智能使用人,这样符合使用人的利益诉求。"人工智能所有人享有说"[③]认为由人工智能所有人拥有人工智能生成信息/数据产生的权益不仅易于制度安排,而且较为符合市场创新需求。吴汉东认为机器人作品享有著作权,但机器人并不能像自然人作者或者法人那样去行使权利,换言之,该项著作权应归属于机器人的创造人或所有人[④]。赵丰则认为应否定人工智能生成信息/数据的可版权性,但应保障人工智能研发者与投资者因劳动付出而获得的竞争利益[⑤]。陈全真则从专利角度探讨人工智能生成技术方案的专利权属,这一观点对本书亦有启发。陈全真认为专利权归属理念在产业政策的驱动下,已经由创造者向投资者转移,应构建以人工智能投资者为核心的专利权属分配方案[⑥]。"公共

[①] Russ Pearlman, "Recognizing Artificial Intelligence (AI) as Authors and Inventors Under U. S. Intellectual Property Law," Richmond Journal of Law & Technology 24, no. 2 (2018): 29-38.

[②] Nina I. Brown, "Artificial Authors: A Case for Copyright in Computer-Generated Works," Columbia Science & Technology Law Review 20, no. 1 (2018): 39. 孙建丽:《人工智能生成物著作权法保护研究》,载《电子知识产权》2018年第9期,第22-29页。朱梦云:《人工智能生成物的著作权归属制度设计》,载《山东大学学报(哲学社会科学版)》2019年第1期,第118-126页。

[③] Andrew J. Wu, "From Video Games to Artificial Intelligence: Assigning Copyright Ownership to Works Generated by Increasingly Sophisticated Computer Programs," AIPLA Quarterly Journal 25, no. 1 (1997): 159. Kalin Hristov, "Artificial Intelligence and the Copyright Dilemma," IDEA 57, no. 3 (2017): 445-447. 熊琦:《人工智能生成内容的著作权认定》,载《知识产权》2017年第3期,第3-8页;易继明:《人工智能创作物是作品吗?》,载《法律科学(西北政法大学学报)》2017年第5期,第145页;李宗辉:《人工智能创作物版权保护的正当性及版权归属》,载《编辑之友》2018年第7期,第80-87页;喻国明、侯伟鹏、程雪梅:《"人机交互":重构新闻专业主义的法律问题与伦理逻辑》,载《郑州大学学报(哲学社会科学版)》2018年第5期,第79-83页;黄玉烨、司马航:《孳息视角下人工智能生成作品的权利归属》,载《河南师范大学学报(哲学社会科学版)》2018年第4期,第23-29页;孙山:《人工智能生成内容著作权法保护的困境与出路》,载《知识产权》2018年第11期,第60-65页。

[④] 吴汉东:《人工智能时代的制度安排与法律规制》,载《法律科学(西北政法大学学报)》2017年第5期,第131页。

[⑤] 赵丰:《智能生成内容利用下的版权制度挑战与因应》,载《出版发行研究》2023年第3期,第48-56页。

[⑥] 陈全真:《人工智能生成技术方案的专利授权:理论争议、政策考量及权属安排》,载《科学管理研究》2022年第3期,第40-48页。

领域共有说"①认为人工智能不可避免地将改变就业格局，为了避免人类被完全取代，应将人工智能生成信息/数据置于公共领域由公共集体享有。

（二）依托人工智能所有人防范信息/数据风险

本书对既有理论予以反思，认为人工智能并不能享有信息/数据权益，也不能承担信息/数据责任，所以，"人工智能享有说"最终将被"人工智能使用人享有说"或"人工智能所有人享有说"所取代，而"公共领域共有说"则忽略了人工智能生成信息/数据的经济利益及可能侵害他人权益的情形。其实，不论是人工智能所有人，还是人工智能使用人，都有可能成为人工智能生成信息/数据的主体。不过，综合考虑会得出较为明显的结论，也即是，应使人工智能所有人为人工智能生成信息/数据的权利主体。

一方面，人工智能所有人往往具有较强的信息/数据增值、传播控制的动机与能力。人工智能能够产出较高价值的信息/数据，毕竟早在20世纪五六十年代，互联网运用封包交换通信技术就已经使信息单位沿着独立于控制中心的网络寻找自我路径，并在网络上任何一点重新组合出有意义的信息/数据成为现实②。但是，需要明确的是，人工智能所有人多数是投资人，人工智能生成高质量信息/数据往往需要经过长时间的自我学习、投资人的长期训练方可实现。另外，人工智能生成信息/数据并非仅仅为了"产出"，而是为了"传播"，人工智能生成信息/数据的价值、人工智能所有人的意志也只有经过传播才能得到彰显，也只有经过传播才有可能与他人发生一系列法律关系。然而，信息/数据终归不同于有体物，信息/数据的生成成本可能因人工智能的管理、信息/数据传播前的人力投入等而较高。但信息/数据传播的花费却极少，这也就致使生产信息/数据的主体是很难排除他人获取已传播信息/数据的内容的。诚如吴汉东所言，"信息的生成有其代价，然而，信息的传播费用相对较小。信息生产者一旦将信息出售给某一消费者，那么，该消费者就会变成原生产者的潜在竞争对手，其他不特定的消费者也有可能成为该新型的信息的'搭便车者'"③。为了使信息/数据传播所带来的经济收益最大化，也为了"保护投资利益、促进产业发展"④，人工智能所有人最有动机将时间与精力持续注

---

① Victor M. Palace, "What If Artificial Intelligence Wrote This: Artificial Intelligence and Copyright Law," Florida Law Review 71, no. 1 (2019): 239-241.
② [美]曼纽尔·卡斯特：《网络社会的崛起》，夏铸九等译，社会科学文献出版社2006年版，第41页。
③ 吴汉东：《关于知识产权基本制度的经济学思考》，载《法学》2000年第4期，第34页。
④ 袁真富：《人工智能作品的版权归属问题研究》，载《科技与出版》2018年第7期，第107页。

入人工智能生成信息/数据，以力求确保边际收益与边际成本持平①。如此，人工智能使用人的权益并非被忽视，而是通过与人工智能所有人签订协议的方式即可予以完满确保。因此，人工智能所有人作为人工智能生成信息/数据的权利主体较为适宜。

另一方面，如果考虑到人工智能生成信息/数据侵害他人权益的情形，人工智能所有人明显较使用人具有更高的注意义务及可归责可能性。其一，单边的严格责任较适合于人工智能生成信息/数据。从经济学的角度来审视侵权法会发现，侵权法往往涉及私人协议交易成本较高的双方当事人之间的关系，侵权法的经济本质是要运用责任机制，将高交易成本造成的外部性予以内部化。如果无责任于施害人，那么，施害人将没有采取任何预防措施的动机。完美赔偿的严格责任又会使受害人失去预防激励②。尽管严格责任与无责任原则都无法达致高效的双边预防。但从人工智能生成信息/数据的实践来看，严格责任较为妥切。人工智能生成信息/数据的喂养信息/数据往往来源于公共信息/数据，或者是经过了诸如隐私政策、事前同意等责任过滤机制的个人信息/个人数据。所谓的侵害往往发生于生成信息/数据。所以，关涉人工智能生成信息/数据的责任机制无关双边，仅在于人工智能使用人或者人工智能所有人。其二，从归责实际，人工智能所有人较适于成为人工智能生成信息/数据的信息/数据主体。侵权责任法的主要功能并非惩罚，而是旨在补偿被侵权人所遭受损害以及预防侵权行为的发生③。那么，只有明确了具有侵权行为把控可能性与预防可能性的民事主体的义务与责任，才能更好地实现侵权责任法的功能。对比人工智能所有人与人工智能使用人，会发现，通常情况下，前者较为明确而后者不易确定；前者决定了后者对于人工智能能否正常使用、如何使用、使用多久；前者最具获利潜质而后者获利有限；前者最易被侵害人寻得，被侵害人更易主张人工智能生成信息/数据的侵权损害救济赔偿，而后者最不易被侵害人所觅得；等等。这些因素都使人工智能所有人相较于人工智能使用人，更应该成为人工智能生成信息/数据的信息/数据权利主体。由此，人工智能所有人应该成为人工智能生成信息/数据的信息/数据权利主体。

总之，大数据、人工智能等技术使新的利益生成模式成为现实，碎片化

---

① ［美］罗伯特·考特、托马斯·尤伦：《法和经济学》（第六版），史晋川、董雪兵等译，格致出版社2012年版，第25页。
② ［美］罗伯特·考特、托马斯·尤伦：《法和经济学》（第六版），史晋川、董雪兵等译，格致出版社2012年版，第178-192页。
③ 程啸：《侵权责任法》，法律出版社2015年版，第22-29页。

的信息/数据经过数字智能技术的分析与整合，能够形成具有特殊功能的数据产品。人工智能能够相对自主地生成具有一定权益的信息/数据。如此，传统权利的哲学基础受到严峻挑战，数据、信息等新型权利命题真伪与否成了理论界不得不面对的问题。不过，新型权利的建构终究需要回归到权利关涉的多元主体之间的利益平衡与公平分配上来。具体到人工智能生成信息/数据，若将其作为著作权法意义上的作品予以保护，不仅会对人类的创作欲望造成压制，也会使公共领域中蕴含着人之精神的高质量作品被稀释，继而打破著作权制度维系下的利益平衡。在既有权利不能实现新型权益合理分配的情况下，将人工智能生成信息/数据归入已然获得权利证立的信息权对象范畴，不仅可以有效平衡信息/数据的传播与信息/数据的保护，也可以实现数字产业经济效益的持续增长。不仅如此，将人工智能所有人作为人工智能生成信息/数据的权利主体，实则也是明确了那些处于数据要素市场交易实践中的人工智能生成信息/数据的义务主体与责任主体。如此，既能够使那些处于数据要素市场交易实践中的信息/数据更加符合规范要求，也能够通过明确义务及责任主体的方式强化义务及责任主体的合规意识，从而有效防范关涉信息/数据的数据要素交易风险。

第三节　筑牢数据要素交易风险责任底线

数据要素需求方相较于数据要素供给方往往处于信息劣势地位，对于可交易数据要素是否合规难以作出准确判断，由此招致的不利法律后果不仅会提高数据要素交易成本，还会阻碍数据要素交易①。只有通过合规交易机制保证可交易数据要素高质量，才能够提高数据要素定价的可信度。数据要素终归是由一定体量的数据组合而成，这也就意味着，数据要素质量与数据要素风险紧密关联，也即不论数据要素的价值有多高，若数据要素的侵权风险高，数据要素质量就会越低。此时，除通过技术手段严格把控风险外，还应该在确定具体风险类型的基础上，明确关联主体的法律责任，以此强化关联主体的责任意识，进一步在制度层面保障数据要素质量。

一、明确个人隐私侵害责任以防范风险

个人隐私侵害往往发生在"信息型数据要素"与"数据型数据要素"

---

① 姜宇：《数据要素市场化的一种方案：基于数据信托的数据交易所机制重构》，载《电子政务》，https://kns.cnki.net/kcms/detail/11.5181.TP.20230328.1043.002.html，访问时间：2023年5月25日。

上。《民法典》第一千零三十二条第二款将"隐私"界定为"自然人的私人生活安宁和不愿为他人知晓的私密空间、私密活动、私密信息"。同时,第一千零三十二条第一款则将"隐私权"的保护方式概述为"任何组织或者个人不得以刺探、侵扰、泄露、公开等方式侵害"。可以说,在数据要素交易场景中,个人的所谓"私密空间"与"私密活动"皆以"私密信息"的形式出现,且以个人不易察觉的方式在网络空间呈现,这在很大程度上会使个人隐私在类型上呈现出单一化,同时,这又会极力延拓个人隐私的表现形式,使以信息形式呈现的个人隐私的内涵更加丰富。另外,从个人隐私的侵害行为来看,个人不仅不易察觉还难以真正发现,个人隐私的保护效果完全取决于互联网企业是否合规自律。可以说,在数据要素交易场景中,个人隐私一旦遭受泄露或者被他人恶意知悉,与此同时被明码标价的话,没有人能够真正做到独善其身[1]。考虑到举证责任之实际困难,应由数据要素供给方承担过错推定责任,过错推定在性质上仍属于过错责任,是指在损害事实发生后,减轻或者免除受害人的证明责任,基于某条件推定行为人具有过错,并由被推定者证明自己无过错[2],也即是由数据要素供给方证明自身并无隐私侵害之过错,否则应承担损害赔偿等侵权责任。

与此同时,考虑到隐私侵害风险的危害程度之高,理应通过加大第三方专业服务机构与数据交易平台的审查责任弱化隐私侵害风险。对此,《北京市数字经济促进条例》第二十二条规定,"数据交易机构应当制定数据交易规则,对数据提供方的数据来源、交易双方的身份进行合规性审查,并留存审查和交易记录,建立交易异常行为风险预警机制,确保数据交易公平有序、安全可控、全程可追溯";《上海市数据条例》第五十四条规定,"数据交易服务机构应当建立规范透明、安全可控可追溯的数据交易服务环境,制定交易服务流程、内部管理制度,并采取有效措施保护数据安全,保护个人隐私、个人信息、商业秘密、保密商务信息";《深圳经济特区数据条例》第六十六条规定,"数据交易平台应当建立安全、可信、可控、可追溯的数据交易环境,制定数据交易、信息披露、自律监管等规划,并采取有效措施保护个人数据、商业秘密和国家规定的重要数据"。尽管如此,若数据交易平台与第三方专业服务机构没有责任机制的有效束缚,就难以真正有效履行义务,也更难以有效保护个人隐私。有鉴于此,本书认为,若数据要素在经过第三方专业服务机构与数据交易平台审核后,仍然存在着个人隐私侵害风险,甚至是

---

[1] 刘晓庆:《把侵犯隐私当生意,可真"刑"!》,https://baijiahao.baidu.com/s? id=1773891771642231488&wfr=spider&for=pc,访问时间:2023年8月14日。

[2] 程啸:《侵权责任法》,法律出版社2021年版,第119页。

造成个人隐私的实质侵害，则第三方专业服务机构与数据交易平台应承担连带责任。如此，将通过责任制度有效防范个人隐私侵害风险。

二、明确个人信息侵害责任以防范风险

就个人信息侵害风险而言，《北京市数字经济促进条例》第四十五条第二款明确规定"任何单位和个人不得非法处理他人个人信息"；《个人信息保护法》第十四条对于合法处理个人信息的行为予以规定，即"基于个人同意"且"该同意应当由个人在充分知情的前提下自愿、明确作出"，若"个人信息的处理目的、处理方式和处理的个人信息种类发生变更"，"应当重新取得个人同意"。《上海市数据条例》第十八条第一款是《个人信息保护法》第十四条的延续，而同条第二款对已公开个人信息的合法处理行为予以规定，将"依法在合理的范围内进行"适用于"个人自行公开或者其他已经合法公开的个人信息"，对于那些"对个人权益有重大影响的"的已公开个人信息处理行为，则"应当依法取得个人同意"。

在数据要素交易实践中，个人信息侵害行为往往发生在"信息型数据要素"与"数据型数据要素"上，且更多正是以信息主体的自由意志被剥夺的方式予以呈现。不可否认，虽然有些个人信息处理行为并未直接侵害任何人的个人信息权益，但只要个人信息处理者没有法律依据处理个人信息的，个人信息处理者就应该为此承担相应的民事责任。[①] 另外，《个人信息保护法》第六十九条规定，"处理个人信息侵害个人信息权益造成损害，个人信息处理者不能证明自己没有过错的，应当承担损害赔偿等侵权责任"。对于数据要素供给方对个人信息的侵权损害赔偿责任应适用过错推定责任，结合《深圳经济特区数据条例》第六十六条的规定，本书主张第三方专业服务机构与数据交易平台仍应承担连带责任。因为，在数据要素交易场景中，个人信息的处理者具有高度的类同性，也即是数据要素供给方与第三方专业服务机构及数据交易平台并不能完全地、明确地区分开来，同时，第三方专业服务机构与数据交易平台对于个人信息侵权风险的发生有着极强的管控能力。因此，在责任承担上应该由数据要素供给方、第三方专业服务机构、数据交易平台共同承担过错推定责任。在实际效果上，这既可通过降低受害人主张个人信息侵权责任的难度来实现对个人信息的充分保护，也可促使数据要素供给方通过证明自身无过错来督促其合理利用个人信息[②]。

---

① 程啸、王苑：《个人信息保护法教程》，中国人民大学出版社2023年版，第199页；程啸：《个人信息保护法理解与适用》，中国法制出版社2022年版，第509—511页。

② 朱晓峰：《个人信息侵权责任构成要件研究》，载《比较法研究》2023年第4期，第135页。

三、明确公共利益侵害责任以防范风险

公共利益侵害风险往往发生在"功能型数据要素"之上。《北京市数字经济促进条例》第四十五条明确规定，"任何单位和个人从事数据处理活动应当遵守法律法规、公序良俗和科技伦理，不得危害国家安全、公共利益以及他人的合法权益"。事实上，数据往往与国家经济、社会稳定、国防安全等公共利益紧密关联[1]。可以说，数据安全关乎数字经济能否健康发展，甚至已然成为国家安全的重要组成部分[2]。在数据要素交易实践中，数据泄露是导致公共利益受损的主要原因之一，譬如，在2021年，脸书有将近5.33亿用户敏感数据遭到泄露，数据涉及用户的姓名、电话号码、电子邮件地址、位置等[3]。数据泄露除了会对个人的人身财产造成损害之外，还会对国家安全等公共利益造成威胁[4]。除了黑客攻击导致数据泄露之外，人为因素也是数据泄露的重要原因，据IBM统计，大约将近25%的数据泄露是由于人为因素引起的，要么是数据要素供给方内部人员的疏忽，要么是数据要素供给方内部人员的恶意为之[5]。

从数据要素供给方自身的角度来讲，数据要素供给方若非基于主观恶意，则实难造成公共利益侵害之风险。为确保国家安全与公共利益免遭侵害，《数据安全法》第二十一条强调了数据的分类分级保护制度。本书认为，若数据要素供给方交易的数据要素蕴含着此类数据，或者在数据要素功能上有侵害公共利益风险，则可视为存在主观恶意。同时，这在《北京市数字经济促进条例》第四十六条[6]、《深圳经济特区数据条例》第七十二条和第八十三条[7]

---

[1] 傅建平、牟冰清：《数据说｜数据权益到底怎么保护？原则、路径和争议处理》，https://new.qq.com/rain/a/20230616A099CC00，访问时间：2023年8月15日。

[2] 范渊、刘博主编：《数据安全与隐私计算》，电子工业出版社2023年版，第10页。

[3] 《警惕｜史上十大数据泄露事件及其教训》，http://chinaedg.cn/shujuzhishixuexi/shujubiaozhun/2022-08-30/2744.html，访问时间：2023年8月15日。

[4] 《隐私泄露，数据泄露可能导致的三大危害》，https://www.sohu.com/a/317808630_604699，访问时间：2023年8月15日。

[5] 张莉主编：《数据治理与数据安全》，人民邮电出版社2019年版，第115页。

[6] 《北京市数字经济促进条例》第四十六条规定：市、区人民政府及其有关部门应当建立健全数据安全工作协调机制，采取数据分类分级、安全风险评估和安全保障措施，强化监测预警和应急处置，切实维护国家主权、安全和发展利益，提升本市数据安全保护水平，保护个人信息权益。各行业主管部门、各区人民政府对本行业、本地区数据安全负指导监督责任。单位主要负责人为本单位数据安全第一责任人。

[7] 《深圳经济特区数据条例》第七十二条规定：数据处理者应当依照法律、法规规定，建立健全数据分类分级、风险监测、安全评估、安全教育等安全管理制度，落实保障措施，不断提升技术手段，确保数据安全。第八十三条规定：数据处理者应当落实与数据安全防护级别相适应的监测预警措施，对数据泄露、毁损、丢失、篡改等异常情况进行监测和预警。

等规范中亦有体现。作为数据要素交易主体，数据要素供给方在处理数据时应该严格按照数据安全等级，依托风险防范及预警技术、数据合规管理流程等制度严格防范数据安全风险，否则，应对因数据泄露等引发的公共利益损害承担责任。另外，从《数据安全法》第三十三条的规定可知，不论是第三方专业服务机构，还是数据交易平台，皆应履行审核交易双方的身份，留存审核、交易记录等义务。同时，结合《北京市数字经济促进条例》第四十八条的规定，"开展数据处理活动，应当建立数据治理和合规运营制度，……结合应用场景对匿名化、去标识化技术进行安全评估，并采取必要技术措施加强个人信息安全防护，防止非法滥用"，对于公共利益侵害风险之发生，第三方专业服务机构与数据交易平台，应与数据要素供给方一同承担过错责任。如此，方可极力降低公共利益的侵害风险。

结　论

若要确保数字经济持续健康发展，就需要保证数据要素价值实现，而优化的数据要素产权配置、公平的数据要素交易及顺畅的数据要素流通是数据要素价值实现之关键，且三者缺一不可。数字经济本质上是信用经济，只有将信用理念及信用逻辑深度嵌入数字经济，才能真正保障数据要素产权价值优化、数据要素交易公平及数据要素流通顺畅。不可否认，信用是诚信道德理念在信息技术快速发展下形成的法律制度且具有一定的抽象性，正因其抽象性，才有了契合于数据要素价值实现场景并形成独特信用制度的可能性，而可信的数据要素产权价值、可信的数据要素交易及可信的数据要素流通，不仅是信用理念融合数据关键要素的制度产物，更是助力数字经济持续健康发展的制度产物。

面对数据要素交易低迷，数据要素交易的可信度低等问题，合理的数据要素产权制度能够为数据要素交易提供合规基础，还能够有效激发数据要素交易潜力。与此同时，只有依托数据交易平台构建可信的数据要素交易环境，才能够真正形成健康且持续的数据要素交易环境。只有兼备合理的数据要素产权制度与可信的数据要素交易环境，才能够激发数据要素的市场需求，形成稳定的数据要素市场格局。为此，应将个人数据投资产权主体区别于数据要素产权主体，同时结合数据要素交易买方主体的现实需求，将数据要素类型化为"功能型数据要素""信息型数据要素""数据型数据要素"。若以互联网企业为数据要素产权主体，数据要素产权涉及数据开发权、数据控制权、数据访问权、数据交易权、数据处分权等内容。若以个人为个人数据投资产权主体，数据要素产权涉及数据收益权、数据访问权、数据删除权等内容。另外，只有确保数据要素交易可信才能持续激发数据要素交易，继而使数字经济获得可持续发展。其中，数据要素的"数据+场景"可信流通，是数据要素交易可信之前提；依托信用惩戒与信用监管打造可信的交易环境，是数据要素交易可信之保障；确保数据要素交易的关联机构可信与数据要素的动态定价机制可信，则是数据要素交易可信之基础。

不可否认，数据要素交易正处于探索阶段，将来还会出现各式各样的问

题，但这并不能成为阻碍数据要素交易实践探索及运行的理由。首先，应极力发挥个人的自由意志，借助数字技术并通过个人信息，使个人深度参与数据要素交易场景，延拓主体意志智能防范交易风险。其次，依托个人信息、信息/数据等基础数据要素防范交易风险。在类型划分可交易个人信息的基础上，分别为可交易个人信息类型划定交易自由度。同时，通过将人工智能所有人明确为信息/数据的权利、义务及责任主体，防范关涉信息/数据的数据要素交易风险。最后，通过明确个人隐私侵害责任、个人信息侵害责任及公共利益侵害责任，筑牢数据要素交易风险责任底线。只有如此，在为数据要素交易划定红线的同时，还能为数据要素交易赢得更为广阔的实践探索空间。

关于数据要素交易的十三条立法建议

第一条 数据要素交易在本质上属于典型的数据要素流通方式，应着力打造可信的数据要素交易模式，可信的数据要素交易模式应该兼顾数据流通与数据安全。

第二条 数据要素是由个人信息、个人数据及信息/数据等基础数据要素构成的具有特定价值的数据或信息。

第三条 在数据要素交易场景中，应该明确并强调作为基础数据要素的个人信息的人格权益属性。

第四条 在数据要素交易场景中，应该明确并强调作为基础数据要素的个人数据的财产权益属性。

第五条 在数据要素交易场景中，作为基础数据要素的信息/数据，是人工智能基于特定目标价值设定的生成内容，属于信息权利的对象，信息权利主体为人工智能所有人。人工智能所有人应该确保人工智能生成内容合规，承担人工智能生成内容的侵权责任。

第六条 数据要素产权在类型上分为个人的个人数据投资产权与互联网企业的数据要素产权。数据要素产权的制度设计初衷是为了更好地实现数据要素价值，实现数据要素价值的基础是数据要素产权可信，互联网企业可信则最终决定数据要素产权可信。

第七条 明确个人的个人数据投资产权的福利属性，依托隐私政策动态评估互联网企业的可信度，通过强化互联网企业可信，确保个人能够自主决定其数据投资产权的价值变现程度。

第八条 明确互联网企业数据要素产权的财产权属性，依靠互联网企业的数据要素处理能力评估互联网企业数据要素产权价值，激励互联网企业通过提升可信度变现数据要素产权价值。

第九条 可信的数据要素流通应是可信场景中的数据要素流通，将数据要素流通场景区分为"识别个人场景"与"非识别个人场景"。

赋予"非识别个人场景"中的数据要素以流通自由，依靠"使用目的"、"一般隐私期待"及"损害后果"共同确定特定数据在"识别个人场景"中

的互联网企业安全保障义务，以此构造可信场景中的数据流通。

第十条 可信数据要素交易应是失信惩戒规范下的自由交易，卖方应始终实施合理定价、避免强买强卖及杜绝限制竞争等可信交易行为。交易平台应始终实施严审卖方交易资格、保障交易数据质量及保证交易价格合理等可信审核行为。政府应依托"互联网+监管"对卖方与交易平台等主体实施随机性地信用监管，按照比例原则对相关主体的失信行为予以失信惩戒。

第十一条 在数据要素交易场景中，提高数字技术的规范化程度，应将智能合约规范化为民事合同，依托个人信息并通过智能合约，智能延拓信息主体的自由意志，保障个人能够深度参与数据要素交易，智能防范数据要素交易风险。

第十二条 在数据要素交易场景中，将个人信息类型划分为私密性个人信息、标表型个人信息、联络性个人信息、网络性个人信息及关联性个人信息，并依此分别为特定类型的个人信息划定交易自由度。

第十三条 在数据要素交易场景中，明确个人隐私侵害责任、个人信息侵害责任及公共利益侵害责任，筑牢数据要素交易风险责任底线，同时为数据要素提供更为广阔的探索自由度。

参考文献

一、中文著作

[1]《十二国著作权法》翻译组.十二国著作权法[M].北京:清华大学出版社,2011.

[2] 博伦.财富与精神[M].广州:暨南大学出版社,2016.

[3] 陈甦,谢鸿飞.民法典评注:人格权编[M].北京:中国法制出版社,2020.

[4] 程啸,王苑.个人信息保护法教程[M].北京:中国人民大学出版社,2023.

[5] 程啸.个人信息保护法理解与适用[M].北京:中国法制出版社,2022.

[6] 程啸.侵权责任法[M].北京:法律出版社,2011.

[7] 程啸.侵权责任法[M].北京:法律出版社,2015.

[8] 程啸.侵权责任法[M].北京:法律出版社,2021.

[9] 翟云岭.合同法总论[M].北京:中国人民公安大学出版社,2003.

[10] 樊敏.数据思维[M].成都:电子科技大学出版社,2016.

[11] 范渊,刘博.数据安全与隐私计算[M].北京:电子工业出版社,2023.

[12] 高放,高哲,张书杰.马克思恩格斯要论精选[M].增订本.北京:中央编译出版社,2016.

[13] 高富平.信息财产:数字内容产业的法律基础[M].北京:法律出版社,2009.

[14] 个人数据保护:欧盟指令及成员国法律、经合组织指导方针[M].陈飞,等译.张新宝,审校.北京:法律出版社,2006.

[15] 郭明瑞.合同法学[M].上海:复旦大学出版社,2005.

[16] 韩世远.合同法总论[M].3版.北京:法律出版社,2011.

[17] 何怀文.中国著作权法判例综述与规范解释[M].北京:北京大学出版社,2016.

［18］黄奇帆，朱岩，邵平．数字经济内涵与路径［M］．北京：中信出版集团，2022．

［19］贾淼．人格权益法研究：总论［M］．北京：中国政法大学出版社，2014．

［20］李斌．算法经济理论［M］．北京：经济日报出版社，2019．

［21］李晓辉．信息权利研究［M］．北京：知识产权出版社，2006．

［22］李岩．民事法益基本范畴研究［M］．北京：法律出版社，2016．

［23］李扬．知识产权法基本原理：II［M］．北京：中国社会科学院出版社，2013．

［24］联合国贸易与发展会议，国际贸易和可持续发展中心．TRIPS协定与发展［M］．资料读本．中华人民共和国商务部条约法律司，译．北京：中国商务出版社，2013．

［25］柳经纬．民法［M］．4版．厦门：厦门大学出版社，2009．

［26］罗豪才．行政法平衡理论讲演录［M］．北京：北京大学出版社，2011．

［27］马俊驹，余延满．民法原论［M］．北京：法律出版社，2011．

［28］马俊驹．人格和人格权理论讲稿［M］．北京：法律出版社，2009．

［29］马克思恩格斯全集：第31卷［M］．北京：人民出版社，1998．

［30］毛泽东选集：一卷本［M］．北京：人民出版社，1969．

［31］邱本．经济法的权利本位论［M］．北京：中国社会科学出版社，2013．

［32］孙正聿，等．马克思主义基础理论研究［M］．北京：北京师范大学出版社，2011．

［33］谭启平．中国民法学［M］．北京：法律出版社，2015．

［34］王利明，杨立新，王轶，等．民法学［M］．4版．北京：法律出版社，2015．

［35］王利明．民法总则研究［M］．北京：中国人民大学出版社，2003．

［36］王利明．人格权法［M］．2版．北京：中国人民大学出版社，2016．

［37］王利明．人格权法研究［M］．2版．北京：中国人民大学出版社，2012．

［38］王迁．知识产权法教程［M］．4版．北京：中国人民大学出版社，2014．

［39］王泽鉴．民法概要［M］．2版．北京：北京大学出版社，2011．

［40］王泽鉴．民法物权［M］．2版．北京：北京大学出版社，2010．

［41］王泽鉴．人格权法［M］．北京：北京大学出版社，2013．

［42］魏振瀛．民法［M］．7版．北京：北京大学出版社，2017．

［43］吴汉东．知识产权多维度学理解读［M］．北京：中国人民大学出版社，2015．

［44］吴汉东．知识产权法［M］．5版．北京：法律出版社，2014．

［45］吴琼，刘学义．黑格尔哲学思想诠释［M］．北京：人民出版社，2006．

［46］肖前．马克思主义哲学原理［M］．合订本．北京：中国人民大学出版社，2013．

［47］熊文聪．事实与价值二分：知识产权法的逻辑与修辞［M］．武汉：华中科技大学出版社，2016．

［48］许中缘，屈茂辉．民法总则原理［M］．北京：中国人民大学出版社，2012．

［49］杨立新．人格权法专论［M］．北京：高等教育出版社，2005．

［50］仰海峰．《资本论》的哲学［M］．北京：北京师范大学出版社，2017．

［51］姚秋英．人格权研究［M］．北京：中国政法大学出版社，2012．

［52］殷赣新．价值、货币和资本新论［M］．北京：经济日报出版社，2009．

［53］尹田．民法思维之展开［M］．北京：北京大学出版社，2014．

［54］于飞．权利与利益区分保护的侵权法体系之研究［M］．北京：法律出版社，2012．

［55］于施洋，王建冬，黄倩倩．论数据要素市场［M］．北京：人民出版社，2023．

［56］於兴中．数字素养：从算法社会到网络3.0［M］．上海：上海人民出版社，2022．

［57］张根林．经济的本质［M］．北京：北京理工大学出版社，2020．

［58］张红．人格权各论［M］．北京：高等教育出版社，2015．

［59］张立伟．权利的功利化及其限制［M］．北京：科学出版社，2009．

［60］张莉．数据治理与数据安全［M］．北京：人民邮电出版社，2019．

［61］张民安．合同法［M］．2版．广州：中山大学出版社，2007．

［62］张平文，邱泽奇．数据要素五论：信息、权属、价值、安全、交易［M］．北京：北京大学出版社，2022．

［63］张淞纶．财产法哲学［M］．北京：法律出版社，2016．

［64］郑晓松．技术与合理化［M］．济南：齐鲁书社，2007.

［65］郑也夫．信任论［M］．北京：中国广播电视出版社，2001.

［66］中国审判理论研究会民事审判理论专业委员会．民法典人格权编条文理解与司法适用［M］．北京：法律出版社，2020.

［67］周苏，王文．大数据及其可视化［M］．北京：中国铁道出版社，2016.

［68］周晓垣．人工智能：开启颠覆性智能时代［M］．北京：台海出版社，2018.

［69］朱广新．合同法总则［M］．2版．北京：中国人民大学出版社，2012.

［70］朱广新．合同法总则研究：下册［M］．北京：中国人民大学出版社，2018.

二、中文译著

［71］SOLIS B．互联网思维：传统商业的终结与重塑［M］．周蕾，廖文俊，译．北京：人民邮电出版社，2014.

［72］WALDMAN A E．隐私即信任：大数据时代的信息隐私［M］．张璐，译．北京：法律出版社，2022.

［73］毕培，克迪．信任：企业和个人成功的基础［M］．周海琴，译．北京：经济管理出版社，2011.

［74］德霍斯．知识财产法哲学［M］．周林，译．北京：商务印书馆，2017.

［75］迪克纳．信用经济［M］．张静，林秋香，廖昌盛，译．北京：中国经济出版社，2022.

［76］菲彻尔．版权法与因特网：下［M］．郭寿康，万勇，相靖，译．北京：中国大百科全书出版社，2009.

［77］弗里德．契约即允诺［M］．郭锐，译．北京：北京大学出版社，2006.

［78］福山．信任：社会美德与创造经济繁荣［M］．郭华，译．桂林：广西师范大学出版社，2020.

［79］戈德雷．私法的基础：财产、侵权、合同和不当得利［M］．张家勇，译．北京：法律出版社，2007.

［80］哈特．法律的概念［M］．2版．许家馨，李冠宜，译．北京：法律出版社，2017.

［81］黑德里克．追溯信息时代［M］．唐磊，崔希芸，陈秀，译．石家

庄：河北出版传媒集团，2016.

[82] 怀特海．思维方式［M］．刘放桐，译．北京：商务印书馆，2010．

[83] 霍布斯．利维坦［M］．朱敏章，译．长春：吉林出版集团有限责任公司，2010．

[84] 霍布斯．论公民［M］．应星，冯克利，译．贵阳：贵州人民出版社，2003．

[85] 卡斯特．网络社会的崛起［M］．夏铸九，译．北京：社会科学文献出版社，2006．

[86] 康德．道德形而上学原理［M］．苗力田，译．上海：上海人民出版社，2005，2006．

[87] 考特，尤伦．法和经济学［M］．6版．史晋川，董雪兵，等译．上海：格致出版社，2012．

[88] 柯林斯．规制合同［M］．郭小莉，译．北京：中国人民大学出版社，2014．

[89] 罗杰斯．智慧转型 重新思考商业模式［M］．胡望斌，等译．北京：中国人民大学出版社，2017．

[90] 洛克．政府论两篇［M］．赵伯英，译．西安：陕西人民出版社，2004．

[91] 洛塞，舒尔茨，施陶登迈尔．数据交易：法律·政策·工具［M］．曹博，译．上海：上海人民出版社，2021．

[92] 麦肯齐．电影院的爆米花为什么卖得贵？［M］．鄂丽燕，王方圆，译．北京：中国轻工业出版社，2009．

[93] 帕特森，林德伯格．版权的本质：保护使用者权利的法律［M］．郑重，译．北京：法律出版社，2015．

[94] 沙勒夫．隐私不保的年代［M］．林铮顗，译．南京：江苏人民出版社，2011．

[95] 舍费尔，奥特．民法的经济分析［M］．4版．江清云，杜涛，译．北京：法律出版社，2009．

[96] 什托姆普卡．信任：一种社会学理论［M］．程胜利，译．北京：中华书局，2005．

[97] 史密斯．定价策略［M］．周庭锐，张恩忠，赵智行，等译．北京：中国人民大学出版社，2015．

[98] 斯密．国民财富的性质和原因的研究：上卷［M］．郭大力，王亚南，译．北京：商务印书馆，1972．

[99] 斯图克, 扎拉奇. 算法的陷阱 [M]. 余潇, 译. 北京: 中信出版集团, 2018.

[100] 泰勒. 黑格尔 [M]. 张国清, 朱进东, 译. 南京: 译林出版社, 2012.

[101] 田中靖浩. 定价的艺术 [M]. 杜海清, 译. 北京: 中国出版集团, 2018.

[102] 韦伯. 非正当性的支配 [M]. 康乐, 简惠美, 译. 桂林: 广西师范大学出版社, 2016.

[103] 休谟. 休谟政治论文选 [M]. 张若衡, 译. 北京: 商务印书馆, 2010.

[104] 野村直之. 人工智能改变未来: 工作方式、产业和社会的变革 [M]. 付天祺, 译. 北京: 东方出版社, 2018.

三、中文论文

[105] 包晓丽, 杜万里. 数据可信交易体系的制度构建: 基于场内交易视角 [J]. 电子政务, 2023 (5): 38-50.

[106] 包晓丽. 二阶序列式数据确权规则 [J]. 清华法学, 2022 (3): 60-75.

[107] 本刊编辑部. 贵阳大数据交易所 [J]. 中国信息化, 2017 (1): 39.

[108] 蔡莉, 黄振弘, 梁宇, 等. 数据定价研究综述 [J]. 计算机科学与探索, 2021 (15): 1595-1606.

[109] 蔡跃洲, 马文君. 数据要素对高质量发展影响与数据流动制约 [J]. 数量经济技术经济研究, 2021 (3): 64-83.

[110] 曾坚朋, 赵正, 杜自然, 等. 数据流通场景下的统一隐私计算框架研究: 基于深圳数据交易所的实践 [J]. 数据分析与知识发现, 2022 (1): 35-42.

[111] 曾铮, 王磊. 数据要素市场基础性制度: 突出问题与构建思路 [J]. 宏观经济研究, 2021 (3): 85-101.

[112] 陈兵, 郭光坤. 数据分类分级制度的定位与定则: 以《数据安全法》为中心的展开 [J]. 中国特色社会主义研究, 2022 (3): 50-60.

[113] 陈兵. 科学构建数据要素交易制度 [J]. 人民论坛·学术前沿, 2023 (6): 66-78.

[114] 陈兵. 助力共享经济发展的法治之维 [J]. 学术论坛, 2017 (5): 9-13.

[115] 陈波. 互联网消费金融发展机遇、困境与路径探析 [J]. 湖南社

会科学, 2021 (5): 61-66.

[116] 陈宏民, 熊红林, 胥莉, 等. 基于平台视角下的数据交易模式及特点分析 [J]. 大数据, 2023 (2): 56-66.

[117] 陈华, 李庆川, 翟晨喆. 数据要素的定价流通交易及其安全治理 [J]. 学术交流, 2022 (4): 107-124.

[118] 陈吉栋. 智能合约的法律构造 [J]. 东方法学, 2019 (3): 18-29.

[119] 陈玲. 数字信任和技术秩序: 重塑智能时代的信任 [J]. 装饰, 2022 (1): 22-25.

[120] 陈青鹤, 王志鹏, 涂景一, 等. 平台组织的权力生成与权力结构分析 [J]. 中国社会科学院研究生院学报, 2016 (2): 124-129.

[121] 陈全真. 人工智能生成技术方案的专利授权: 理论争议、政策考量及权属安排 [J]. 科学管理研究, 2022 (3): 40-48.

[122] 陈荣昌. 网络平台数据治理的正当性、困境及路径 [J]. 宁夏社会科学, 2021 (1): 72-80.

[123] 陈星. 数字时代数据产权的理论证成与权利构造 [J]. 法商研究, 2023 (6): 75-88.

[124] 陈媛媛, 赵晴. 全球治理观下的数据流通与共享机制: 数据中介服务 [J]. 情报资料工作, 2023 (3): 71-79.

[125] 陈舟, 郑强, 吴智崧. 我国数据交易平台建设的现实困境与破解之道 [J]. 改革, 2022 (2): 76-87.

[126] 承上. 人工智能时代个性化定价行为的反垄断规制 [J]. 中国流通经济, 2020 (5): 121-128.

[127] 程广云. 从人机关系到跨人际主体间关系: 从人工智能的定义和策略 [J]. 自然辩证法通讯, 2019 (1): 9-14.

[128] 程贵孙, 张忠程. 互联网平台企业社会责任的结构维度与模型构建: 基于扎根理论的探索性研究 [J]. 华东师范大学学报 (哲学社会科学版), 2023 (3): 155-168, 173.

[129] 程啸. 论大数据时代的个人数据权利 [J]. 中国社会科学, 2018 (3): 102-122, 207-208.

[130] 程啸. 论个人信息权益 [J]. 华东政法大学学报, 2023 (1): 6-21.

[131] 程啸. 论数据产权登记 [J]. 法学评论 (双月刊), 2023 (4): 137-148.

[132] 丛立先. 人工智能生成内容的可版权性与版权归属 [J]. 中国出版, 2019 (1): 11-14.

［133］崔聪聪，许智鑫．机器学习算法的法律规制［J］．上海交通大学学报（哲学社会科学版），2020（2）：35-47．

［134］崔聪聪．个人信息控制权法律属性考辨［J］．社会科学家，2014（9）：96-100．

［135］戴魁早，王思曼，黄姿．数据要素市场发展与生产率提升［J］．经济管理，2023（6）：22-43．

［136］邓刚宏．大数据权利属性的法律逻辑分析：兼论个人数据权的保护路径［J］．江海学刊，2018（6）：144-150，255．

［137］刁生富，张艳．人工智能时代的算法歧视及其治理路径［J］．佛山科学技术学院学报（社会科学版），2021（1）：5-10，28．

［138］刁胜先，秦琴．个人信息行政法保护的国际经验与借鉴［J］．重庆社会科学，2011（5）：68-74．

［139］丁晓东．个人信息私法保护的困境与出路［J］．法学研究，2018（6）：194-206．

［140］丁晓东．论算法的法律规制［J］．中国社会科学，2020（12）：138-159，203．

［141］丁晓东．数据交易如何破局：数据要素市场中的阿罗信息悖论与法律应对［J］．东方法学，2022（2）：144-158．

［142］东青．北京国际大数据交易所探索数据交易新范式［J］．数据，2021（4）：24-26．

［143］董青岭，朱玥．人工智能时代的算法正义与秩序构建［J］．探索与争鸣，2021（3）：82-86，178．

［144］杜娇，王广亮．要素市场化与企业内要素定价：一个权力视角的分析［J］．山东大学学报（哲学社会科学版），2021（6）：107-118．

［145］段鹏．平台经济时代算法权力问题的治理路径探索．东岳论丛，2020（5）：110-117，192．

［146］范为．大数据时代个人信息定义的再审视［J］．信息安全与通信保密，2016（10）：70-80．

［147］范文仲．数据交易所的定位和发展路径［J］．中国银行业，2022（6）：6，10-13．

［148］方燕，隆云滔．数据变革、数据理论与数据治理：一个简要述评［J］．东北财经大学学报，2021（3）：15-27．

［149］房绍坤，曹相见．标表型人格权的构造与人格权商品化批判［J］．中国社会科学，2018（7）：139-162，207-208．

[150] 冯刚．人工智能生成内容的法律保护路径初探［J］．中国出版，2019（1）：5-10．

[151] 冯科．数字经济时代数据生产要素化的经济分析［J］．北京工商大学学报（社会科学版），2022（1）：1-12．

[152] 冯晓青．大数据时代企业数据的财产权保护与制度构建［J］．当代法学，2022（6）：104-120．

[153] 冯晓青．数据财产化及其法律规制的理论阐释与构建［J］．政法论丛，2021（4）：81-97．

[154] 冯晓青．数字经济时代数据产权结构及其制度构建［J］．比较法研究，2023（6）：16-32．

[155] 付丽霞．大数据价格歧视行为之非法性认定研究：问题、争议与应对［J］．华中科技大学学报（社会科学版），2020（2）：95-104．

[156] 付熙雯，王新泽．我国数据交易研究进展：系统性文献综述［J］．情报杂志，2022（11）：137-143．

[157] 付新华．企业数据财产权保护论批判：从数据财产权到数据使用权［J］．东方法学，2022（2）：132-143．

[158] 高富平．个人信息保护：从个人控制到社会控制［J］．法学研究，2018（3）：84-101．

[159] 高富平．数据持有者的权利配置：数据产权结构性分置的法律实现［J］．比较法研究，2023（3）：26-40．

[160] 高富平．数据流通理论：数据资源权利配置的基础［J］．中外法学，2019（6）：1405-1424．

[161] 高郦梅．论数据交易合同规则的适用［J］．法商研究，2023（4）：31-44．

[162] 高秦伟．个人信息保护中的企业隐私政策及政府规制［J］．法商研究，2019（2）：16-27．

[163] 高志明．个人信息人格利益与财产利益理论分析［J］．大连理工大学学报（社会科学版），2018（1）：82-86．

[164] 葛江虬．解释论视角下《电子商务法》定制搜索结果条款的规范目的及限制适用［J］．法律科学（西北政法大学学报），2021（3）：96-108．

[165] 龚强，班铭媛，刘冲．数据交易之悖论与突破：不完全契约视角［J］．经济研究，2022（7）：172-188．

[166] 顾楚丹，杨发祥．把不确定性当作文化：互联网平台企业的日常实践逻辑及其反思［J］．社会科学，2022（12）：152-161．

［167］郭慧云，丛杭青，朱葆伟．信任论纲［J］．哲学研究，2012（6）：3-12，117，127．

［168］郭雳，尚博文．数字经济时代的数据要素流通：以产权"结构性分置"为视角的分析［J］．中国政法大学学报，2023（4）：42-55．

［169］郭明军，安小米，洪学海．关于规范大数据交易充分释放大数据价值的研究［J］．电子政务，2018（1）：31-37．

［170］郭明龙．论个人信息之商品化［J］．法学论坛，2012（6）：108-114．

［171］郭明瑞．关于民法典规定客体制度的几点思考［J］．政法论丛，2016（1）：46-52．

［172］韩秀兰，王思贤．数据资产的属性、识别和估价方法［J］．统计与信息论坛，2023（8）：3-13．

［173］何航．企业数据安全合规治理的关键问题与纾解［J］．贵州社会科学，2022（10）：126-133．

［174］何培育，马雅鑫，涂萌．Web浏览器用户隐私安全政策问题与对策研究［J］．图书馆，2019（2）：19-26．

［175］何培育，王潇睿．智能手机用户隐私安全保障机制研究：基于第三方应用程序"隐私条款"的分析［J］．情报理论与实践，2018（10）：40-46．

［176］何蒲，于戈，张岩峰，等．区块链技术与应用前瞻综述［J］．计算机科学，2017（4）：1-7，15．

［177］何玉长，王伟．数据要素市场化的理论阐释［J］．当代经济研究，2021（4）：33-44．

［178］贺海武，延安，陈泽华．基于区块链的智能合约技术与应用综述［J］．计算机研究与发展，2018（11）：2452-2466．

［179］洪邹逞．面向供给侧的多维复合数据价值评估模型研究［J］．互联网周刊，2023（5）：55-57．

［180］胡光．人工智能生成对象版权法基本理论探讨：历史、当下与未来［J］．当代传播，2018（4）：80-83，90．

［181］胡敏中．论认同与信任［J］．首都师范大学学报（社会科学版），2022（3）：53-60．

［182］胡小伟．人工智能时代算法风险的法律规制论纲［J］．湖北大学学报（哲学社会科学版），2021（2）：120-131．

［183］黄汇，黄杰．人工智能生成物被视为作品保护的合理性［J］．江西社会科学，2019（2）：33-42，254．

［184］黄南．瓶颈与路径：全国数据要素统一大市场建设探析．南京社会科学，2022（10）：35-45.

［185］黄倩倩，王建冬，陈东，等．超大规模数据要素市场体系下数据价格生成机制研究［J］．电子政务，2022（2）：21-30.

［186］黄少安，张华庆，刘阳荷．数据要素的价值实现与市场化配置［J］．东岳论丛，2022（2）：115-121.

［187］黄文彬．数据驱动的移动用户行为研究框架与方法分析［J］．情报科学，2016（7）：14-20，40.

［188］黄细江．企业数据经营权的多层用益权构造方案［J］．法学，2022（10）：96-111.

［189］黄玉烨，司马航．孳息视角下人工智能生成作品的权利归属［J］．河南师范大学学报（哲学社会科学版），2018（4）：21-30.

［190］姬蕾蕾．企业数据保护的司法困境与破局之维：类型化确权之路［J］．法学论坛，2022（3）：109-121.

［191］季连帅，何颖．人工智能创作物著作权归属问题研究［J］．学习与探索，2018（10）：106-110.

［192］贾海涛．论霍布斯的权力哲学及其历史影响［J］．哲学研究，2007（10）：63-69.

［193］贾彦，朱丽娜．数据交易发展和数据要素市场培育［J］．产权导刊，2022（12）：27-33

［194］江小涓，黄颖轩．数字时代的市场秩序、市场监管与平台治理［J］．经济研究，2021（12）：20-41.

［195］姜程潇．论数据财产权准占有制度［J］．东方法学，2022（6）：173-184.

［196］姜宇．数据要素市场化的一种方案：基于数据信托的数据交易所机制重构［J］．电子政务，2023（7）：12-26.

［197］蒋大兴，王首杰．共享经济的法律规制［J］．中国社会科学，2017（9）：141-162，208.

［198］金耀．数字治理逻辑下数据财产权的限度与可能［J］．暨南学报（哲学社会科学版），2022（7）：29-43.

［199］孔德明．数据财产权到访问权：欧盟数据设权立法转型解析［J］．比较法研究，2023（6）：33-50.

［200］孔艳芳，刘建旭，赵忠秀．数据要素市场化配置研究：内涵解构、运行机理与实践路径［J］．经济学家，2021（11）：24-32.

[201] 雷希. 论算法个性化定价的解构与规制：祛魅大数据杀熟 [J]. 财经法学，2022（2）：146-162.

[202] 黎四奇. 社会信用建构：基于大数据征信治理的探究 [J]. 财经法学，2021（4）：3-22.

[203] 李爱君，夏菲. 论数据产权保护的制度路径 [J]. 法学杂志，2022（5）：2，17-33.

[204] 李爱君. 数据权利属性与法律特征 [J]. 东方法学，2018（3）：64-74.

[205] 李成. 人工智能歧视的法律治理 [J]. 中国法学，2021（2）：127-147.

[206] 李成熙，文庭孝. 我国大数据交易盈利模式研究 [J]. 情报杂志，2020（3）：179，180-186.

[207] 李丹. 算法歧视消费者：行为机制、损益界定与协同规制 [J]. 上海财经大学学报，2021（2）：17-33.

[208] 李海舰，赵丽. 数据成为生产要素：特征、机制与价值形态演进 [J]. 上海经济研究，2021（8）：48-59.

[209] 李海舰，赵丽. 数据生产要素：特征、机制与价值形态演进 [J]. 上海经济研究，2021（8）：48-59.

[210] 李洪雷. 走向衰落的自我规制 [J]. 行政法学研究，2016（3）：41-54.

[211] 李金璞，汤珂. 论数据要素市场参与者的培育 [J]. 西安交通大学学报（社会科学版），2023（4）：78-89.

[212] 李晶晶. 我国数据要素交易制度的构建与完善 [J]. 湖北社会科学，2023（8）：139-147.

[213] 李俊峰. "泛在网络"社会中的信息权利确认 [J]. 东方法学，2015（3）：47-59.

[214] 李倩，尹飞. 人格权客体的再思考 [J]. 甘肃社会科学，2011（3）：125-129.

[215] 李三希，李嘉琦，刘小鲁. 数据要素市场高质量发展的内涵特征与推进路径 [J]. 改革，2023（5）：29-40.

[216] 李伟民. "个人信息权"性质之辩与立法模式研究：以互联网新型权利为视角 [J]. 上海师范大学学报（哲学社会科学版），2018（3）：66-74.

[217] 李伟民. 人工智能智力成果在著作权法的正确定性：与王迁教授

商榷［J］．东方法学，2018（3）：149-160.

［218］李文静，栾群．人工智能时代算法的法律规制：现实、理论与进路［J］．福建师范大学学报（哲学社会科学版），2020（4）：148-157.

［219］李锡鹤．民事客体再认识［J］．华东政法学院学报，2006（2）：34-43.

［220］李晓辉．信息权利：一种权利类型分析［J］．法制与社会发展（双月刊），2004（4）：75-82.

［221］李晓珊．数据产品的界定和法律保护［J］．法学论坛，2022（3）：122-131.

［222］李晓宇．人工智能生成物的可版权性与权利分配刍议［J］．电子知识产权，2018（6）：31-43.

［223］李雅男．数据保护行为规制路径的实现［J］．学术交流，2018（7）：65-72.

［224］李依怡．论企业数据流通制度的体系构建［J］．环球法律评论，2023（2）：146-159.

［225］李怡．个人一般信息侵权裁判规则研究：基于68个案例样本的类型化分析［J］．政治与法律，2019（6）：150-161.

［226］李永军．论《民法总则》中个人隐私与信息的"二元制"保护及请求权基础［J］．浙江工商大学学报，2017（3）：10-21.

［227］李永军．民法总则民事权利章评述［J］．法学家，2016（5）：60-75，177.

［228］李智，张津瑶．数据信托本土化的现实困境与路径构建［J］．学术交流，2023（7）：56-72.

［229］李宗辉．人工智能创作物版权保护的正当性及版权归属［J］．编辑之友，2018（7）：80-87.

［230］梁继，苑春荟．数据生产要素的市场化配置研究［J］．情报杂志，2022（4）：173-180.

［231］梁志文．论个人数据保护之法律原则［J］．电子知识产权，2005（3）：10-17.

［232］林秀芹，游凯杰．版权制度应对人工智能创作物的路径选择［J］．电子知识产权，2018（6）：13-19.

［233］林旭霞．论网络运营商与用户之间协议的法律规制［J］．法律科学（西北政法大学学报），2012（5）：138-145.

［234］凌斌．权利本位论的哲学奠基［J］．现代法学，2015（5）：3-11.

[235] 刘保玉，周玉辉．论安宁生活权［J］．当代法学，2013（2）：49-56.

[236] 刘春田．知识财产权解析［J］．中国社会科学，2003（4）：109-121，206.

[237] 刘德良．个人信息的财产权保护［J］．法学研究，2007（3）：80-91.

[238] 刘德良．民法学上权利客体与权利对象的区分及其意义［J］．暨南学报（哲学社会科学版），2014（9）：1-13，160.

[239] 刘铭卿．论电子商务信用法律机制之完善［J］．东方法学，2019（2）：151-160.

[240] 刘权．网络平台的公共性及其实现：以电商平台的法律规制为视角［J］．法学研究，2020（2）：42-56.

[241] 刘儒，郭荔．新中国70年价格机制改革：演进逻辑、显著特征与基本经验［J］．湘潭大学学报（哲学社会科学版），2020（3）：96-103.

[242] 刘廷涛．反垄断法下价格歧视之竞争损害分析［J］．东方法学，2016（3）：29-37.

[243] 刘文杰．数据产权的法律表达［J］．法学研究，2023（3）：36-53.

[244] 刘雅君，张雅俊．数据要素市场培育的制约因素及其突破路径［J］．改革，2023（9）：21-33.

[245] 刘瑛．信用视角下的数据安全法律规制［J］．暨南学报（哲学社会科学版），2022（1）：79-93.

[246] 刘颖，郝晓慧．个人数据交易的法律基础［J］．学术研究，2022（11）：85-94.

[247] 刘颖．论计算机信息及计算机信息交易［J］．暨南学报（哲学社会科学版），2008（5）：1-10，153.

[248] 刘友华．算法偏见及其规制路径研究［J］．法学杂志，2019（6）：55-66.

[249] 刘泽刚．欧盟个人数据保护的"后隐私权"变革［J］．华东政法大学学报，2018（4）：54-64.

[250] 龙卫球．数据新型财产权构建及其体系研究［J］．政法论坛，2017（4）：63-77.

[251] 陆岷峰，欧阳文杰．数据要素市场化与数据资产估值与定价机制研究［J］．新疆社会科学，2021（1）：43-53，168.

[252] 马费成，卢慧质，吴逸姝．数据要素市场的发展及运行［J］．信

息资源管理学报，2022（12）：4-13.

[253] 马俊驹，梅夏英．我国未来民法典中设置财产权总责编的理由和基本构想［J］．中国法学，2004（4）：27-38.

[254] 马俊驹．我国人格权基础理论与立法建构的再思考［J］．晋阳学刊，2014（2）：111-121.

[255] 马明亮．合规科技在企业整改中的价值与实现路径［J］．苏州大学学报哲学社会科学版，2022（4）：60-70.

[256] 马长山．智能互联网时代的法律变革［J］．法学研究，2018（4）：20-38.

[257] 梅夏英．数据的法律属性及其民法定位［J］．中国社会科学，2016（9）：164-183，209.

[258] 梅夏英．数据交易的法律范畴界定与实现路径［J］．比较法研究，2022（6）：13-27.

[259] 门钰璐，严宏伟，王丛虎．社会信用合作治理体系的构建：基于数据开放的视角［J］．行政管理改革，2022（7）：75-83.

[260] 孟勤国，齐爱民．信息技术与合同形式［J］．法学，2002（2）：57-59，68.

[261] 孟茹．美国社交媒体平台用户隐私保护的自律与监督机制：以Facebook为例［J］．编辑之友，2017（1）：104-112.

[262] 苗泽一．数据交易市场构建背景下的个人信息保护研究［J］．政法论坛，2022（6）：55-65.

[263] 宁立志，董维．商业烦扰防治体系之构建［J］．河南师范大学学报（哲学社会科学版），2019（1）：31-40.

[264] 欧阳日辉，杜青青．数据估值定价的方法与评估指标［J］．数字图书馆论坛，2022（10）：21-27.

[265] 欧阳日辉，杜青青．数据要素定价机制研究进展［J］．经济学动态，2022（2）：124-141.

[266] 欧阳日辉，龚伟．基于价值和市场评价贡献的数据要素定价机制［J］．改革，2022（3）：39-54.

[267] 欧阳日辉．数据要素流通的制度逻辑［J］．学术前沿，2023（3）：13-27.

[268] 欧阳日辉．我国多层次数据要素交易市场体系建设机制与路径［J］．江西社会科学，2022（3）：64-75，206-207.

[269] 彭诚信．现代权利视域中利益理论的更新与发展［J］．东方法学，

2018（1）：100-116.

[270] 彭辉. 数据交易的困境与纾解：基于不完全契约性视角[J]. 比较法研究，2023（2）：172-185.

[271] 彭兰. 智能时代的新内容革命[J]. 国际新闻界，2018（6）：88-109.

[272] 戚聿东，刘欢欢. 数字经济下数据的生产要素属性及其市场化配置机制研究[J]. 经济纵横，2020（11）：2，63-76.

[273] 齐爱民. 论信息财产的法律概念和特征[J]. 知识产权，2008（2）：23-27.

[274] 齐爱民. 数字文化商品确权与交易规则的构建[J]. 中国法学，2012（5）：73-86.

[275] 乔新生. 人工智能时代生物信息应纳入人格权保护[J]. 青年记者，2019（19）：74.

[276] 乔榛，刘瑞峰. 大数据算法的价格歧视问题[J]. 社会科学研究，2020（5）：90-96.

[277] 曲亮，许塬杰. "要素-资本-产品"三态耦合视角下数据市场治理体系研究[J]. 理论学刊，2023（3）：123-130.

[278] 饶冠俊，金碧华. 生活安宁权保护的现实困境及解决思路[J]. 行政与法，2010（1）：104-107.

[279] 任丹丽. 从"丰菜之争"看个人信息上的权利构造[J]. 政治与法律，2018（6）：131-139.

[280] 任丹丽. 政务数据使用的法理基础及其风险防范[J]. 法学论坛，2023（2）：142-150.

[281] 申卫星. 论数据产权制度的层级性："三三制"数据确权法[J]. 中国法学，2023（4）：26-48.

[282] 申卫星. 论数据用益权[J]. 中国社会科学，2020（11）：110-131，207.

[283] 沈岿. "为了权利与权力的平衡"及超越：评罗豪才教授的法律思想[J]. 行政法学研究，2018（4）：38-50.

[284] 沈校亮，钱倩文. 基于价值与风险整合视角的数据要素治理困境与防范机制研究[J]. 信息资源管理学报，2023（6）：17-28，42.

[285] 施春风. 定价算法在网络交易中的反垄断法律规制[J]. 河北法学，2018（11）：111-119.

[286] 石丹. 大数据时代数据权属及其保护路径研究[J]. 西安交通大

学学报（社会科学版），2018（3）：78-85.

［287］石新中．信用与人类社会［J］．中国社会科学院研究生院学报，2008（5）：67-72.

［288］宋华琳．论政府规制中的合作治理［J］．政治与法律，2016（8）：14-23.

［289］宋锴业．"算法"与国家治理创新：数据、算法与权力的知识生产与逻辑呈现［J］．科学学研究，2022（3）：401-409.

［290］宋立义．社会信用体系基础理论问题探讨［J］．宏观经济管理，2022（5）：60-66.

［291］苏成慧．论可交易数据的限定［J］．现代法学，2020（5）：136-149.

［292］苏宇．数据推理的法律规制［J］．浙江学刊，2022（4）：2，46-58.

［293］苏宇．算法规制的谱系［J］．中国法学，2020（3）：165-184.

［294］孙建丽．人工智能生成物著作权法保护研究［J］．电子知识产权，2018（9）：22-29.

［295］孙那．人工智能创作成果的可版权性问题探讨［J］．出版发行研究，2017（12）：17-19，61.

［296］孙山．人工智能生成内容著作权法保护的困境与出路［J］．知识产权，2018（11）：60-65.

［297］孙跃．数字经济时代企业数据合规及其构建［J］．湖北社会科学，2022（8）：119-128.

［298］塔琳，李孟刚．区块链在互联网金融征信领域的应用前景探析［J］．东北大学学报（社会科学版），2018（5）：466-474.

［299］唐林垚．隐私计算的法律规制［J］．社会科学，2021（12）：117-125.

［300］陶乾．论著作权法对人工智能生成成果的保护：作为邻接权的数据处理者权之证立［J］．法学，2018（4）：3-15.

［301］田杰棠，刘露瑶．交易模式、权利界定与数据要素市场培育［J］．改革，2020（7）：17-26.

［302］童楠楠，窦悦，刘钊因．中国特色数据要素产权制度体系构建研究［J］．电子政务，2022（2）：12-20.

［303］汪靖．从人类偏见到算法偏见：偏见是否可以被消除［J］．探索与争鸣，2021（3）：32-34.

[304] 王栋, 石欣, 陈智雨, 等. 区块链智能合约技术在供应链中的应用研究 [J]. 网络空间安全, 2018 (8): 8-17.

[305] 王琎. 数据交易场所的机制构建与法律保障: 以数据要素市场化配置为中心 [J]. 江汉论坛, 2021 (9): 129-137.

[306] 王利明. 论个人信息权的法律保护: 以个人信息权与隐私权的界分为中心 [J]. 现代法学, 2013 (4): 62-72.

[307] 王利明. 论个人信息权在人格权法中的地位 [J]. 苏州大学学报, 2012 (6): 68-75, 199-200.

[308] 王利明. 数据何以确权 [J]. 法学研究, 2023 (4): 56-73.

[309] 王琪. 打通数据交易所壁垒: 构建统一数据交易市场: 基于对数据交易所的比较分析 [J]. 中国电信业, 2023 (1): 30-33.

[310] 王迁. 论人工智能生成的内容在著作权法中的定性 [J]. 法律科学 (西北政法大学学报), 2017 (5): 148-155.

[311] 王茜. 商法意义上的数据交易基本原则 [J]. 政法论丛, 2022 (3): 120-131.

[312] 王青兰, 王喆. 数据交易动态合规: 理论框架、范式创新与实践探索 [J]. 改革, 2023 (8): 42-53.

[313] 王融. 关于大数据交易核心法律问题: 数据所有权的探讨 [J]. 大数据, 2015 (2): 49-55.

[314] 王瑞雪. 政府规制中的信用工具研究 [J]. 中国法学, 2017 (4): 158-173.

[315] 王若磊. 信用、法治与现代经济增长的制度基础 [J]. 中国法学, 2019 (2): 73-89.

[316] 王伟, 杨慧鑫. 守信激励的类型化规制研究: 兼论我国社会信用法的规制设计 [J]. 中州学刊, 2022 (5): 43-50.

[317] 王伟. 社会信用体系建设中的理解分歧及其辨析 [J]. 人民论坛, 2021 (25): 90-92.

[318] 王伟. 信用法治视角下的共享经济监管 [J]. 法学论坛, 2022 (3): 132-141.

[319] 王伟玲, 吴志刚, 徐靖. 加快数据要素市场培育的关键点与路径 [J]. 经济纵横, 2021 (3): 39-47.

[320] 王卫, 张梦君, 王晶. 大数据交易业务流程中的风险因素识别研究 [J]. 情报理论与实践, 2019 (9): 181-186, 194.

[321] 王卫, 张梦君, 王晶. 国内外大数据交易平台调研分析 [J]. 情

报杂志，2019（2）：181-186，194.

［322］王锡锌，黄智杰. 公平利用权：公共数据开放制度建构的权利基础［J］. 华东政法大学学报，2022（2）：59-72.

［323］王小夏，付强. 人工智能生成内容著作权问题探析［J］. 中国出版，2017（17）：33-36.

［324］王晓晔. 以市场化方式促进数据交易和共享［J］. 中国网信，2023（1）：52-55.

［325］王秀哲. 大数据时代身份证法律制度建构研究［J］. 江苏行政学院学报，2014（1）：116-122.

［326］王秀哲. 身份证明与个人信息保护：我国居民身份证法律规制问题研究［J］. 河北法学，2010（5）：2-11.

［327］王延川. 智能合约的构造与风险防治［J］. 法学杂志，2019（2）：43-51.

［328］王叶刚. 论肖像的可识别性及其判断［J］. 四川大学学报（哲学社会科学版），2018（3）：27-31.

［329］王叶刚. 企业数据权益与个人信息保护关系论纲［J］. 比较法研究 2022（4）：33-44.

［330］王益民. 关于建立中国特色社会主义数据共有制的研究［J］. 行政管理改革，2022（5）：16-22.

［331］王渊，王翔. 论人工智能生成内容的版权法律问题［J］. 当代传播，2018（4）：84-87.

［332］韦稼霖. 自然权利还是功利性选择：对知识产权合理性的反思［J］. 党政研究，2017（3）：121-128.

［333］魏益华，杨璐维. 数据要素市场化配置的产权制度之理论思考［J］. 经济体制改革，2022（3）：40-47.

［334］魏远山，刘妍. 个人数据信托的类型抉择与制度设计［J］. 图书馆论坛，2023（11）：70-78.

［335］温世扬. 论"标表型人格权"［J］. 政治与法律，2014（4）：64-71.

［336］温世扬. 民法总则中"权利客体"的立法考量民法总则中"权利客体"的立法考量：以特别"物"为重点［J］. 法学，2016（4）：14-22.

［337］温世扬. 人格权"支配"属性辨析［J］. 法学，2013（5）：87-92.

［338］吴汉东. 关于知识产权基本制度的经济学思考［J］. 法学，2000（4）：33-41，46.

［339］吴汉东. 人工智能时代的制度安排与法律规制［J］. 法律科学

（西北政法大学学报），2017（5）：128-136.

[340] 吴汉东. 数据财产赋权的立法选择[J]. 法律科学（西北政法大学学报），2023（4）：44-57.

[341] 吴洁，张云. 要素市场化配置视域下数据要素交易平台发展研究[J]. 征信，2021（1）：59-66.

[342] 武腾. 个人信息积极利用的类型区分与合同构造[J]. 法学，2023（6）：70-84.

[343] 武滕. 数据资源的合理利用与财产构造[J]. 清华法学，2023（1）：154-171.

[344] 相丽玲，高倩云. 大数据时代个人数据权的特征、基本属性与内容探析[J]. 情报理论与实践，2018（9）：36，45-50.

[345] 项定宜. 个人信息的类型化分析及区分保护[J]. 重庆邮电大学学报（社会科学版），2017（1）：31-38.

[346] 项定宜. 论个人信息财产权的独立性[J]. 重庆大学学报（社会科学版），2018（6）：169-180.

[347] 项猛，王志刚. 基于数字生态视角的数据要素市场治理策略研究[J]. 新疆社会科学，2023（6）：54-61.

[348] 肖建华，柴芳墨. 论数据权利与交易规制[J]. 中国高校社会科学，2019（1）：83-93，157-158.

[349] 肖梦黎. 平台信用评分机制的规制功能及其法治化实现[J]. 探索与争鸣，2022（2）：133-145，179-180.

[350] 谢琳，李旭婷. 个人信息财产权之证立[J]. 电子知识产权，2018（6）：54-61.

[351] 谢纬，袁东阳，肖瑞强. 关于建设新型数据交易平台的构想[J]. 银行家，2022（12）：114-116.

[352] 谢尧雯. 基于数字信任维系的个人信息保护路径[J]. 浙江学刊，2021（4）：72-84.

[353] 熊励，刘明明，许肇然. 关于我国数据产品定价机制研究：基于客户感知价值理论的分析[J]. 价格理论与实践，2018（4）：147-150.

[354] 熊琦. 人工智能生成内容的著作权认定[J]. 知识产权，2017（3）：3-8.

[355] 熊巧琴，汤珂. 数据要素的界权、交易和定价研究进展[J]. 经济学动态，2021（2）：143-158.

[356] 熊文聪. 电商平台"二选一"的法律问题辨析：以反垄断法为视

角［J］.中国应用法学，2020（2）：133-144.

［357］徐斌.人权保障视野下的算法规制：从《多伦多宣言》切入［J］.人权，2019（4）：124-138.

［358］徐敬宏，赵珈艺，程雪梅，等.七家网站隐私声明的文本分析与比较研究［J］.国际新闻界，2017（7）：129-148.

［359］徐玖玖.从"数据"到"可交易数据"：数据交易法律治理范式的转向及其实现［J］.电子政务，2022（12）：80-89.

［360］徐玖玖.数据交易适用除外制度的规则构造［J］.电子政务，2021（1）：92-100.

［361］徐美.再谈个人信息保护路径：以《民法总则》第111条为出发点［J］.中国政法大学学报，2018（5）：82-95，207.

［362］徐明.大数据时代的隐私危机及其侵权法应对［J］.中国法学，2017（1）：130-149.

［363］许偲炜.要素市场化配置下数据财产权制度的建构［J］.重庆大学学报（社会科学版），2023（1）：255-267.

［364］许光耀，王文君.对星巴克咖啡"价格歧视行为"的反垄断分析［J］.价格理论与实践，2014（3）：29-31.

［365］许光耀.价格歧视行为的反垄断法分析［J］.法学杂志，2011（11）：21-24，144.

［366］许娟，黎浩田.企业数据产权与个人信息权利的再平衡：结合"数据二十条"的解读［J］.上海大学学报（社会科学版），2023（2）：1-19.

［367］许可.数据交易流通的三元治理：技术、标准与法律［J］.吉首大学学报（社会科学版），2022（1）：96-105.

［368］许可.数据权属：经济学与法学的双重视角［J］.电子知识产权，2018（11）：23-30.

［369］鄢浩宇.数据定价的机制构建与法律调节［J］.金融经济，2022（9）：62-71.

［370］闫树，卿苏德，魏凯.区块链在数据流通中的应用［J］.大数据，2018（1）：3-12.

［371］杨成越，罗先觉.算法歧视的综合治理初探［J］.科学与社会，2018（4）：1-12，64.

［372］杨东，高清纯.加快建设全国统一大市场背景下数据交易平台规制研究［J］.法治研究，2023（2）：97-110.

［373］杨东，赵秉元．数据产权分置改革的制度路径研究［J］．行政管理改革，2023（6）：55-64．

［374］杨东．监管科技：金融科技的监管挑战与维度建构［J］．中国社会科学，2018（5）：69-91，205-206．

［375］杨帆．平台信用治理：信用分规则的利益失衡及其破解路径［J］．南京社会科学，2022（7）：93-102．

［376］杨帆．作为新型征信的信用评分：规制困境与基本立场［J］．现代经济探讨，2021（8）：124-132．

［377］杨宏玲，黄瑞华．信息权利的性质及其对信息立法的影响［J］．科学学研究，2005（1）：35-39．

［378］杨力．论数据交易的立法倾斜性［J］．政治与法律，2021（12）：2-11．

［379］杨立新，林旭霞．论人格标识商品化权及其民法保护［J］．福建师范大学学报（哲学社会科学版），2006（1）：74-80．

［380］杨立新，袁雪石．论声音权的独立及其民法保护［J］．法商研究，2005（4）：103-109．

［381］杨立新．个人信息：法益抑或民事权利：对《民法总则》第111条规定的"个人信息"之解读［J］．法学论坛，2018（1）：34-45．

［382］杨立新．我国民事权利客体立法的检讨与展望［J］．法商研究，2015（4）：23-28．

［383］杨瑞仙，李兴芳，王栋，等．隐私计算的溯源、现状及展望［J］．情报理论与实践，2023（7）：158-167．

［384］杨惟钦．价值维度中的个人信息权属模式考察：以利益属性分析切入［J］．法学评论，2016（4）：66-75．

［385］杨应武．数据信托：数据交易法律规制的新路径［J］．东南大学学报（哲学社会科学版），2023（S1）：120-124．

［386］杨张博，王新雷．大数据交易中的数据所有权研究［J］．情报理论与实践，2018（6）：52-57．

［387］姚佳．企业数据权益：控制、排他性与可转让性［J］．法学评论（双月刊），2023（4）：149-159．

［388］姚佳．数据要素市场化的法律制度配置［J］．郑州大学学报（哲学社会科学版），2022（6）：43-50．

［389］姚岳绒．身份证取得时强制性采集指纹行为的宪法分析［J］．法学，2012（5）：31-41．

[390] 姚忠将，葛敬国．关于区块链原理及应用的综述［J］．科研信息化技术与应用，2017（2）：3-17．

[391] 叶名怡．论个人信息权的基本范畴［J］．清华法学，2018（5）：143-158．

[392] 易继明．人工智能创作物是作品吗？［J］．法律科学（西北政法大学学报），2017（5）：137-147．

[393] 易健雄．"世界上第一部版权法"之反思［J］．知识产权，2008（1）：20-26．

[394] 尹华容，王惠民．隐私计算的行政法规制［J］．湖南科技大学学报（社会科学版），2022（6）：93-101．

[395] 应飞虎，涂永前．公共规制中的信息工具［J］．中国社会科学，2010（4）：116-131，222-223．

[396] 于柏华．权利概念的利益论［J］．浙江社会科学，2018（10）：36-46，156．

[397] 于冲．侵犯公民个人信息罪中"公民个人信息"的法益属性与入罪边界［J］．政治与法律，2018（4）：15-25．

[398] 余聪．智能算法与信任资本：一个平台资本主义本质审视的向度［J］．当代经济研究，2022（11）：62-70．

[399] 余习荣．居民身份证编号与社会保障号码唯一性问题初探［J］．人口研究，1998（6）：19-20．

[400] 余筱兰．信息权在我国民法典编纂中的立法遵从［J］．法学杂志，2017（4）：22-31．

[401] 於兴中．算法社会与人的秉性［J］．中国法律评论，2018（2）：57-65．

[402] 喻国明，侯伟鹏，程雪梅．"人机交互"：重构新闻专业主义的法律问题与伦理逻辑［J］．郑州大学学报（哲学社会科学版），2018（5）：79-83，159．

[403] 喻国明，刘钰菡，王畅颖，等．推荐算法：信息推送的王者品性与进阶重点［J］．山东社会科学，2018（3）：142-147，192．

[404] 喻国明，杨莹莹，闫巧妹．算法即权力：算法范式在新闻传播中的权力革命［J］．编辑之友，2018（5）：5-12．

[405] 喻玲，兰江华．算法个性化定价的反垄断法规制：基于消费者细分的视角［J］．社会科学，2021（1）：77-88．

[406] 喻玲．算法消费者价格歧视反垄断法属性的误读及辨明［J］．法

学，2020（9）：83-99.

[407] 袁文瀚. 信用监管的行政法解读［J］. 行政法学研究，2019（1）：18-31.

[408] 袁真富. 人工智能作品的版权归属问题研究［J］. 科技与出版，2018（7）：103-112.

[409] 岳宇君，孟渺. 研发投入、资源特征与大数据企业经营绩效［J］. 湖南科技大学学报（社会科学版），2022（2）：74-85.

[410] 张爱军，李圆. 人工智能时代的算法权力：逻辑、风险及规制［J］. 河海大学学报（哲学社会科学版），2019（6）：18-24，109.

[411] 张驰. 民事权利本质论［J］. 华东政法大学学报，2011（5）：39-46.

[412] 张浩，朱佩枫. 共享经济下的信用风险控制研究［J］. 征信，2018（9）：8-12.

[413] 张会平，赵溱，马太平，等. 我国数据要素市场化流通的两种模式与生态系统构建［J］. 信息资源管理学报，2023（6）：29-42.

[414] 张建文. 新兴权利保护的合法利益说研究［J］. 苏州大学学报（哲学社会科学版），2018（5）：87-95.

[415] 张俊瑞，董雯君，危雁麟. 商务大数据分析：交易性数据资产估值方法研究［J］. 情报杂志，2023（7）：93-101.

[416] 张康之. 论信任的衰落与重建［J］. 湖南社会科学，2008（1）：68-72.

[417] 张莉，万光彩. 价格歧视行为的反垄断规制探究［J］. 价格理论与实践，2017（10）：38-41.

[418] 张敏. 包容审慎监管：数据交易的平台监管进路研究［J］. 河北法学，2023（1）：201-209.

[419] 张守文.《价格法》修订：发展需要与改进方向［J］. 法学杂志，2022（4）：1-15.

[420] 张书青. 脚印与路：个人信息保护与大数据权益归属［J］. 电子知识产权，2018（11）：12-22.

[421] 张素华. 数据产权结构性分置的法律实现［J］. 东方法学，2023（2）：73-85.

[422] 张涛. 个人信息的法学证成：两种价值维度的统一［J］. 求索，2011（12）：161-163.

[423] 张新宝.《民法总则》个人信息保护条文研究［J］. 中外法学，

2019（1）：54-75.

[424] 张新宝. 产权结构性分置下的数据权利配置［J］. 环球法律评论，2023（4）：5-20.

[425] 张新宝. 从隐私到个人信息：利益再衡量的理论与制度安排［J］. 中国法学，2015（3）：38-59.

[426] 张新宝. 论作为新型财产权的数据财产权［J］. 中国社会科学，2023（4）：144-163，207.

[427] 张玉敏. 知识产权的概念和法律特征［J］. 现代法学，2001（5）：103-110.

[428] 赵丰. 智能生成内容利用下的版权制度挑战与因应：以ChatGPT为例［J］. 出版发行研究，2023（3）：48-56，47.

[429] 赵海乐. 当权利面对市场：算法价格歧视的法律规制研究［J］. 华中科技大学学报（社会科学版），2021（3）：99-106.

[430] 赵精武. 破除隐私计算的迷思：治理科技的安全风险与规制逻辑［J］. 华东政法大学学报，2022（3）：35-49.

[431] 赵磊. 商事信用：商法的内在逻辑与体系化根本［J］. 中国法学，2018（5）：160-180.

[432] 赵需要，姬祥飞，郭义钊. 创新激励目标下数据交易平台运行影响因素模型构建研究：以贵阳数据交易平台为例［J］. 现代情报，2023（4）：101-112，124.

[433] 赵正，郭明军，马骁，等. 数据流通情景下数据要素治理体系及配套制度研究［J］. 电子政务，2022（2）：40-49.

[434] 郑成思，朱谢群. 信息与知识产权的基本概念［J］. 中国社会科学院研究生院学报，2004（5）：41-49，142.

[435] 郑成思. 信息、知识产权与中国的知识产权战略［J］. 云南民族大学学报（哲学社会科学版），2004（6）：24-30.

[436] 郑晓剑. 人格权客体理论的反思：驳"人格利益说"［J］. 政治与法律，2011（3）：102-112.

[437] 周昌发. 论互联网金融的激励性监管［J］. 法商研究，2018（4）：15-25.

[438] 周汉华. 数据确权的误区［J］. 法学研究，2023（2）：3-20.

[439] 周汉华. 探索激励相容的个人数据治理之道：中国个人信息保护法的立法方向［J］. 法学研究，2018（2）：3-23.

[440] 周林彬，马恩斯. 大数据确权的法律经济学分析［J］. 东北师大

学报（哲学社会科学版），2018（2）：30-37.

[441] 周明生，周珺. 我国数据要素研究的热点与演进趋势［J］. 河南大学学报（社会科学版），2023（4）：13-19，152.

[442] 周楠，许昕，蔡梦雨. 互联网平台企业的成长路径：分类与特点［J］. 中国科技论坛，2023（12）：84-95.

[443] 周围. 人工智能时代个性化定价算法的反垄断法规制［J］. 武汉大学学报（哲学社会科学版），2021（1）：108-120.

[444] 朱理. 互联网领域竞争行为的法律边界：挑战与司法回应. 竞争政策研究，2015（1）：11-19.

[445] 朱梦云. 人工智能生成物的著作权归属制度设计［J］. 山东大学学报（哲学社会科学版），2019（1）：118-126.

[446] 朱楠. 从权利对象和权利客体之别析外观设计专利权和版权的保护［J］. 北方法学，2016（5）：61-68.

[447] 朱晓峰. 个人信息侵权责任构成要件研究［J］. 比较法研究，2023（4）：132-149.

[448] 朱云帆. 我国数据交易统一大市场发展现状与路径思考［J］. 电子技术应用，2023（5）：47-51.

[449] 邹开亮，刘佳明. 大数据"杀熟"的法律规制困境与出路［J］. 价格理论与实践，2018（8）：47-50.

四、报纸文章

[450] 卜羽勤. 十九届四中全会：健全分配机制，数据可作为生产要素按贡献参与分配［N/OL］. 南方都市报，2019-11-01［2023-08-02］. https://www.163.com/dy/article/ESTBH3ES05129QAF.html.

[451] 蔡继明. 厘清数据要素按贡献参与分配的理论认识［N/OL］. 中国社会科学报，2022-09-28［2023-11-28］. https://www.cssn.cn/skgz/bwyc/202209/t20220928_5543662.shtml.

[452] 陈朋. 打通数据共享大动脉［N/OL］. 经济日报，2023-01-05［2023-08-01］. https://m.gmw.cn/baijia/2023-01/05/36280013.html.

[453] 陈书玉. 被疑大数据杀熟，美团再上热搜，市值蒸发400亿！新华网评：不顾吃相，要改［N/OL］. 证券时报，2020-12-18［2021-05-13］. https://baijiahao.baidu.com/s?id=1686426216115203973&wfr=spider&for=pc.

[454] 董潇. 招行个人储蓄账户突破1亿 首次跨越股份行亿级"鸿沟"［N］. 中华工商时报，2019-01-11（7）.

[455] 方亚丽. 贵阳大数据交易所优化提升数据流通交易价值［N］. 贵

阳日报，2023-01-26（1）.

[456] 高振福. 深化数据资源开发利用［N］. 光明日报，2023-03-23（15）.

[457] 郜小平. 深圳数据交易所董事长李红光：激活数据价值需和产业深度融合［N］. 南方日报，2023-03-17（B04）.

[458] 各地积极布局 多项难题待解 数据要素市场培育仍需加速［N/OL］. 中国商报，2020-06-17［2023-07-30］. https：//www. zgswcn. com/cms/mobile_h5/wapArticleDetail. do？article_id＝202006171547381139&contentType＝article#.

[459] 贵阳：力争2025贵阳大数据交易所成为国家级数据交易所［N/OL］. 证券时报，2023-08-14［2023-08-16］. https：//baijiahao. baidu. com/s？id＝1774168216955082429&wfr＝spider&for＝pc.

[460] 韩鑫. 2022我国大数据产业规模达1.57万亿元［N/OL］. 人民日报，2023-02-22［2023-03-22］. http：//www. cac. gov. cn/2023-02/22/c_1678705746131710. htm.

[461] 胡蓉. 遏制"大数据杀熟"关键在举证［N］. 深圳商报，2021-07-6（A01）.

[462] 姜伟. 数字经济发展呼唤数据权利保护类法律［N］. 人民法院报：新闻·评论，2021-01-07（02）.

[463] 鞠实. 手机App越界 监管必须出鞘［N］. 中国消费者报，2018-12-03（1）.

[464] 来小鹏. 用好数据要素，需理解数据资源持有权基本内涵［N］. 科技日报，2022-09-05（08）.

[465] 李芃达. 数据要素市场规则亟待建立［N/OL］. 经济日报，2022-08-09［2023-07-30］. https：//baijiahao. baidu. com/s？id＝1740631998878469129&wfr＝spider&for＝pc.

[466] 李贞，刘山山. App安全认证来了［N］. 人民日报（海外版），2019-03-25（8）.

[467] 李政葳. 大数据时代，如何保护用户隐私［N］. 光明日报，2018-12-04（10）.

[468] 林侃. 全省一体化的数据要素交易市场初步形成 释放数据要素价值 赋能高质量发展［N］. 福建日报，2022-07-23（1）.

[469] 刘坤. 数字经济时代的"石油"，如何产生更多"动力"［N］. 光明日报，2023-03-23（15）.

[470] 刘晓庆. 把侵犯隐私当生意，可真"刑"！［N/OL］. 浙江日报，2023-

08-11［2023-08-14］. https://baijiahao.baidu.com/s? id = 1773891771642231488&wfr = spider&for = pc.

［471］罗曼，田牧. 理想很丰满现实很骨感 贵阳大数据交易所这六［N］. 证券时报，2021-07-12（A0）.

［472］眉间尺. 隐私政策怎么定如何用亟待形成行业共识［N］. 科技日报，2018-09-28（7）.

［473］欧阳心仪. 以数据产权结构性分置加速数据要素流通［N/OL］. 人民邮电报，2023-03-31［2023-08-02］. http://www.sszzg.gov.cn/2022/xwzx/fhzx/202303/t20230331_6141226.htm.

［474］秦枭. 各地相继设立交易所 抢滩数据交易市场［N］. 中国经营报，2022-11-21（C01）.

［475］邱玥. 大数据时代的数据买卖［N］. 光明日报，2015-04-23（8）.

［476］佘颖. 国务院反垄断委员会办公室负责人解读平台经济领域反垄断指南："二选一""大数据杀熟"涉嫌滥用市场支配地位［N］. 经济日报，2021-02-08（3）.

［477］史乐蒙. 数据交易成为新风口？［N/OL］. 期货日报，2022-11-22［2022-11-23］. https://mp.weixin.qq.com/s? __biz = MjM5NzM3MjU1Mg = = &mid = 2652028687&idx = 3&sn = 25610ae5ab656838e6ac5160f1aaa47f&chksm = bd3ce8e88a4b61fe19595a11c3fc8b51faf2f943b4643c1a9f10e4ea19b8d56e94966632369e&cur_album_id = 2675175633978834944&scene = 190#rd.

［478］王涵. 中消协测评100款App 呼吁加强个人信息隐私保护政策［N］. 民主与法制时报，2018-12-09（7）.

［479］王晓艳. 在具体人格权中应增设生活安宁权［N］. 法制日报，2003-11-06.

［480］王延川. 算法价格歧视的市场解决机制［N］. 学习时报，2019-10-18（3）.

［481］吴瞬. 深圳数交所发布数据商分级分类最新态势［N/OL］. 证券时报，2023-08-08［2023-08-16］. https://baijiahao.baidu.com/s? id = 1773644896820395140&wfr = spider&for = pc.

［482］向定杰. 贵阳大数据交易所："五大创新"做实数据交易［N］. 经济参考报，2023-01-12（5）.

［483］肖晗. 建设具有国际影响力的全国性数据交易平台 深圳数据交易所交易规模全国第一［N］. 深圳商报，2023-04-23（A01）.

［484］肖晗. 深圳数据交易所交易规模全国第一［N］. 深圳商报，2023-

04-23（A1）.

[485] 肖晗. 专访深圳数据交易所董事长李红光 未来将形成多层次数据交易市场［N］. 深圳商报，2022-11-20（A02）.

[486] 杨阳腾. 深圳推进数实融合创新：激活数据要素价值潜能［N/OL］. 经济日报，2023-08-13［2023-08-16］. https://finance.eastmoney.com/a/202308132811079212.html.

[487] 杨瑜娴. 从法律角度看建立数据产权制度［N］. 学习时报，2023-05-17（03）.

[488] 佚名. 四部委专项治理App违法违规收集使用个人信息［N］. 中国市场监管报，2019-01-29（第23期/总第6501期）.

[489] 余建华，徐少华. 浙江一女子以携程采集非必要信息"杀熟"诉请退一赔三获支持［N］. 人民法院报，2021-07-13（3）.

[490] 袁炯贤. 数据交易也要包容审慎监管！深圳在全国首创动态合规体系［N/OL］. 南方都市报，2023-02-27［2023-02-27］. https://new.qq.com/rain/a/20230227A039BV00.

[491] 苑广阔. 警惕大数据"杀熟"之后又"杀富"［N］. 中国消费者报，2021-04-13（4）.

[492] 院士谭建荣：数字经济的发展需要让企业受惠、民众受益［N/OL］. 杭州日报，2023-08-15［2023-08-15］. https://baijiahao.baidu.com/s?id=1774274259196309845&wfr=spider&for=pc.

[493] 张保淑. 8亿！中国网民数量最新统计出炉［N/OL］. 人民日报（海外版），2018-08-21［2019-08-20］. http://politics.people.com.cn/n1/2018/0821/c1001-30240206.html.

[494] 赵文君. "二选一""大数据杀熟"等行为如何认定？解读平台经济领域的反垄断指南［N］. 中华工商时报，2021-02-09（1）.

[495] 赵吟. 以强化企业数据产权保护激活数据要素交易市场［N/OL］. 重庆日报，2023-06-19［2023-08-14］. https://epaper.cqrb.cn/cqrb/2023-06/19/016/content_rb_318296.htm.

[496] 中金公司首席经济学家彭文生：数字经济时代，规模经济的优势将被放大［N/OL］. 2023-03-18［2023-08-16］. https://www.nbd.com.cn/rss/toutiao/articles/2716624.html#.

[497] 祖爽. 有关部门频频"亮剑"无孔不入的大数据"杀熟"该刹车了［N/OL］. 中国商报，2021-17-08［2021-07-12］. https://baijiahao.baidu.com/s?id=1704697515363214803&wfr=spider&for=pc.

五、网络文章

[498] 蔡继明. 构建公平与效率相统一的数据要素按贡献参与分配的制度：解读"数据二十条"[EB/OL]. (2023-03-17) [2023-08-02]. https://www.ndrc.gov.cn/xxgk/jd/jd/202303/t20230317_1351338_ext.html.

[499] 场景驱动数据要素化[EB/OL]. (2021-05-27) [2023-07-31]. https://baijiahao.baidu.com/s?id=1700876572331001923&wfr=spider&for=pc.

[500] 彻底搞懂数据资产、数据资源、数据管理、数据治理等概念的区别[EB/OL]. (2022-12-28) [2023-08-13]. https://baijiahao.baidu.com/s?id=1753454020744903308&wfr=spider&for=pc.

[501] 崔继慧, 高洁, 孙莹璐. 我国数据交易机构面临的困境与对策建议[EB/OL]. (2023-01-18) [2023-07-31]. https://baijiahao.baidu.com/s?id=1755329931747288388&wfr=spider&for=pc.

[502] 大侠说江湖. 大数据杀熟是消费者的噩梦, 互联网公司的毒药[EB/OL]. (2021-07-10) [2021-07-12]. https://baijiahao.baidu.com/s?id=1704908109877451812&wfr=spider&for=pc.

[503] 冯超, 陆益凡, 薛莲. 从数据权利性质理论看我国当前四地数据产权登记规则与发展[EB/OL]. (2023-07-04) [2023-08-14]. https://baijiahao.baidu.com/s?id=1770469944867280527&wfr=spider&for=pc.

[504] 傅建平, 牟冰清. 数据说 | 数据权益到底怎么保护？原则、路径和争议处理[EB/OL]. (2023-06-16) [2023-08-15]. https://new.qq.com/rain/a/20230616A099CC00.

[505] 傅建平. "市场结构"决定未来数据要素市场"发展高度"[EB/OL]. (2023-05-08) [2023-07-30]. https://baijiahao.baidu.com/s?id=1765318560297874781&wfr=spider&for=pc.

[506] 傅建平. 数据说 | 数据定价难的真正原因找到了！[EB/OL]. (2023-05-22) [2023-08-01]. https://baijiahao.baidu.com/s?id=1766572385114904342&wfr=spider&for=pc.

[507] 傅建平. 数据说 | 要素市场与产品市场不能混为一谈[EB/OL]. (2023-07-17) [2023-07-30]. https://baijiahao.baidu.com/s?id=1771645909917338126&wfr=spider&for=pc.

[508] 傅建平. 探索"两权分离"与"三权"分置相结合的中国式数据产权结构[EB/OL]. (2023-05-05) [2023-08-02]. https://baijiahao.baidu.com/s?id=1765034847523310505&wfr=spider&for=pc.

[509] 工业和信息化部. 工业和信息化部关于电信服务质量的通告（2019

年第 2 号）［EB/OL］.（2019-07-04）［2019-08-16］. http：//www. cac. gov. cn/2019-07/04/c_1124709872. htm.

［510］国家工业信息安全发展研究中心. 2022 数据交易平台发展白皮书［R/OL］.（2022-09-06）［2023-03-23］. http：//dsj. guizhou. gov. cn/xwzx/gnyw/202209/t20220906_76394528. html.

［511］国家统计局. 交通运输铺就强国枢纽通途 邮件通信助力创新经济航船：新中国成立 70 周经济社会发展成就系列报告之十六［R/OL］.（2019-08-13）［2019-08-20］. http：//www. stats. gov. cn/ztjc/zthd/bwcxljsm/70znxc/201908/t20190813_1690841. html.

［512］互联网用户保护个人数据意识淡薄［EB/OL］.（2013-05-17）［2023-07-31］. http：//intl. ce. cn/specials/zxgjzh/201305/17/t20130517_24394969. shtml?from=singlemessage&isappinstalled=0.

［513］黄敦平. 数据要素市场亟待治理的四大难题［EB/OL］.（2023-04-19）［2023-08-01］. https：//baijiahao. baidu. com/s? id=1763569095492922238&wfr=spider&for=pc.

［514］加快 OID 场景化应用 促进数据要素开发利用［EB/OL］.（2022-08-15）［2023-07-31］. https：//baijiahao. baidu. com/s? id=1741225335816186773&wfr=spider&for=pc.

［515］京东基本功能隐私政策［EB/OL］.［2019-04-06］. https：//about. jd. com/privacy/.

［516］京东隐私政策［EB/OL］.（2019-08-13）［2019-08-14］. https：//about. jd. com/privacy/.

［517］警惕|史上十大数据泄露事件及其教训［EB/OL］.（2022-08-30）［2023-08-15］. http：//chinaedg. cn/shujuzhishixuexi/shujubiaozhun/2022-08-30/2744. html.

［518］柯锦雄. 重罚大数据"杀熟" 让消费者不再被"收割"［EB/OL］.（2021-07-08）［2021-07-12］. https：//baijiahao. baidu. com/s? id=1704723434130053797&wfr=spider&for=pc.

［519］李红娟. 完善数据产权制度 促进数据保护和利用［EB/OL］.（2023-07-11）［2023-07-31］. https：//baijiahao. baidu. com/s? id=1771086725781902966&wfr=spider&for=pc.

［520］马嘉璐. 南财合规科技研究院虞伟：数据交易中的个人信息保护问题亟待解决，需发挥政企合力［EB/OL］.（2023-12-20）［2024-01-17］. https：//www. sohu. com/a/745699105_121255906.

［521］秦海清．监管出手，"反杀"大数据杀熟［EB/OL］．（2021-07-03）［2021-07-12］．https：//baijiahao.baidu.com/s？id=1704185917306960172&wfr=spider&for=pc.

［522］全国信息安全标准化技术委员会秘书处．网络安全标准实践指南：网络数据分类分级指引［S/OL］．（2021-12-31）［2022-12-19］．https：//www.tc260.org.cn/upload/2021-12-31/1640948142376022576.pdf.

［523］软通智慧与深圳数据交易所达成战略合作 共推数据要素市场高质量发展［EB/OL］．（2023-06-07）［2023-08-16］．https：//www.cet.com.cn/xwsd/3427339.shtml.

［524］市场监管总局．市场监管总局中央网信办公告开展App安全认证工作［EB/OL］．（2019-03-15）［2019-03-28］．http：//www.gov.cn/xinwen/2019-03/15/content_5373928.htm.

［525］数据产权归谁？专家："三权"分置开创数据要素市场新局面［EB/OL］．（2023-01-06）［2023-08-02］．https：//baijiahao.baidu.com/s？id=1754252299623749856&wfr=spider&for=pc.

［526］数据成为数字经济高质量发展核心引擎［EB/OL］．（2023-06-07）［2023-08-16］．https：//m.thepaper.cn/baijiahao_23390691.

［527］数据资产是什么［EB/OL］．［2023-08-13］．https：//www.sgpjbg.com/news/32756.html.

［528］数字经济时代中的数字劳动价值，具体是由哪些方面所构成？［EB/OL］．（2022-10-13）［2023-08-02］．https：//baijiahao.baidu.com/s？id=1746554948177716102&wfr=spider&for=pc.

［529］数字经济下，资产管理模式，有什么特点吗？［EB/OL］．［2023-08-13］．https：//baijiahao.baidu.com/s？id=1726268416338165296&wfr=spider&for=pc.

［530］数字劳动资料是数字劳动的工具，也是数字化时代的技术标尺［EB/OL］．（2023-03-21）［2023-08-02］．https：//baijiahao.baidu.com/s？id=1760948220875522805&wfr=spider&for=pc.

［531］腾讯幻核关停唤醒用户数据自控权意识［EB/OL］．（2022-08-19）［2023-07-31］．https：//finance.eastmoney.com/a/202208192484493321.html.

［532］王思远．远见|走进大数据交易所 看数据要素如何被"点石成金"［EB/OL］．（2023-05-31）［2023-08-16］．http：//finance.cnr.cn/jjgd/20230531/t20230531_526270173.shtml.

［533］王震．国家网信办：滴滴存在严重影响国家安全的数据处理活动［EB/OL］．（2022-07-21）［2023-04-19］．https：//baijiahao.baidu.com/s？id=

1738940687350615521&wfr=spider&for=pc.

[534] 我国数据交易行业分析：行业热潮迭起 走向规范化未来由场外转向场内大趋势［EB/OL］．（2023-03-13）［2023-08-01］．https://www.sohu.com/a/653515139_730526.

[535] 吴永超，谢正娟．浅谈数字经济时代城乡居民消费趋势及特征［EB/OL］．（2023-01-13）［2023-08-16］．https:/m.gmw.cn/baijia/2023-01/13/36300727.html.

[536] 详解数据资产的8大重要特征［EB/OL］．（2022-02-18）［2023-08-13］．https://www.esensoft.com/industry-news/data-asset-6109.html.

[537] 肖文，潘家栋．充分发挥数据要素价值［EB/OL］．（2022-12-12）［2023-07-31］．https://zj.zjol.com.cn/news.html?id=1973136.

[538] 携程再现大数据"杀熟"？钻石会员优惠价比酒店挂牌价贵一倍！［EB/OL］．（2021-07-12）［2023-07-29］．https:/caifuhao.eastmoney.com/news/20210713151647356615980.

[539] 隐私泄露，数据泄露可能导致的三大危害［EB/OL］．（2019-06-01）［2023-08-15］．https://www.sohu.com/a/317808630_604699.

[540] 于施洋．数博会聚焦数据流通与交易 隐私计算成数据市场化的关键技术［EB/OL］．（2022-05-27）［2023-08-02］．https://baijiahao.baidu.com/s?id=1733962043323956941&wfr=spider&for=pc.

[541] 中共中央关于坚持和完善中国特色社会主义制度 推进国家治理体系和治理能力现代化若干重大问题的决定［EB/OL］．（2019-11-05）［2023-08-02］．https://www.gov.cn/zhengce/2019-11/05/content_5449023.htm?did=ua7bkh5of7ovs57evoxgdiz82vls.

[542] 中国通信院．中国数字经济发展研究报告（2023）［R/OL］．[2023-08-15].http://www.caict.ac.cn/kxyj/qwfb/bps/202304/P020230427572038320317.pdf.

[543] 中国消费者协会．中消协在京发布《100款App个人信息收集与隐私政策测评报告》［R/OL］．（2018-11-28）［2019-03-02］．http://www.cca.org.cn/zxsd/detail/28309.html.

[544] 中国信息通信研究院．全球数字经济［R/OL］．（2022-12-07）［2022-12-18］．http://www.caict.ac.cn/kxyj/qwfb/bps/202212/P020221207397428021671.pdf.

[545] 中国信息通信研究院．数据要素白皮书（2022）［R/OL］．（2023-01-07）［2023-03-28］．http://www.caict.ac.cn/kxyj/qwfb/bps/202301/P020230107392254519512.pdf.

[546] 中国信息通信研究院．中国大数据分析行业研究报告［R/OL］．

（2022-04-27）［2023-03-22］. http：//www. zgdsj. org. cn/upload/files/2022/04/27/中国大数据分析行业研究报告-202204. pdf.

［547］中国信息通信研究院. 中国数字经济发展白皮书（2020）［R/OL］. （2020-07-03）［2023-03-28］. http：//www. caict. ac. cn/kxyj/qwfb/bps/202007/P020200703318256637020. pdf.

［548］中央全面深化改革委员会《关于构建数据基础制度更好发挥数据要素作用的意见》［EB/OL］. （2022-06-29）［2022-12-07］. http：//xxzx. guizhou. gov. cn/dsjzsk/zcwj/202207/t20220718_75570691. html.

［549］朱文凤. 数据时代下，我们的数据意识崛起了吗？［EB/OL］. （2022-06-08）［2023-07-31］. http：//www. cww. net. cn/article？id=563546.

［550］专家："数据二十条"破解数据资源化中的基础难题［EB/OL］. （2022-12-21）［2023-08-13］. https：//baijiahao. baidu. com/s？id=1752824960252094703&wfr=spider&for=pc.

六、中国案例

［551］上海市长宁区人民法院. 郑育高与上海携程商务有限公司其他侵权责任纠纷一审民事判决书：（2020）沪0105民初9010号［EB/OL］. （2020-10-30）［2023-11-28］. https：//www. pkulaw. com/pfnl/c05aeed05a57db0a2af8e9d17cf88982643f0325f354a152bdfb. html？Tiao.

［552］北京互联网法院. 北京菲林律师事务所诉北京百度网讯科技有限公司侵害作品著作权纠纷案：（2018）京0491民初239号［EB/OL］. （2019-04-25）［2023-10-29］. https：//www. pkulaw. com/pfnl/08df102e7c10f206fdfa86136ca88f7cdd22bb15811cdacdbdfb. html？Tiao.

［553］河北省唐山市丰南区人民法院. 王贵仁与马振余房屋买卖合同纠纷一审民事判决书：（2018）冀0207民初4014号［EB/OL］. （2018-11-15）［2023-09-27］. https：//www. pkulaw. com/pfnl/a6dbb3332ec0adc419d14f25db248f65024c0eca2caddc8fbdfb. html？Tiao.

［554］辽宁省丹东市中级人民法院. 黄德君诉王海开等房屋买卖合同纠纷案：（2017）辽06民终1543号［EB/OL］. （2017-12-04）［2023-08-28］. https：//www. pkulaw. com/pfnl/a25051f3312b07f3434be8b8fb7b42ded8cd8b36da9972bfbdfb. html？Tiao.

［555］北京市海淀区人民法院. 任甲玉诉北京市百度网讯科技公司侵犯名誉权、姓名权、一般人格权纠纷案：（2015）海民初字第17417号［EB/OL］. （2015-7-21）［2023-07-18］. https：//www. pkulaw. com/pfnl/a25051f3312b07f3eb61d2d4ca53e0d308c69e1cd5389398bdfb. html？tiao.

［556］江苏省南京市中级人民法院. 朱某与百度网讯公司隐私权纠纷案：（2014）宁民终字第5028号［EB/OL］.（2015-07-10）［2023-06-22］. https://www.pkulaw.com/pfnl/08df102e7c10f2062738b922d30aebe9c015476136996750bdfb.html? Tiao.

［557］最高人民法院. 张晓燕与被申请人雷献和、赵琪、一审被告山东爱书人音像图书有限公司侵害著作权纠纷案：（2013）民申字第1049号［EB/OL］.（2015-04-21）［2023-05-05］. https://www.court.gov.cn/fabu-xiangqing-14222.html.

［558］江苏省高级人民法院. 叶根友与无锡肯德基有限公司、北京电通广告有限公司上海分公司侵害著作权纠纷上诉案：（2011）苏知民终字第0018号［EB/OL］.（2011-12-01）［2023-04-28］. https://www.pkulaw.com/pfnl/a25051f3312b07f3d3d5af5d706dbaea58bbd58a8254e7aabdfb.html? Tiao.

［559］上海市第一中级人民法院. 黄某与唐某房屋租赁合同纠纷案：（2011）沪一中民一（民）终字第1325号［EB/OL］.（2023-03-21）［2023-03-20］. https://www.thepaper.cn/newsDetail_forward_22395371.

［560］陕西省高级人民法院. 陕西＊＊开发公司与陕西汇××限责任公司股东资格确认纠纷：（2008）陕民三终字第16号［EB/OL］.（2009-08-21）［2023-11-28］. https://www.lawtime.cn/caipan/1579073.html.

七、外文文献

［561］ANDREWS L. A new privacy paradigm in the age of Apps［J］. Wake forest law review, 2018, 53：23-29.

［562］ARNER D W, BARBERIS J, BUCKLEY R P. Fintech, regtech, and the reconceptualization of financial regulation［J］. Northwestern journal of international law & business, 2017, 37（3）：371-413.

［563］BERGELSON V. It's personal but is it mine? Toward property rights in personal information［J］. U. C. Davis law review, 2003, 37（2）：379-452.

［564］BERKELEY K W. Trust, but verify：why the blockchain needs the law［J］. Berkeley technology law journal, 2018（33）：487-550.

［565］BHATTACHARYA P. Leveraging legal stringency on artificial intelligence applications-a "copyright law on artificial intelligence" debate［EB/OL］.（2017-05-04）［2021-07-12］. https://ssrn.com/abstract=2982626.

［566］BROWN N I. Artificial authors：a case for copyright in computer-generated works［J］. Columbia science and technology law review, 2018, 20（1）：1-41.

[567] BRUMMER C, YADAV Y. Fintech and the innovation trilemma [J]. Georgetown law journal, 2019, 107 (2): 235-308.

[568] BUCCAFUSCO C J. A theory of copyright authorship [J]. Virginia law review, 2016, 102: 1229, 1232-1234.

[569] BUTLER T L. Can a computer be an author-copyright aspects of artificial intelligence [J]. Comm/Ent, a journal of communications and entertainment law, 1981, 4 (4): 707-748.

[570] CHAGAL-FEFERKORN K. The reasonable algorithm [J]. University of Illinois journal of law, technology & policy, 2018, 2018 (1): 111-148.

[571] CHOE J Y, SON D, KIM S. The limitations on the use of big data pursuant to data privacy regulations in korea [J]. Journal of Korean law, 2017, 17: 1-32.

[572] COHEN J E. Lochner in cyberspace: the new economic orthodoxy of rights management [J]. Michigan law review, 1998, 97 (2): 462-563.

[573] CRAWFORD K, SCHULTZ J. Big data and due process: toward a framework to redress predictive privacy harms [J]. Boston college law review, 2014, 55 (1): 93-128.

[574] DELDUCA L F. The commercial law of bitcoin and blockchain transactions [J]. UCC law journal, 2017, 47 (2).

[575] DELTORN J-M, MACREZ F. Authorship in the age of machine learning and artificial intelligence [M]//O'CONNOR S M. The oxford handbook of music law and policy. Oxford: Oxford University Press, 2019: 12.

[576] DENG A. Smart contracts and blockchains: steroid for collusion? [EB/OL]. (2019-02-04) [2023-08-02]. https://ssrn.com/abstract=3187010.

[577] DEVINS C, FELIN T, KAUFFMAN S, KOPPL R. The law and big data [J]. Cornell journal of law and public policy, 2017, 27 (2): 357-414.

[578] ERTMAN M. Smart rules for smart contracts [EB/OL]. (2017-02-17) [2023-12-21]. http://contracts.jotwell.com/smart-rules-for-smart-contracts/.

[579] ESSAGHOOLIAN N. Initial coin offerings: emerging technology's fundraising innovation [J]. UCLA law review, 2019, 66 (1): 294-344.

[580] ETZIONI A. Reining in private agents [J]. Minnesota law review headnotes, 2016, 101 (2): 279-332.

[581] FULMER N. Exploring the legal issues of blockchain applications [J]. Akron law review, 2018, 52 (1): 161-192.

[582] GARCíA C S. Concepcion, las obras creadas por sistemas de inteligencia artificial y su protección por el derecho de autor (AI created works and their protection under copyright law) [J/OL]. InDret, 2019, 1: 5 [2019-05-20]. https://ssrn.com/abstract=3365458.

[583] GUIMARAES L. The dichotomy between smart metering and the protection of consumer's personal data in Brazilian law [J]. Revista Brasileira de políticas públicas, 2018, 7 (3): 275-293.

[584] HALL M Z. Internet privacy or information piracy: spinning lies on the world wide web [J]. New York law school journal of human rights, 2002, 18 (3): 609-644.

[585] HARRIS C I. Whiteness as property [J]. Harvard law review, 1993, 106 (8): 1707-1791.

[586] HAZEL S H. Personal data as property [J]. Syracuse law review, 2020, 70 (4): 1055-1114.

[587] HEDRICK S F, I "Think", therefore I create: claiming copyright in the outputs of algorithms [J/OL]. NYU journal of intellectual property & entertainment law, 2019 (4) [2023-08-02]. https://ssrn.com/abstract=3367169.

[588] HELVESTON M N. Consumer protection in the age of big data [J]. Washington University law review, 2016, 93 (4): 859-918.

[589] HIGASHIZAWA N, AIHARA Y. Data privacy protection of personal information versus usage of big data: introduction of the recent amendment to the act on the protection of personal information (Japan) [J]. Defense counsel journal, 2017, 84 (4): 1-16.

[590] HOCHHEISER M. The truth behind data collection and analysis [J]. John Marshall journal of information technology and privacy law, 2016, 32 (1): 32-55.

[591] HOLLAND H B. Privacy paradox 2.0 [J]. Widener law journal, 2010, 19 (3): 893-932.

[592] HOUSER K A, BAGBY J W. The data trust solution to data sharing problems [J]. Vanderbilt journal of entertainment & technology law, 2023, 25 (1): 113-180.

[593] HRISTOV K. Artificial intelligence and the copyright dilemma [J]. IDEA: the journal of the franklin pierce center for intellectual property, 2017, 57 (3): 431-454.

[594] HSIAO J I. "SMART" contract on the blockchain-paradigm shift for contract law? [J]. US-China law review, 2017, 14: 685-694.

[595] JACCARD G. Smart contracts and the role of law [EB/OL]. (2018-01-10) [2023-12-28]. https://ssrn.com/abstract=3099885.

[596] KAMINSKI M E. Authorship, disrupted: AI authors in copyright and first amendment law [J]. UC Davis law review, 2017, 51: 589.

[597] KARAS S. Privacy, identity, databases: toward a new conception of the consumer privacy discourse [EB/OL]. (2002-12-23) [2023-08-02]. https://ssrn.com/abstract=340140.

[598] KIM T W, LEE J, ROUTLEDGE B, XU J. Data and manure: are data subjects investors? [J]. Berkeley business law journal, 2021, 18 (1): 65-89.

[599] KOLT N. Return on data: personalizing consumer guidance in data exchanges [J]. Yale law & policy review, 2019, 38 (1): 77-149.

[600] KOULU R. Blockchains and online dispute resolution: smart contracts as an alternative to enforcement [J]. SCRIPTed: a journal of law, technology and society, 2016, 13 (1): 40-69.

[601] KRISTIAN L, JURI M, TIMO S. Smart contracts-how will blockchain technology affect contractual practices? [R/OL]. (2017-01-09) [2023-12-01]. https://ssrn.com/abstract=3154043.

[602] KULMS R. Data sharing and data protection [J]. Romanian review of private law, 2022, 2022 (1): 137-156.

[603] LANOIS P. Caught in the clouds: the web 2.0, cloud computing, and privacy? [J]. Northwestern journal of technology&intellectual property, 2010, 9 (2): 29-50.

[604] LENARD T M, RUBIN P H. Big data, privacy and the familiar solutions [J]. Journal of law, economics & policy, 2015, 11 (1): 1-32.

[605] LEVMORE S, FAGAN F. The end of bargaining in the digital age [J]. Cornell law review, 2018, 103 (6): 1469-1526.

[606] LIPMAN R. Online privacy and the invisible market for our data [J]. Penn state law review, 2016, 120 (3): 777-806.

[607] LITMAN J. Information privacy/information property [J]. Stanford law review, 2000, 52 (5): 1283-1314.

[608] LUDINGTON S. Reining in the data traders: a tort for the misuse of personal information [J]. Maryland law review, 2006, 66 (1): 140-193.

[609] MAINKA S M. Algorithm-based recruiting technology in the workplace [J]. Texas A&M journal of property law, 2019, 5 (3): 801-822.

[610] MAJUMDAR S K. Does incentive compatible mechanism design induce competitive entry [J]. Journal of competition law & economics, 2011, 7 (2): 427-454.

[611] MAQUET Q. A company's guide to an effective web site privacy policy [J]. Chicago-Kent journal of intellectual property, 2000, 2 (1): i-xxii.

[612] MARCIANO A, NICITA A, RAMELLO G B. Big data and big techs: understanding the value of information in platform capitalism [J]. European journal of law and economics, 2020, 50: 345-358.

[613] Market Research Future. Global big data as a service market research report: global forecast 2022 [R]. New York: Market Research Future, 2018.

[614] Market Research Future. Storage in big data market research report—global forecast 2022 [R]. New York: Market Research Future, 2018.

[615] MCKENZIE R B, LEE D R. How digital economics revises antitrust thinking [J]. Antitrust bulletin, 2001, 46 (2): 253-298.

[616] MCKINNEY S A, LANDY R, WILKA R. Smart contracts, blockchain, and the next frontier of transactional law [J]. Washington journal of law, technology & arts, 2018, 13 (3): 313-347.

[617] MEHRA S K. Price discrimination-driven algorithmic collusion: platforms for durable cartels [J]. Stanford journal of law, business & finance, 2021, 26 (1): 171-221.

[618] MILLER A A. What do we worry about when we worry about price discrimination: the law and ethics of using personal information for pricing [J]. Journal of technology law & policy, 2014, 19 (1): 41-104.

[619] NEWLANDS G, LUTZ C, FIESELER C. Trading on the unknown: scenarios for the future value of data [J]. The law & ethics of human rights, 2019, 13 (1): 97-114.

[620] NEWMAN J. Antitrust in digital markets [J]. Vanderbilt law review, 2019, 72 (5): 1497-1562.

[621] NEWMAN J. Cookie monsters: locally stored objects, user privacy, and section 1201 of the DMCA [J]. AIPLA quarterly journal, 2013, 41 (3): 511-552.

[622] NORTON T B. The non-contractual nature of privacy policies and a new

critique of the notice and choice privacy protection model [J/OL]. Fordham intellectual property, media, entertainment law journal, 2016, 27 (1) [2023-12-28]. https://ir.lawnet.fordham.edu/iplj/vol27/iss1/5/.

［623］O'ROURKE M A. Shaping competition on the internet: who owns product and pricing information [J]. Vanderbilt law review, 2000, 53 (6): 1965-2006.

［624］PADOVA Y. Data ownership versus data sharing: and what about privacy? [J]. Lex electronica, 2021, 26 (1): 38-73.

［625］PALACE V M. What if artificial intelligence wrote this: artificial intelligence and copyright law [J]. Florida law review, 2019, 71 (1): 217-ii.

［626］PAN S B. Get to know me: protecting privacy and autonomy under big data's penetrating gaze [J]. Harvard journal of law & technology (Harvard JOLT), 2016, 30 (1): 239-262.

［627］PASQUALE F. A rule of persons, not machines: the limits of legal automation [J]. George Washington law review, 2019, 87 (1): 1-55.

［628］PEARLMAN R. Recognizing artificial intelligence (AI) as authors and inventors under U.S. intellectual property law [J]. Richmond journal of law & technology, 2018, 24 (2): 123-147.

［629］POLONETSKY J, TENE O. Privacy and big data: making ends meet [J]. Stanford law review online, 2013, 66: 25-34.

［630］POSADAS D V J. After the gold rush: the boom of the internet of things, and the busts of data-security and privacy [J]. Fordham intellectual property, media & entertainment law journal, 2017, 28 (1): 69-108.

［631］RASKIN M. The law and legality of smart contracts [J]. Georgetown law technology review, 2017, 1 (2): 305-341.

［632］RODRIGUES U R. Law and the blockchain [J]. Iowa law review, 2019, 104 (2): 679-730.

［633］ROUDSARI S M. Fourth amendment jurisprudence in the age of big data: a fresh look at the penumbras through the lens of justice sotomayor's concurrence in United States V. jones [J]. Federal courts law review, 2016, 9 (1): 139-174.

［634］RUBINFELD D L, GAL M S. Access barriers to big data [J]. Arizona law review, 2017, 59 (2): 339-382.

［635］RUBINSTEIN I S. Big data: the end of privacy or a new beginning? [J]. International data privacy law, 2013, 3 (2): 74-86.

[636] SAVELYEV A. Contract law 2.0: smart contracts as the beginning of the end of classic contract law [J]. Information & communications technology law, 2017, 26 (2): 116-134.

[637] SCHERER M U. Regulating artificial intelligence systems: risks, challenges, competencies, and strategies [J]. Harvard journal of law & technology, 2016, 29 (2): 353-400.

[638] SCHOFIELD A. Personalized pricing in the digital era [EB/OL]. (2019-01-05) [2021-07-06]. https://doi.org/10.4337/clj.

[639] SCHWARTS P M. Property, privacy, and personal data [J]. Harvard law review, 2004, 117 (7): 2056-2128.

[640] SCHWARTZ P M, PEIFER K-N. Transatlantic data privacy law [J]. Georgetown law journal, 2017, 106 (1): 115-180.

[641] SCHWARTZ P M, SOLOVE D J. Reconciling Personal Information in the United States and European Union [J]. California law review, 2014, 102 (4): 877-916.

[642] SEARS A M. The limits of online price discrimination in Europe [J]. Columbia science and technology law review, 2019, 21 (1): 1-42.

[643] SESSLER J B. Computer cookie control: transaction generated information and privacy regulation on the internet [J]. Journal of law and policy, 1997, 5 (2): 627-678.

[644] SIEBECKER M R. Cookies and the common law: are interest advertisers trespassing on our computers [J]. Southern California law review, 2003, 76 (4): 893-952.

[645] SKLAROFF J M. Smart contracts and the cost of inflexibility [J]. University of pennsylvania law review, 2017, 166 (1): 263-291.

[646] SLATTERY R, KRAWITZ M. Mark Zuckerberg, the cookie monster-Australian privacy law and internet cookies [J]. Flinders law journal, 2014, 16 (1): 1-42.

[647] SOLOVE D J. Privacy self-management and the consent dilemma [J]. Harvard law review, 2013, 126: 1888-1893.

[648] SOLOVE D J. The future of reputation: gossip, rumor, and privacy on the internet [M]. New Haven: Yale University Press, 2007.

[649] TMETE M N. Blockchain challenges traditional contract law: just how smart are smart contract? [J]. Wyoming law review, 2019, 19 (1): 87-118.

[650] URBAN J M, HOOFNAGLE C J, SU L. Mobile phones and privacy [EB/OL]. (2012-07-10) [2023-08-02]. https://ssrn.com/abstract=2103405.

[651] VESCOVO S. Rise of the machines: the future of intellectual property rights in the age of artificial intelligence [J]. Brooklyn law review, 2023, 89 (1): 221-260.

[652] VLADECK D C. Consumer protection in an era of big data analytics [J]. Ohio northern university law review, 2016, 42 (2): 493-516.

[653] WAGNER G, EIDENMULLER H. Down by algorithms: siphoning rents, exploiting biases, and shaping preferences: regulating the dark side of personalized transactions [J]. University of Chicago law review, 2019, 86 (2): 581-610.

[654] WARNER R, SLOANS R H. The ethics of the algorithm: autonomous systems and the wrapper of human control [J]. Cumberland law review, 2017, 48 (1): 37-66.

[655] WEISS R M, MEHROTRA A K. Online dynamic pricing: efficiency, equity and the future of e-commerce [J]. Virginia journal of law & technology, 2001, 6 (2): 1-12.

[656] WERBACH K, CORNELL N. Contracts ex machina [J]. Duke law journal, 2017, 67 (2): 313-382.

[657] WU A J. From video games to artificial intelligence: assigning copyright ownership to works generated by increasingly sophisticated computer programs [J]. AIPLA quarterly journal, 1997, 25 (1): 131-180.

[658] YANISKY - RAVID S. GENERATING R: Artificial intelligence, copyright, and accountability in the 3A Era: the human-like authors are already here: a new model [J]. Michigan state law review, 2017, (4): 659-726.

[659] YOUNG C R. A lawyer's divorce: will decentralized ledgers and smart contracts succeed in cutting out the middleman? [J]. Washington university law review, 2018, 96 (3).

[660] ZARSKY T Z. Incompatible: the GDPR in the age of big data [J]. Seton hall law review, 2017, 47 (4): 995-1020.

后　　记

　　后记是作者在成书之后的感悟,往往最能反映作者在特定时刻的心境。我在阅读每一本书的时候,最先阅读的便是后记,试图先去了解作者,然后再去阅读书籍,这会有不一样的感受。毕竟看了那么多,行文至此,我也终于开始为自己的书写后记了。但惭愧的是,这学期为教学科研、行政事务所累,竟无法抽出整块的时间写作后记,全然是利用零碎时间将成书之后的所思所想汇集成篇,才得此"后记"。此书虽暂告一段落,但对这一主题的关注仍然在持续,我的学术之旅途也依然在行进,我坚信后续会有更多相关成果产出。毕竟,在写作本书之前、之中及之后,已然获得诸多前辈、老师、学友的指导与启发,这让我心中有光、充满力量。

　　事实上,本书的写作并没有一个准确的开始时间,在"成书目的"上"成于无意",在"成书形式"上"成于片段"。本书是我在这几年持续思考的结果,每一部分都有着独特的形成时期,也都是在特定时段思考的产物,或是在深夜苦苦思索而得,或是在痛苦不堪中所得,或是在急速奔跑中偶得,或是在浩如烟海中喜得,抑或在心力交瘁中苦得。不知哪一天,当我想要围绕"数据要素交易"写作专著之时,才猛然发现既往诸多所得竟在不知不觉中促就本书。可以说,此书是将众多成果解构之后再重构的结果。不可否认,本书的诸多认识、表述还存在一些不足,甚至是错误,但这本身何尝不是一种成长呢?我们是应该始终追求完美,也应该遵循一定的"道",这种"道"是规范,是规矩,更是一种自然,是遵从内心的真意流露,是敢于表达自我、正视自我、反思自我,是适时否定自我、承认自我、认清自我。如此,在"道"的遵循下再努力追求完美就会显得更具"人味",不至于因过度追求完美而失去"道",也不至于因过度追求"道"而丢弃完美。

　　最近,我在工作、读书、写作、申课题、跑步、散步之余,总是在思考读书与学术之间的关系,虽然我没有什么思想,也没有什么学术资历来支撑我谈论这一话题,但偶有所思、所想实感难得,借此机会竟忍不住想要"大放厥词"。我认为,读书只是读书之人对所读书本中的知识与精神的感知,如果能够顺畅继受作者的思想及表达,就已然达到了一个很高的读书境界。但

读书却难以真正使读书之人的思想经由解构达至重构，也很难让人不自觉地经历极度的精神压抑与内心煎熬之过程，即便是晦涩难懂的书本，最多是让人承受理解之苦。不同于此的是，学术源于读书却又高于读书，读书的目的往往在于吸收知识，学术则是接受、反思、创新既有知识的过程，这期间要经历思想上的痛苦煎熬，甚至观念上的一种蜕变，非此不能够达到一个新的学术高度，非此难以称之为真正意义上的学术创作。

学术往往会经历深度思考却始终不得之煎熬，思想反反复复挣扎后的豁然开朗，自以为偶有学术所得的精神愉悦，要比美食、狂欢来得踏实、持久、快乐。学术更像是跑步锻炼，只不过学术是精神层面的"解构–重构"，跑步锻炼则是物理层面的"解构–重构"。跑步会让人经历呼吸困难的压抑状态，但跑完步之后的畅快与轻松只有喜好跑步者才能深刻体会。作为一个努力试图脱俗而又始终俗气十足之人，我始终以此两者为乐，在痛苦中享受痛苦带给我"生而为人"的快乐，在经历痛苦之后又极致享受着历经解构之后的重构之快感。当然，不论是精神层面的"解构–重构"，还是本书的"解构–重构"，除了须自身投入大量时间、精力外，还离不开那些让人温暖到不能忘怀、没理由不努力的支持与帮助。感恩家人们的陪伴与支持，感恩老师们的指导与鞭策，感恩同事们的包容与帮助，正是因为有你们，我的心灵才得到歇息、抚慰与安宁，我才能感到温暖、踏实与富足。

郭如愿
2024 年 5 月
初稿于返乡高铁，修订于北京寓所